把正能量传递给你的团队

韩军◎主编

中国纺织出版社

内 容 提 要

领导者的核心能力之一就是其对团队成员的激励和促动作用。领导者不但要在员工面前以身作则,还要把正能量传递给自己的团队,这是领导者驱动能力的集中体现。本书以团队管理为主线,结合企业发展实践,从领导者和员工之间促发能量的各个节点出发,从管理学和方法论的角度阐述如何激励和管理员工,与员工沟通,为团队减负,为员工减压,最大程度地激发团队成员的创造力和潜能,从而使企业不断地聚集正能量,在激烈的市场竞争中轻装前进。书中引用了很多贴近管理实践的案例,相信能使读者从中受到启发,使自己成为激发团队成员潜在能量的高手。

图书在版编目(CIP)数据

把正能量传递给你的团队/韩军主编. — 北京:中国纺织出版社,2016.3

ISBN 978 – 7 – 5180 – 2335 – 6

Ⅰ. ① 把… Ⅱ. ①韩… Ⅲ. ① 企业管理—组织管理学 Ⅳ. ①F272.9

中国版本图书馆 CIP 数据核字(2016)第 025972 号

策划编辑:曹炳镝　　　　　责任印制:储志伟

中国纺织出版社出版发行

地址:北京市朝阳区百子湾东里 A407 号楼　邮政编码:100124

销售电话:010—67004422　传真:010—87155801

http://www.c-textilep.com

E-mail:faxing@c-textilep.com

中国纺织出版社天猫旗舰店

官方微博 http://weibo.com/2119887771

虎彩印艺股份有限公司印刷　各地新华书店经销

2016 年 3 月第 1 版第 1 次印刷

开本:710×1000　1/16　印张:17.5

字数:238 千字　定价:32.80 元

凡购本书,如有缺页、倒页、脱页,由本社图书营销中心调换

前言

在当今瞬息万变的市场环境下，企业要想在竞争中脱颖而出，首先要有一批精锐能干的好"兵"，也就是说领导者先要从内部进行自我锤炼，打造出一支狼性十足，有超强执行力和应变能力的团队，这才是制胜的法宝。那么，领导者在这一过程中应担当何种责任，起到什么样的作用呢？

如果你是一名狼性十足的领导者，就不愁你的员工不奋勇杀敌，前赴后继；

如果你是一名正气十足的领导者，就不愁你的员工不团结一心，所向披靡；

如果你是一名足够细心的领导者，那么你的员工定会心甘情愿地与你同甘共苦；

如果你是一名善识善用的领导者，那么就不愁打造不出一支具有潜在爆发力的好团队；

如果你是一名有大局意识的领导者，那么你的团队定能在竞争面前运筹帷幄、决胜千里！

梁冬和吴伯凡先生在《无畏》这本书中写道："君子往人群当中一站，就有一种能够主导局面的看不见的力量，这就是'德'。这个德实际上是一种人格，或者说是一种自我管理、自我经营的品质，然后才会有此格局。"领导者就是要修炼出这种主导局面的德行和格局。

有人说领导者的识见有了，德行有了，格局有了，影响力自然也就有了，这句话并不全对。管理并不是一厢情愿的事。每个员工都有自己的个性，身为团队带头人，不但要有足够的胸怀来包容这些个性，还要能够因人而异地激发出员工的潜能，将正能量源源不断地传递给团队成员，激发团队的创新合力，从而在市场竞争中脱颖而出。

可见，要想成为一名优秀的领导者，不但要在员工面前以身作则，还要有能力向团队成员传递正能量，这是领导者驱动能力的集中体现。管理其实管的就是人心。不谋人心者，不足谋企业。"人心"的力量是伟大的，它可以托起一个企业，也可以毁灭一个企业。从这个角度来说，领导者首先应该是一位生活的智者。因为只有一个真正懂生活的人才能懂人心，才能游刃有余地将生活的智慧提炼成管理的学问，才能更贴近人心、温暖人心、管理人心，以致人心所向，将整个团队的正能量激发出来，让每一位团队成员都能在适当的位置上发挥出自身的创造力和潜能，在工作中找到快乐，实现自我价值。

领导者的核心能力之一就是其对团队成员的激励和促动作用。本书以团队管理为主线，结合企业发展实践，从领导者和员工之间促发能量的各个节点出发，从管理学和方法论的角度阐述如何激励和管理员工，与员工沟通，为团队减负，为员工减压，最大限度地激发团队成员的潜能，从而使企业不断地聚集正能量，轻装前进。

本书试图传递给大家的就是这样的信息：管理并不是难事。要想在人心浮躁的今天，安稳人心，在激烈的市场竞争中游刃有余，使企业在竞争中始终立于不败之地，领导者必须具备恒定的信念和永续的热情。书中引用了许多贴近管理实践的案例，相信能使读者从中受到启发，成为一个经营团队，激发团队成员潜在能量的高手。唯其如此，企业才能在激烈的市场竞争中稳步、高效发展，企业才能有光明灿烂的未来。

编者
2015 年 5 月

目　录

> 企业要想在市场竞争中站稳脚跟，就要不断提高竞争意识。那么，什么才是企业的核心竞争力？是人才，是科技还是团队协作精神？如何竞争，怎样的竞争才能产生压倒一切的力量？实践证明，打造一支具有强大正能量的团队才是王道。只有这样的团队才能产生真正的凝聚力和爆发力，才能使企业即使面临成长中的困境，也依然能够蓄积力量，伺机奋起，产生强大的反击能力。基于此，现代企业也对管理者的领导力提出了更高的要求，亦即需要企业领导者有意识地将自身正能量永续不断地传递给团队，只有这样，才能为企业打造出一支充满市场竞争力的狼性团队。

> 作为领导者，要有给员工画一个"大苹果"的能力。这个"大苹果"就是企业发展的美好愿景，但要注意的是这个愿景一定要充分建立在企业实践的基础上，领导者最好要与员工一起制订和规划。企业愿景有了，凝聚力就有了，员工的趋动力也有了。在这样强大信念的指引下，员工的潜能会得到最大程度的激发。

第三章　传递激情让员工充满正能量地奔跑 ·········· 41

在企业团队中，领导者的精神面貌很重要。如果作为团队的带头人整天垂头丧气，那么又如何激发员工的斗志？所以身为管理者不但要具备很强的心理素质，还要有极大的创业理想和热忱，并且有能力将这种热忱不断地传递给员工，让员工满怀信心地跟着你干，同心协力地向着既定的目标奔跑。

第四章　弘扬正气，好品格塑造团队正能量 ·········· 69

领导者的品行很重要。好的德行是安身立命之本，更是决定一个企业团队是否具备正能量的基本前提。梁冬和吴伯凡先生在《无畏》这本书中写道："君子往人群当中一站，就有一种能够主导局面的看不见的力量，这就是'德'。这个德实际上是一种人格，或者说是一种自我管理、自我经营的品质，然后才会有此格局。"领导者就是要修炼出这种主导局面的德行和格局。也就是说，一个能带领团队干事儿的人，不但要有承担、有勇气、能自律，还要有足够的包容心。因为作为团队带头人，胸怀有多宽广，能包容多少人就会有多少人心甘情愿地为你做事。

第五章　爱心传递，让正能量包围着每一位员工 ············· 95

员工最不能忍受的就是自己的工作得不到领导的认可。在这种情况下，员工很可能会破罐子破摔，他们会想：反正做好做坏一个样，为什么还要那么卖力？还有一些领导，曲解了管理的意义，员工一但出现失误，就追根究底，甚至点名批评，完全不顾及员工的情面。在企业中，严格执行规章制度无可厚非，但身为领导者，就要有能力扶持和陪伴员工与企业一起成长，学会赞美和肯定员工，即使是批评也要适当合理地进行，只有这样才能将自信一点一点地深植于员工心中，让正能量包围每一位员工。

第六章　永续沟通，确保团队的能量流持续不断 ············· 119

沟通很重要，缺乏沟通人与人之间就会出现隔阂。在企业团队中更是如此，上下级之间，同级之间都少不了沟通。领导者怎么做，才能让员工放下心理负担，愿意与其进行高质量的沟通？怎么做才能成为能听善听会听的管理者，才能受员工亲近和爱戴，广开言路？要想使团队的能量流不因人员的相互猜疑、相互误解而受阻，让每一位员工都能带着开放通达的心态参与到日常工作之中去，领导者就要具备敏锐的觉察力，谦卑的心态，以及深入沟通的能力，只有这样，才能确保团队的能量流持续不断，使企业轻装向前。

第七章　职责分明，让每个人都处在最适合的能量点上 ………… 147

管理的职能之一就是用人的学问。每位员工都有自己的长处，身为领导者，要能做到善察、善用，最终让每位员工都能在最适合的点上发光发热，这样整个团队的能量就能达到最大化，企业员工的职业幸福感也会相应的增强。领导者要有勇气和魄力，敢于起用能力超过自己的人，同时要有远见卓识，将培养接班人的重任提到日程上来。打个比方来说，领导者就好似团队的"操盘手"，既能将权力稳稳地抓在自己手中，又能自如地调兵遣将，让每一位员工都能朝气蓬勃，铆足了干劲往前冲。

第八章　授权与合作，打造 1 + 1 > 2 的能量盘 …………………… 175

授权与合作，这是管理的要义之一。每个领导者都要具备有意识地提高员工协作精神的能力。现代企业，员工间分工与合作的联系愈发紧密，那些合作意识不强的员工势必被企业所淘汰。领导者不但要关注员工间的协作，还要懂得授权之道。既要给予授权员工充分的信任，又要在关键的节点上对员工进行适时的监督，将大方向把握好，协助授权员工将工作做到最好。此外，现代企业的竞争已不仅仅局限于综合实力的竞争，企业可以适当地拉长自身"长板"，然后倾斜木桶，也就是说充分发挥企业的强项，让自身强项成为市场竞争中不可替代的亮点。

第九章　去除臃肿会议，让团队轻装前进 ················ 201

会议是企业运营的一个重要组成部分。它具有决策性、讨论性、协商性，乃至谈判性、动员性等功能。抛开各种性质的会议不谈，员工在正常情况下，每天至少会参加一两次公司例会，可见，会议已成为员工工作中不可或缺的一部分。那么，身为领导者，如何才能让会议高效进行，既能达到开会的预期目的，又不占用员工过多的时间呢？本章将告诉你怎样开一个高效会议，如何调动员工的参会热情，如何冷静处理会议中可能出现的状况，怎样掌握开会的节奏……有了这一系列的方式方法，并且灵活地加以应用，就会最大程度地清除会议中的负能量，壮员工士气，长员工参会的心气，实现会议作为激发团队活力的重要作用。

第一章

只有充满正能量的团队才是富有竞争力的团队

　　企业要想在市场竞争中站稳脚跟，就要不断提高竞争意识。那么，什么才是企业的核心竞争力？是人才，是科技还是团队协作精神？如何竞争，怎样的竞争才能产生压倒一切的力量？实践证明，打造一支具有强大正能量的团队才是王道。只有这样的团队才能产生真正的凝聚力和爆发力，才能使企业即使面临成长中的困境，也依然能够蓄积力量，伺机奋起，产生强大的反击能力。基于此，现代企业也对管理者的领导力提出了更高的要求，亦即需要企业领导者有意识地将自身正能量永续不断地传递给团队，只有这样，才能为企业打造出一支充满市场竞争力的狼性团队。

只有充满正能量的团队才能做到 1 + 1 > 2

在现实工作中，领导者要善于打造正能量的团队精神，并将团队的正能量发挥到极致。虽然在我们周围，有很多人整天都喊"打造团队协作精神"，但事实上他们的"团队协作精神"并没有得到多大加强，大多数团队仍然是无法达到应有的效率。其原因有很多，最大的原因则是：缺乏正能量。

一支成功的团队不仅能将成员的正能量加以整合利用，还能激发全体成员释放出更多的正能量。正能量不仅是团队取得成功的重要保证，也是团队成员成就事业的基础。所以我们不仅要打造个人的正能量，也要努力打造整个团队的正能量。

在工作中，任何人、任何事，都是相互联系、不可分割的，它需要大家的相互协作与配合。而一个团队要想有超强的执行力，一个很重要的前提就是员工必须要达成共识，同步协调，要保持方向一致，这样的团队才能够产生最大的能量。

任何一个真正有作为的团队都是一个有机整体。所有的团队成员都会有一个共同的目标，并会为这个目标而努力奋斗。俗话说，人心齐，泰山移。可见，团结就是力量。良好的团队精神能让团队保持活力、勇于创新、焕发青春、积极进取。科学家曾经做过一个实验，发现当雁群成倒"V"字形飞行时，要比孤雁单飞节省 70% 的力气。大雁的确非常聪明，它们选择拥有相同目标的伙伴同行，这样就能够做到彼此互动，可以更快速、更容易地到达目的地。

在今天，团队精神已经成为各企业的核心，一个有高度竞争力的企业，不但要有完美的个人，也要有一支完美的团队。无数的个人精神，只有凝聚成一种团队精神，才能使企业兴旺发达、基业常青。

我们知道，海尔集团的团队精神是非常优秀的。下面，我们从一个很平凡的事例中就可以看到其团队精神的一面。

[案例] 1994年4月8日下午，有位德国经销商给海尔集团打来了一个订货电话，并明确表示，必须在两天内发货，否则就直接取消订单。

必须在两天内发货，意味着当天下午就得将对方所要的货物装船。因为当时已是周五下午2点，如果做不到的话，就不得不等到下周一，那也就等于自动取消了订单。如果按照海关、商检部门下午5点下班来计算的话，发货时间只有3个小时。按照一般的程序走，想在短短的3个小时内做好这一切几乎是不可能的。

但这些困难并没有难倒海尔员工，海尔员工的团队合作精神在这件事情上得到了淋漓尽致的发挥。他们采取齐头并进的方式，调货的调货，报关的报关，联系船期的联系船期，每个人都全身心地投入到工作中去，抓紧每一分钟，并使每一个环节都能顺利通过。终于，在海关下班前，他们把货物发了出去。

当德国经销商接到海尔货物发出的消息时非常吃惊，还专门破了十几年的惯例，给海尔发来了一封感谢信，以表达他的感激之情。

一支拥有正能量的团队，其每位成员在工作中都会拥有毫不动摇的决心，他们认真负责，能够完成任何摆在他们面前的任务，可见，只有充满正能量的团队才能创造出奇迹。

团队协作是一切事业成功的基础，也是夺取胜利的最重要保证。尤其在现代社会，科技越来越发达，分工越来越细，个人分工只是一种形式，团队协作才是最好的手段，因为每项工作的完成都离不开团队的协作。

团队协作是企业正能量产生的主要源泉之一，所以团队协作已经成为企业的头等大事。今天的企业比以往任何时候都更需要团队协作精神，因为只有资源共享、信息共享才能够创造出高质量的产品、高质量的服务；而团队中的每一位成员都具有自己独特的一面，大家取长补短、互相合作所产生的合力，将产生"1＋1＞2"的效果。

一个企业只有重视合作精神才能在激烈的市场竞争中立于不败之地。对于今天的企业而言，员工是否具有团队意识，将直接关系到企业的生存和发展。

正能量是激发团队高昂士气的源泉

对于企业的领导者或管理者来说，正能量是激发团队高昂士气的源泉。有人曾经问美国总统德怀特·艾森豪威尔："赢得一场战争的最重要因素是什么？"艾森豪威尔将军说："赢得一场战争最重要的东西就是士气。"他没有提到子弹、炸药或者战舰，他提到的只是士气。这个道理用在企业团队成员间的正能量管理上也同样适用。

士气就是军队在整个战斗过程中的精神状态，这种状态包括军队自身的状态，也包括来自外界环境的影响。同样，企业成败的关键也在于员工的士气——企业员工努力工作的愿望强度和积极负责、勇于创新、团结合作的态度。士气高昂的员工代表着乐观、积极、善念和感恩；士气低迷的员工则往往表现为暮气、悲观、消极、低落和拖延。我们可以看到，散发着积极能量的企业，其氛围一般都比较和谐。在遇到困难时，所有员工都会全心全意、同心协力，去寻找克服困难的方法和对策，而不是像带着消极能量的企业那样，其员工只会找各种的原因和借口，将失败的责任推给别人。

[案例] 说起阿里巴巴、淘宝网，其富有传奇色彩的故事已是家喻户晓，而其创始人马云更是获得了 2012 年中国经济年度人物。曾经的创业艰辛以及今日所取得的辉煌和荣耀，让人们看到了在这位卓越的企业家身上所散发出的强大的正能量。

1999 年 2 月 21 日，在杭州西湖畔的家中，阿里巴巴的创始人之一的马云和他的同事、朋友共 18 人围坐在一起，马云将手一挥："从现在起，我们要做一件非常伟大的事情。我们的 B2B 将为互联网服务模式带来一次革命！"说完马云掏出身上的钱放到桌上，"启动资金必须是闲钱，不许向家人朋友借钱，因为失败的可能性极大。我们必须准备好接受'最倒霉的事情'。但是，即使是泰森将我打倒在地，只要我不死，我仍然会跳起来继续战斗！"

他讲得情绪激昂，听的人也是热血沸腾，这18位"良莠不齐"的人凑了50万元本金。办公室就设在马云家里，最多的时候挤进过35个人。"发令枪一响，你不可能有时间去看对手是怎么跑的，你只能一路狂奔。"这群被点燃梦想的员工带着高昂的士气每天工作16～18个小时，困了就席地而卧。一个月虽然只有500元工资，但没有一个人放弃。

当阿里巴巴上线时，Investor AB 公司的副总裁蔡崇新听人介绍了阿里巴巴公司后，立马飞到杭州进行实地考察。当他看到阿里人的那种高亢的工作状态和信心时，很快就作出了决定：加入阿里巴巴。

有人曾问过阿里巴巴的员工："为什么你们都那么热爱阿里巴巴，那么愿意为阿里巴巴付出"得到的答案是相同的："因为我深信阿里巴巴是世界上最伟大的公司。"

正当阿里巴巴如日中天的时候，2000年4月，纳斯达克崩盘，互联网泡沫破灭。阿里巴巴也遭到了严重的创伤。2000年底，阿里巴巴公司管理层在公司内发出了这样的口号："如果认为我们是疯子，请你离开！如果你专等上市，请你离开！如果你怀揣着不利于公司的个人目的，请你离开！如果你心浮气躁，请你离开！"经过这样一番筛选之后，留在阿里巴巴的人都是那些勤奋、专注和忠诚的员工。也正是他们，让阿里巴巴有机会突破障碍，闯过这次难关。

2008年，金融危机不幸来袭，马云给公司全体员工写了一封名为《冬天里的使命》的信。在信中他这样写道："我想面对严冬的到来，阿里人应该拿出当年的豪情——此时此刻，非我莫属！2001年我们对自己说过，即使是跪着，我们也要最后一个倒下！一个公司之所以伟大，不是因为它能抓住很多的发展机会，而是因为它能扛住一次又一次的灭顶之灾！一个优秀的员工就是要能在经济不好的形势下，仍然能用乐观的心态来拥抱变化，并在困境中不断获得成长。"这一次，马云依旧带领着阿里人熬过了寒冬，迎来了发展的又一个春天。

作为领导者，马云为阿里巴巴带来了强大的正能量，他将这群勤奋的员工聚集在一起，唤起他们高昂的士气，就像太阳温暖了大地。马云曾毫不掩饰地表示："阿里巴巴的 B2B 互联网公司，正是被这样愿为公司付出青春、付出汗水、付出信任、付出忠诚的员工建立起来的。"如果说有什么东西能够让一个人为了完成工作而几天几夜不眠不休，可以承受在几年甚至更长的时间里去做琐碎细致的工作而一直追求卓越，可以面对任何困难都毫不退缩，可以面对无数次拒绝仍然不会放弃，可以不惜一切代价地去完成任务、不达目的绝不罢休，那么一定是高昂的士气，是进取之心，是源源不断的正能量。

作为企业的领导者或管理者，马云这种把正能量传递给自己团队的做法非常值得我们学习和借鉴。任何时候，正能量都是激发团队成员高昂士气的力量之源，只有善于鼓舞团队士气的企业领导者才能真正管理领导好自己的团队，带领大家向着既定的目标前进！

正能量是团队战胜挫折及获取成功的基石

在现实生活中，大量事实表明，正能量是助人战胜挫折及获取成功的基石。企业的管理者更要明白这个道理，多把正能量传递给自己的团队。

[案例] 第二次世界大战后，功成身退的英国首相丘吉尔应剑桥大学的邀请，在剑桥大学的一次毕业典礼上演讲。

整个会场有上万名学生，他们静静地坐在那里等待着丘吉尔首相的到来。没多久，丘吉尔在随从的陪同下走进了会场并慢慢走向讲台。丘吉尔走上讲台后，默默地注视着所有的听众，大约沉默了两分钟，然后他说了一句话："永远、永远、永远都不要放弃！"接着又是长长的沉默，然后他再一次重复了那句话："永远、永远、永远都不要放弃！"说完这句话后，丘吉尔再次注视观众片刻后离开了会场。

这时整个会场鸦雀无声。一分钟后，场下的人才明白过来是怎么回事，随即爆发出雷鸣般的掌声。

这是丘吉尔演讲史上最短的一次演讲，也是最脍炙人口的一次演讲。这句话也成了他最经典的名言。

丘吉尔用他一生的成功经验告诉了我们这样一个道理：成功没有什么秘诀可寻，如果说要有的话，那就只有一个，即：坚持到底，永不放弃。

决不放弃是成功的底线，而也只有决不放弃的人才能够真正取得成功。无论是一个企业还是一名员工，要想做成一件事，就要学会坚持，只有坚持才能取得成功。

任何时候成功都属于那些坚持不懈、锲而不舍的人。如果一个人在负能量的驱使下半途而废、轻易放弃，那么等待他的不可能是成功，只有失败。是坚持还是放弃，取决于一个人正能量的多少，当然结果必定有天壤之别。

麦当劳的创始人克洛克曾说过这样一段话："走你的路，世界上什么也代替不了坚韧不拔：才干代替不了，那些虽有才干但却一事无成者，我们见得多了；天资代替不了，天资聪颖而一无所获者几乎成了笑谈；教育也代替不了，受过教育的流浪汉在这个世界上比比皆是。唯有坚韧不拔、坚定信心，才能让你无往而不胜。"

联想集团好员工标准的第二条就是：好员工有韧性、知难而进，具有不达目标不罢休的决心和信心。

对于一位员工来说，工作中的挫折和困难是不可避免的，这时候对待它们的正确态度是锲而不舍的精神，作为老板也是不会喜欢一遇挫折和困难便掉头就跑的员工。

任何老板都欢迎那种做事锲而不舍、百折不挠的员工。作为员工，只有具备了百折不挠的精神，才能在工作中做到不断克服困难、突破障碍，完成工作目标及任务。

成功贵在坚持。在工作过程中，只有坚定决心，坚持不懈地做下去，我们才能最终达到目的。

[案例] 一家著名公司在招聘业务员，人事经理特意来到一楼大厅收集应聘人员的资料，他简单地翻看了一下收集来的资料，然后对众人说："请各位

到我的办公室来详谈吧。"随后又补充了一句"电梯坏了",接着率先从一楼开始往32层的办公室走去。听说要走到32层,很多人便不走了,决定在一楼等电梯修好后再上去。跟着经理走的那部分人走着走着,其中的一部分人陆陆续续停下来不走了,有的甚至走到一半最终还是放弃了,而坚持到最后的只有几人。人事经理望着这些坚持下来的人宣布:恭喜你们,你们被聘用了。

以爬楼梯来考核一个人是否具有坚持不懈的精神,是再合适不过了。一个连几层楼梯都不愿爬的人,是成不了优秀员工的,也更成不了优秀的业务员。

在所有的职业中,业务员是一项很容易受挫、很容易遭到他人拒绝的工作。许多业务员每天忙忙碌碌,最终却没有取得成功,他们不是败在自己的手中,而是败在遇到挫折时放弃了自己的目标,败在缺乏坚持不懈的精神。

对于一位业务员来说,如果一遭到他人的拒绝、嘲笑就畏惧、退缩、放弃了,那他还怎么可能取得成功呢?

[案例] 著名的"平安保险业务推销大王"彭丽秋,仅2001年一年便签下了近4亿元的保单,成为保险行业名副其实的"营销大王"。在总结自己的成功经验时她感慨地说:"我之所以能够在竞争激烈的保险推销领域取得成功,主要得益于永不放弃的精神。"

彭丽秋在平安保险第六届高峰会上演讲时说了以下一番话。

"刚进入市场的头一年,我的处境可谓是'寻寻觅觅,冷冷清清'。我投入了大量的精力去开拓市场,建立了一定的社会关系,但收获甚微。一次又一次完不成工作任务,我由正式经理降为了筹备经理。当时分公司的总经理给我下的结论是'成长期太长'。这时候我觉得自己不是做业务的料,我怀疑过、动摇过,在坚持中迷茫着,在迷茫中坚持着。同样在平安工作的我的先生对我说:'坚持就是突破。'我想我不能让自己前期的市场工作都白白地付之东流,因为团险客户的开拓周期较长,于是就咬紧牙关挺了过来。"

"在业务拓展的过程中,只要有万分之一的机会我都不会轻易放弃。有一次,我参与外贸系统1000多万元的业务竞争,我们公司的方案做得很好,但对手利用强大的社会关系介入竞争,客户的办公会议已决定投保那家公司。在获得这一消息的第二天早上,客户领导要出差到南非,尽管我知道机会不大,同事也劝我还是趁早放弃，但我认为只要对方还没有上飞机，只要有万分之一的希望我都要努力去争取，于是我马上驱车前往机场。"

客户被彭丽秋的敬业和执著深深感动了，她最终揽到了这笔业务。

"永远不要放弃，哪怕只有万分之一的可能!"这句话听起来有些悲壮，但它曾造就了多少美丽的奇迹。

在现实工作中，我们有很多人都没有想过去抓住那哪怕只有万分之一的机会。他们通常会在拿到一个客户的资料后对自己说："他的可能性不大。"然后就开始很敷衍地去与客户谈，没有诚意自然不会有好的结果。其实，在没有认真争取的情况下，谁又能够知道对方的可能性有多大呢?除了有毅力和决心以外，我们还要有抓住任何一个机会的意识。

在人生的道路上，我们只有善于把握住机会，并且努力地去实践机会，去拼搏，才有可能获得成功。如果你在中途放弃了，那就说明你没有利用好自己的正能量去更多地发挥出你的潜力，那么奇迹还怎么可能发生在你身上呢?

无论面对多么大的困难，只要我们能够做到咬牙坚持，那么我们体内的惰性与怯懦也就变得无处藏身了，取而代之的是坚韧不拔、锲而不舍的正能量。一个充满正能量的人是绝对不会轻言放弃的，他只会一次次地坚持，直到成功为止。在他们的人生字典里从来没有"放弃"这样的字眼儿，也没有"不可能、办不到、没法子、有问题、行不通、没希望"等这类懦弱的字眼儿。他们不会心生绝望，他们坚信:坚持的尽头就是成功。如果你很幸运自己就是企业中这样的一位富有正能量的领导者和管理者，那么请你多把自身的正能量传递给你的团队，激励他们不断地勇往直前，攀上成功的巅峰。因为正能量无论到什么时候，都将是鼓励整个团队战胜挫折及获取成功的基石!

团队正能量激发个人潜能

在现实世界中，每个人身体里都蕴涵着相当大的潜能。有位事业做得很成功的企业家曾说过这样一段话："如果你给下属 80% 的工作，那么他的能力会退步；如果你给他 100% 的工作，那么他的能力会停滞不前；但如果你给他 120% 的工作，那么你会发现，他的能力会有突破性的发展。"由此可见，如果一个人生活在一个充满正能量的团队中，那么这个团队的正能量将能更好地激发出一个人的潜力。因此，作为企业的领导者我们要多把正能量传递给自己的团队，多用团队的正能量激发员工的个人潜力。

现实中，我们经常能听到这样的声音：

"今天的活儿终于完成了。"

"速度要快，质量凑合凑合就行了。"

"我的工作能够得到他人的帮助就好了。"

"不必做得太多，反正工作是干不完的。"

员工一旦被这些想法左右，那么无论是给他安排 80% 的工作或是 100% 的工作还是 120% 的工作，都不会让他到达成功的顶峰，更不会使他受到企业的器重。要知道，只有让自己具备一种强烈的挑战自我的积极愿望，你在工作中才能表现出一种不断追求成功和追求上进的状态。

"正能量"之所以受到人们的青睐，是因为这种心态对于做好工作、挖掘潜能十分重要。要想在打造一流企业的征程中成长成才，创造一流的业绩，实现人生的价值，每个人都离不开正能量，因为成功永远都属于那些抱有积极心态并付诸行动的人。

[案例] 2012 年 2 月，微博上的一条消息引起了人们的广泛关注，腾讯公司一名保安经过多轮面试，最终成为腾讯研究院的一名工程师。这条微博在很短的时间内就被转发 2 万多次。很快，这条微博被腾讯 CEO 马化腾予以证实并转发，而保安段小磊也被誉为"2012 励志哥"。

2011 年，段小磊抱着成为一名 IT 工程师的梦想只身来到北京。可是让他没有想到的是，在北京要找一份合适的工作并不容易。几番碰壁之后，段小磊的生活陷入了困境，最终他在腾讯北京研究院做了一名保安。

虽然生活暂时稳定了，可段小磊并不甘心于此。在工作之余，他会拿出有关计算机方面的书坚持学习。因为他知道，自己的理想是成为一名 IT 工程师。

在努力学习之余，他也不忘努力做好自己的本职工作。在腾讯北京研究院门口的公告栏里，经常可以看到段小磊做的一些温馨提醒，比如"明天可能会变天，请注意加衣"、"今天加班这么晚，回去勿忘好好休息"……

"保安是服务性质的工作，别人上班第一眼看到的就是你，我觉得只有努力做好手头的工作，让大家都满意，这样你才能让别人信任你。"段小磊说。

功夫不负有心人，腾讯员工渐渐把段小磊当成了朋友，有时发现他在看计算机方面的书时，还会耐心地为其解答一些专业问题。

2012 年 1 月，腾讯公司的项目主管海蒂急需招募一批外聘人员，她早就知道段小磊在看计算机方面的书，于是就半开玩笑地问他："你愿不愿意来帮我们做做数据标注方面的外包工作？"让海蒂感到意外的是，几天后的一天下午，段小磊找到她，说自己已经正式辞职，可以过来帮她做数据标注工作了。

经过面试，段小磊顺利成为腾讯公司的一名外聘员工，并成功地完成了海蒂交给他的所有工作。段小磊的工作令海蒂非常满意，于是，她建议段小磊去研究院应聘。段小磊经过几轮面试，最终成为腾讯研究院的一名工程师。

有很多人问段小磊，是什么让你坚持着对梦想的追求？段小磊回答道："因为有梦吧，也许很多人觉得这是个虚无缥缈的词，但是在我心里面，它却非常清晰，它时刻都提醒着我要跳起来才能够得着。"

西方有句名言说得好：一个人的思想决定一个人的命运。不敢向高难度工作挑战，只会让自己的潜能难以得到充分发挥，使无限的潜能难以化为有限的业绩。东方也有句古语：自古雄才多磨难，从来强者不沉沦。这些名言古语所表达的都是一个意思，只有那些积极向上、乐观、主动挑战自己的强者才能挖掘出自己的潜能。

一个人的成就，绝不会超出他自信所能达到的高度。而一个人自信的高度，则取决于他所具有的正能量，是抱着挑战自我的决心、带着 100% 的干劲，还是以敷衍的态度工作。如果当年拿破仑在率领军队翻越阿尔卑斯山的时候，只是沮丧地对自己说："这件事实在是太困难了，我肯定过不去。"那么毫无疑问，拿破仑的军队将永远不会越过那座高山。如果一个人缺乏正能量，他只会选择毫无悬念的下坡路走，那么他将永远无法抵达成功的巅峰。

在现实工作中，作为企业的领导者和管理者，应该多把正能量传递给自己的团队，用团队的正能量去激发员工的个人潜力，进而增强团队的凝聚力和合作力，让团队的力量不断得到加强。

团队最需要散发正能量的优秀员工

当今社会，企业最需要的永远都是那些具有正能量的员工！当我们走进一家公司，通常能够强烈地感受到这家公司的气质、文化。充满温暖和富有人情味的公司内部其乐融融，正面积极、热情阳光，不会让外部人员感到任何的压抑、冷漠和不适；然而有些公司，只要你一迈进公司的门，仿佛就被一种无形的气氛笼罩着：员工眉头紧锁、形色匆忙，每个人都是面无表情地对着面前的电脑，让来访的客人感到无所适从。在如此气氛下工作的员工，往往工作效率非常低下，很难享受到工作的乐趣。而这种"多米诺骨牌"效应同样会影响到整个企业的氛围。可见，在现代企业环境下，企业真正需要的是那些具有正能量的优秀员工，同时需要这些员工把自身的正能量传递给所在的团队。

近段时间，有一个求职类的真人秀电视节目非常火爆，这档节目除了主持人的睿智幽默和一流企业高管犀利的评判之外，资深职场人士及心理专家的专业权威指导建议更是为那些身在职场的广大观众提供了一面全方位客观审视自我价值和职场表现的镜子。在这档以"靠谱"和"真实"而著称的节目中，我们看到那些拥有"正能量"的求职者往往会受到热捧。老板们甚至会给他们开出令人瞠目结舌的高薪，这些坐拥千万甚至数十亿资产并管理着上千人、具有丰富经历的老板们，自然是非常清楚这些具有"正能量"的员工能给企业带来怎样长久的价值。

[案例] 微软曾有这样一名雇员，她本来是整个办公楼里临时雇用的清洁工，在公司的几百名雇员里，她是唯一没有什么学历但工作量却大得出奇、薪

水又少得可怜的人，可她却是整栋办公楼里最快乐的人！每一分钟、每一小时、每一天，她都在非常快乐地工作着，对每一个人都面带微笑，对每个人的要求，即使不是自己工作范围内的事，她也会非常愉快并努力地跑去帮忙。在微软上班的员工们都被她感染了，没有人在意她的工作性质和地位。有很多人甚至包括那些被公认为最冷漠的人都和她成了好朋友。她的热情就像一团火焰，慢慢地，整个办公楼的人都在她的感染下变得快乐起来。

盖茨对此感到很惊讶，于是有一天就把她请进了自己的办公室，问她道："您能否告诉我，是什么事情能让您如此开心地面对每一天呢？"

"因为我非常热爱这份工作！"女清洁工自豪地说，"我没有什么知识，我很感激企业能给我这份工作，可以让我有不菲的收入，足够支持我的女儿读完大学。而我对此唯一可以回报的，就是尽一切可能把工作做好。一想到这些，我就非常开心。"

盖茨被女清洁工乐观积极的情绪深深打动了："那么，您有没有兴趣成为我们当中正式的一员呢？我想您是微软最需要的人。"

"当然，那可是我最大的梦想啊！"女清洁工睁大眼睛说道。

此后，她开始利用工作的闲暇时间学习计算机知识，而企业里的所有人都非常乐意帮助她，几个月以后，她真的成为了微软的一名正式雇员。

一个人的角色并不是一成不变的，也许你的第一份工作看起来很不起眼，也许你没有受过高深的教育，但是只要你能做到不断努力，就一定可以像微软的这位员工一样充满正能量，那么，你不仅可以实现自己的梦想，还可以把自己打造成为别人不能替代的优秀角色。

以《基业常青》和《从优秀到卓越》两本著作闻名于世的管理大师吉姆•柯林斯这样总结道："人不是你最重要的资产，正确的人才是。"

有一位经理在描述自己心目中的理想员工时这样说："我们所需要的人才是那些意志坚定、做起事情来能够全力以赴、并有积极进取精神的人。我发现，最能干的大多是那些天资一般的人——他们拥有全力以赴的做事态度和永远进取的工作精神。"

其实，这就是正能量。具体来说，就是一种健康、积极、阳光的心态。与之相反的则是"负能量"。一位资深心理专家解释说："正能量带给人的往往是不断向上和成功的正向循环，正能量积聚得越多，这个人取得成功的几率就越大；负能量积聚得越多，这个人失败的几率就越大。可见，无论是正能量还是负能量，都具有很大的传染性。而一个具有正能量的人不仅其自身很容易取得成功，还能够为企业创造出不菲的价值，而且还会对周围的人施以正面的影响和感染。"这也是很多企业老板选择"正能量"求职者的原因。可见，无论到什么时候，企业需要的永远都是那些具有正能量的优秀员工。因此，作为企业中的领导者或管理者，你需要不断找寻充满正能量的员工，只有这样，你才能带出拥有正能量的团队，你的团队才能战无不胜，攻无不克。

第二章

分享愿景，用正能量激发员工自动自发

作为领导者，要有给员工画一个"大苹果"的能力。这个"大苹果"就是企业发展的美好愿景，但要注意的是这个愿景一定要充分建立在企业实践的基础上，领导者最好要与员工一起制订和规划。企业愿景有了，凝聚力就有了，员工的趋动力也有了。在这样强大信念的指引下，员工的潜能会得到最大程度的激发。

领导者的第一件事——学会与员工分享愿景

在现代职场，很多事实表明，领导者的第一件事，就是要学会与员工分享愿景。这样做将有利于领导者用正能量去激发员工自动自发地工作。

电影《斯巴达克斯》是一部讲述古罗马奴隶起义的故事片。公元前71年，斯巴达克斯领导一群奴隶起义，他们两度击败罗马大军，但是在罗马大将克拉苏的长期包围攻击之下，起义最终还是失败了。

在电影中，罗马大将克拉苏告诉几千名斯巴达克斯部队的生还者："你们曾经是奴隶，将来还是奴隶。但是罗马军队以慈悲为怀，只要你们能将斯巴达克斯交出来，就不会受到被钉死在十字架上的酷刑。"

经过一段长时间的沉默之后，斯巴达克斯站起来说："我是斯巴达克斯。"没想到，接着他旁边的人站起来说："我才是斯巴达克斯。"另外一个人也跟着站起来说："不，我才是斯巴达克斯。"最后，被俘虏军队里的每一个人都站起来说自己才是斯巴达克斯。

这个故事的意义在于，虽然每一个站起来的人都选择了受死，但是他们所忠于的并不是斯巴达克斯这个人，而是由斯巴达克斯所激发的"共同愿景"——有朝一日获得自由身，是这一共同愿景让奴隶们甘愿为之慷慨赴死。

这个愿景是如此的让人难以抗拒，以至于没有人愿意将它主动放弃。著名心理学家马斯洛说："每一个自我实现的人都献身于某一事业、号召、使命和他们所热爱的工作。"马斯洛晚年曾从事对杰出团队的研究，发现优秀团队最显著的特征就是具有共同的愿景与目标，而且在特别出色的团队里，个人目标与团队愿景已经无法分开了。

从理论上讲，任何一个组织都需要一个愿景，否则这个组织就会缺乏凝聚力和持久的战斗力，下面让我们来看一些令人眼花缭乱的企业愿景。

麦当劳——控制全球食品服务业。

通用（GE）——使世界更光明。

微软——计算机进入家庭，放在每一张桌子上，使用微软的软件。

迪斯尼——成为全球的超级娱乐公司。

万科——成为中国房地产行业的持续领跑者。

现在看来，任何一家比较著名的公司几乎都会拥有属于自己的企业愿景。在当前的企业界和管理界，愿景是一个非常火的新名词，相信很多企业的管理者对它都不会感到陌生。

现代管理学之父彼得·德鲁克认为企业要思考三个问题：

第一个问题，我们的企业是什么？

第二个问题，我们的企业将是什么？

第三个问题，我们的企业应该是什么？

其实，这三个问题综合起来所体现的恰恰就是一个企业的愿景。也即，一个企业的愿景要能回答以下三个问题：

第一，我们要到哪里去？

第二，我们的未来是什么样的？

第三，我们的目标是什么？

愿景是所有组织成员永远为之奋斗并希望达到的图景，它是一种意愿的表达，概括了未来目标、使命及核心价值。

共同愿景的驱动力有时候是非常强大的，20世纪80年代中期，在几乎所有小型电脑企业都投向IBM个人电脑阵营之际，苹果电脑始终坚持自己的愿景：设计一台更适合人们操作的电脑，一台让人们能够自由思考的电脑。在实现这一愿景的过程中，苹果电脑不仅放弃了成为个人电脑主要制造厂商的机会，也放弃了一项他们领先于别人的创新技术——可自行扩充的开放型电脑。后来的结果表明，苹果实施的这些策略是非常英明的，苹果公司最后研制出来的麦金塔电脑，不仅容易使用，同时成为新的电脑工业标准，让人们使用个人电脑成为一件快乐的事。

如今国内一些企业领导者的脑海里也会装着企业未来的壮丽景象。你问A

老板，他会告诉你自己企业的愿景是"做受人尊敬的企业"；问 B 老板，那则希望自己的产品能够"成为一个世界知名的品牌"；问 C 老板，他可能会告诉你"进入世界 500 强"等等。

有些企业的领导者，在跟员工讲话时经常会说一些诸如"公司好了，大家都会好"之类的空话，企业愿景却常常给忽略了。要让员工为部门、为组织全心全意且高效地工作，光有这些激励的话语显然是不够的，作为领导者还需经常不断地向员工传达整个组织乃至部门的共同愿景。

值得注意的是，现在的员工已经今非昔比，不要以为企业简单地提出了一个口号作为愿景，就能将员工忽悠得神魂颠倒，这不过是领导者的一厢情愿罢了。

要想真正让组织愿景或部门愿景对员工起到激励作用，需要满足以下几个要求。

第一，愿景对员工要有明显的好处。

多数企业的部门愿景最终沦落为领导者一个人的事的原因在于，它没能给员工提供看得见的好处。

要想做到这一点，很重要的一条是：找到企业与员工利益的一致性，还需体现出大家是能够从逐级实现的企业愿景中获得实际的价值和利益的。

世界 500 强企业 3M 公司在实现企业愿景的过程中，就很好地将员工的个人愿景与企业愿景进行了融合。比如，如果员工想当发明家，要做自己产品的操盘手，其可以向公司申请资金用于启动自己的个人项目，而用于开发个人项目的时间在工作时间的 15% 以内即可，公司也允许项目的失败。正是这种将企业愿景与个人愿景相结合的做法，让 3M 公司在 100 多年的发展进程中开发出了 6 万多种高品质的产品，并总能快速推出令人耳目一新的产品。

第二，将个人梦想融入组织和部门的愿景中。

员工对企业的认同和归属感，主要来自于个人目标与企业目标的一致性。"请同道之人进入你的团队"，这是管理学者吉姆柯林斯认为的构建卓越企业的重要原则。如果企业愿景仅仅是领导者的愿景，与广大员工的个人目标无关，那么它将不会再具备任何凝聚力。

在这方面，领导者要能充分发挥自己的作用，深入了解员工的梦想及个人目标，并将它们及时反馈给企业决策层，以便在确定企业愿景时将之作为重要的考虑因素。

[**案例**] 黄河明在惠普任职长达 23 年之久，他曾担任过惠普泰国公司的总经理。1990 年，他又出任惠普台湾区董事长兼总经理。

黄河明在惠普台湾区的工作，在市场方面同样取得了很大的成功。为了犒赏项目团队，他积极给员工提供各种奖励与升迁机会，但这些措施依然无法留住员工的心。于是，黄河明开始进行了深刻的自我反省。长期以来他都是站在企业的角度衡量问题，即从来都是考虑营收增长率、市场占有率、顾客满意度等，偏偏忽略了员工自身的真实需求。不少员工在升职加薪后之所以还是选择了离开，主要原因就在于他们的需求没有得到满足，于是就逐渐地失去了对工作的热情。

根据这些情况，黄河明得出了新结论：企业愿景不应该只与利润有关，还要结合员工的需求与梦想。

于是 1994 年，黄河明为公司提出了新的愿景——超越 IBM。围绕这一新愿景，他实施了一系列管理新措施。比如，开始注意努力提升公司形象，十分关注惠普在新闻媒体中出现的频率等。很快，惠普公司的企业形象跃升至中国台湾地区的前 10 名，成为当地优秀高校毕业生的最佳选择和最令人推崇的科技公司。此外，他还将企业愿景与员工需求紧密结合，经过一段时间的努力，惠普台湾公司的员工满意度从以前的 50% 大幅度提高到 72%，公司业绩也超过了 IBM 台湾分公司。

第三，鼓励个人愿景。

团队或部门的共同愿景是由许多个人愿景汇聚而成的，借着汇集个人愿景，共同愿景才能得以获得能量和培养行愿。正如某位企业家所言："我的愿景对你并不重要，唯有你自己的愿景才能够激励你自己。"这并不是说人们只需在乎自己的个人利益；事实上，个人愿景通常也包括了一个人对家庭、组织、社区甚至对全世界的关注。我们之所以强调个人对周遭事物的关注，主要是因为真正的愿景必须要植根于个人的价值观、关切与热望中。这个简单的道理被许多领导者忽略了，他们往往希望自己的组织必须在短期内建立一个共同愿景。

有意建立共同愿景的组织，还必须要持续不断地鼓励其团队成员发展个人愿景。如果人们没有自己的愿景，他们所能做的就仅仅是附和别人的愿景，结果只会是顺从，而绝不是发自内心的意愿。

在鼓励个人愿景时，领导者必须注意不要侵犯个人的自由。没有人能将自己的愿景强加给他人，也不能强迫他人发展愿景。

第四，建立上下级相互信任的关系。

员工如果不信任领导者，不信任企业，那么再好的愿景也将无法顺利实现。

那我们应该如何才能获得员工的信任，达成共同的目标和愿景呢？

首先，将员工当成自己的事业伙伴来看待，并对其奉献自己的爱和真诚；

其次，员工要能从中分享到好处；

再次，员工在实现愿景的过程中要能"分期"享受到实际的利益，而并不是说愿景实现后大家才能分享成果；

最后，领导者要身体力行，不要一边讲着伟大的部门愿景，一边干着背道而驰的事。

第五，合理"分解"企业愿景。

每一个愿景都是堪称伟大的，也都不是一蹴而就的，正因为如此，我们将愿景进行分解，就显得很有必要性了。那么具体应该如何分解呢？以下四个方面很重要。

其一，按企业内不同的层次分解。现实中，企业中不同层次的员工往往在个人愿景上存在着很大的差异，因为高层、中层及基层员工，或是同一层次中的不同部门与个体，所面临的问题、所在乎的利益可能都会有所不同。因此，领导者需要从本部门的实际情况出发，对企业愿景进行"分解"，然后形成本部门的愿景。

其二，按不同的阶段分解目标。就像一场马拉松长跑，要一米一米地往前跑，企业愿景也需要有分阶段的目标和供给。

其三，找到愿景的支撑点。一个愿景需要有许多支撑点，比如一个售后服务部门，如果将自己的愿景定位为"员工心情舒畅、充满活力地在为用户创造价值的同时，也能够体现出自身的价值"，那么在这个愿景的背后，就存在着服务顾客、追求卓越的精神；迅速反应、立即行动的作风；人人是人才、赛马不相马的人才竞争理念；用户的利益永远是第一位的服务精神等。

总之，领导者的第一件事，就是要学会与员工分享愿景，只有这样，其才能通过分享愿景，用正能量去激发员工自动自发地工作，为团队取得更好的成绩创造最佳的条件和优势。

给团队注入信念力，团队才能永不垮

当今社会竞争非常激烈，作为企业的领导者要学会多与员工分享愿景，这样可以更好地用正能量管理团队。比如，学习给团队注入信念力，给团队创造佳绩的推动力。

[**案例**] 前些年曾经热播的电视剧《潜伏》中有这样一个场景：

余则成的上级领导秋季被捕后，余则成随着吴敬中、陆桥山和马奎一起进入刑讯室审问秋季同志。

马奎："现在选择还有机会。"

秋季："我什么都不知道。"

马奎："带进来（指汤四毛），大家都是老同事了，你劝劝他吧。"

汤四毛："秋老板，我能交代的都已交代了，我实在受不了这些刑罚，您也别坚持了，都交代吧。后面会有好多出路，秋老板。"

秋季："闭嘴，叛徒！你们别以为得到了什么宝贝，他只是一个报务员，什么都不知道。你连起码的密码都不知道，还找什么出路！"

吴敬中："你要是知道的话那就你说，这里不是充英雄的地方。"

秋季："你们别做梦了，谁都不能战胜我的信仰，我可以去死，但我绝不会出卖我的战士，别费心思了，一切都结束了。"

"谁都不能战胜我的信仰！"这句震撼人心的话语，让人无不感到动容和强烈的心灵震撼，也尽显了信仰的力量。

另有这样一个非常有意思的传说：神在造人后，发现泥做的人总是软软的，风雨过后就会倒下，于是神便在人的背上插上一根脊梁，这使得人类无论遇到多大的风雨、多深的坎坷，都能做到屹立不倒。这根脊梁，其实就是信仰。

既然每个"泥做的"人都注定要经历风雨和坎坷，那么信仰就如同空气一样，不可或缺。而对于必须带领员工冲锋陷阵的企业领导者，有没有这种脊梁，就是一个很大的考验了。

"吾等定此血盟不为私利私欲，但求团结一致，为社会、为世人成就事业。特此聚合诸位同志，血印为誓。"这是稻盛和夫先生在创业之初立下的誓言，当时的公司仅有8名员工。而40多年后的今天，稻盛和夫已经是迄今为止世界上唯一一位一生缔造了两个世界500强企业的人，因此，他被人尊称为"经营之圣"，也是日本唯一一位还健在的获此殊荣的经营大师。

稻盛和夫无疑是一个有信仰、有信念的企业领导者。但人并非生而知之者，在稻盛和夫创立京瓷之初，他既是经营者又是技术带头人，整天拼命地工作，每天要工作到晚上12点。作为经营者的他竟然可以忍受这种苦行僧般的生活，这样的生活就连一般的员工都忍受不了。于是，就有不少员工以未来没有保障为由向稻盛和夫递交集体辞职信。稻盛了解到情况后，对这些员工说："作为经营者，我绝不是只为了自己，我将倾尽全力把公司办成你们从内心认可的好企业。如果我对经营不够尽责，或是我贪图私利，让你们觉得受骗了，那时把我杀了都行。"这些员工为稻盛的人格所慑服，于是便撤回诉求，不但留了下来，而且还加倍地努力工作。

没有信仰的人，是很难感受到信仰的力量的。在稻盛和夫身上，人们强烈地感受到了一种信仰的力量。他曾针对我国《中外管理》杂志记者的采访谈了自己对信仰的看法：

[案例]"如果要用一句话回答，就是作为一个人，最重要的是他心中所描绘的梦想，必须用人生正确的思维方式去实现。这是我一生成功最根本的原因。""这种正确的思维方式，就是一个人的信仰。""如果说是信仰，那么就可能会带有一些宗教色彩。与其用'信仰'来表示，我觉得用'信念'会更好一点。不过'信念'这个词听起来还是有些僵硬，所以我用'思维方式'来表示。""我认为，人们的思维方式一般有两种判断标准：一个是按照'得'、'失'来进行判断；另一个是按照'善'、'恶'来进行判断。我的判断标准，不是按照得失，而是按照善恶。我认为这是一个很好的正确的判断标准，我也是基于这个标准来开展我的工作的。"

"这样一个正确的思维，您是怎么建立起来的呢？在复杂的当今社会里，用'善恶'来判断是否还可行呢？"

"如果要追根溯源，我年轻的时候就开始思考我应该按照一种什么样的生活方式来度过我的人生。孩提时代，我父母、祖父母的教育非常质朴，就是'善恶'一个标准。这看起来可能显得很幼稚，但是我觉得这在人生中非常重要，我就是按照这样一个淳朴的判断标准来度过我的一生的。随着年龄的增长，我也从中国古典文化、佛教的智慧中汲取营养，人类先祖中很多的贤人、圣人，他们所说的一些真理在现代也是非常适用的。"

一生的活动都依据"善恶"这一个标准来判断和处理事务，这就是信仰的力量，是信念的力量，听起来让人震撼。

对于一个人来说，事业成功和坚定的信念之间是存在着千丝万缕的联系的。著名的维珍集团主席和创始人理查德·布兰森的经历也是一个很好的例子。这位极具个人魅力的领导者在其自传中这样写道："我的信念是，每一天的每一分钟都应该全心全意地度过，并且我们应该不断地去发现任何人、任何事最好的一面。"

信念的影响力是很大的，它能够指引我们的方向，决定我们面对世界的态度，影响我们的成就和格局大小；它是控制我们潜能发挥的阀门，也是我们成功、幸福的基石。卓越领导人都有坚定的信念，因为信念影响愿景、影响策略，也影响决策。

可以这样说，一个没有坚定信念的人，是不可能成为伟大的领导者的。因为到达胜利的目标或终点的路上，是不可能一帆风顺的。在通往成功的路上，我们难免会碰到很多问题和障碍，这时如果没有坚定的信念，我们将很难战胜困难，勇往直前。

作为领导者，你越模糊自己的信念，你的团队成员就会越感到焦虑不安，对你也就会越缺乏信任。如果员工只能从你行为的蛛丝马迹中去辨认你对成功的理解，去猜测怎么做才能达到你的要求、满足你的希望，在这种情况下，事情就会很难办好。所以，作为企业的领导者你需要把你的信念明确地表达出来，要时刻记住多给团队注入信念的力量，这样你的团队才不会轻易垮掉，你的团队才不会轻易被打败，当然，这样做也能让你的团队及成员对你有清楚的认识和了解。

领导者要想真正做到以身作则，没有信念的支撑是不行的。从某种程度上来说，领导者必须是一个苦修的人。一个伟大的领导者，必然有内在的坚定的信念力！正如安东尼·罗宾所说："影响我们人生的绝不是环境，也并非遭遇，而是看我们对这一切抱持什么样的信念。"

那么，作为企业的领导者，我们需要怎样给自己的团队注入信念力，用信念的正能量去管理团队呢？

第一，让别人了解你的信念。

对于一个人来说，仅有信念还是远远不够的，你还需要让别人了解你的信念。有人将良好的领导能力定义为"让他人追随自己的能力"，其实这一观点具体点讲，就是让别人相信你和你的立场。如何用语言和行动来表述你的信念，这将决定你的团队成员和下属、客户对你会有什么样的期望，并能使他们作出一些重大的决定和判断。这些决定和判断不仅包括工作中的方方面面，也包括他人是否该信任你的领导能力。

第二，发现你的潜在信念。

了解自己的潜在信念是非常有必要的。所以，不妨花几分钟的时间，探讨一下你自己的某些潜在信念。试着向自己提出以下几个问题。

你最信任自己的哪些方面？

你最信任别人的哪些方面？

你最信任自己团队的哪些方面？

你最信任自己生活中的哪些方面？

你最信任自己对别人产生哪些方面的影响？

关于领导力，你最信任自己什么？

这些问题，都会有助于你发现自己的潜在信念。然后通过自我沟通，揭示它们对于你来说哪些是真实的，哪些是重要的，哪些是有价值的。

第三，充满希望，播种希望。

领导者作为部门、团队的带头人，不仅要带领员工前进，而且还要经常地向他们播种希望。当然要对自己和团队成员做好希望管理工作。

首先，领导者要对自己所从事的事业及未来充满希望。

其次，向员工播种希望，其实就是在了解员工需求和价值观的基础上，通过物质或精神的一系列管理手段激发出员工的希望，并让他们对未来心存希望。

德国军事理论家克劳塞维茨在《战争论》中写道："将领要在茫茫的黑夜中，发出生命的微光，带领着队伍走向胜利。当工作做到一塌糊涂的时候，领导者的作用是什么？就是要在看不清前进方向的茫茫黑夜中，用自己发出的微光，燃起团队及其成员的希望，激发他们的斗志，振奋他们的精神，直到最终取得胜利和成功。"

因此，给员工以希望，给团队及其成员注入信念力，是领导者能力的重要体现，也是其作为管理者信念力的具体体现。也只有这样的领导者才能真正做到不断地用正能量激发员工自动自发地工作。

与员工一起制订团队愿景

对于广大领导者来说，如果条件允许，不妨尝试着与员工一起制订团队愿景。让员工参与团队愿景的制订，对发挥员工工作积极性，让其更好地自动自发工作，将会起到很大的促进作用。因为，在一起制订团队目标的过程中，每位员工都会根据自己的工作需要，从自身的利益出发，提出对即将制订的目标的种种建议或见解，争论是不可避免的。但是，就在这一过程中，企业领导者能够洞察到不同人员的不同需求，确立什么样的目标能被大多数员工所认同，而不至于使提出的目标高高在上，不合民意，导致怨声载道，不利于生产的进行。另外，员工参与目标的制订，能使员工对自己的要求更严格。因为目标毕竟是自己参与制订出来的，他们对工作一定会拿出更加饱满的热情，才不至于"自己打自己的脸"，如此，才能真正发挥团队成员的主观性、创造性，提高企业效益。

福特公司每年都要制订一个全年的"员工参与计划"，动员员工参与到企业管理中并向他们说明企业明年整体的工作计划和概况。此举引发了员工对企业的"知遇之恩"，员工积极投入感情，合作性不断提高，提出的合理化建议越来越多，使得生产成本大幅度下降。

领导者让员工了解并参与工作流程，能使团队或部门获得很多好处，但在决定把参与作为管理策略之前，还必须了解有效参与的心理条件和额外条件，有效参与的心理条件主要有以下几点。

（1）下属必须在心理上接受企业计划。

（2）下属必须赞成支持自己所参与的活动计划。

（3）下属必须看到即将参与的事件与其个人生活模式的相符之处。

（4）下属必须能够明确地表达自己对即将参与的事件的满意程度。

此外，有效参与还须满足下列"外部"条件，员工参与才是切实可行的。

（1）对决策时效性的要求不能很高。

（2）经济上的要求和分配要合理。

（3）在下属参与决策时，既让他们有安全感，又不能破坏组织领导者的权威。

（4）提供参与机会时要避免参加特定决策过程的下属向竞争对手"泄漏"信息。

（5）为使参与有效，必须为员工提供有效参与决策过程的正式渠道。

（6）进行参与教育。

那么，在鼓励下属参与制订整个公司愿景计划时，要巧妙地对下属进行组织，既不能毫无保留地把公司的安排全部透露，又应适当地让员工参与进来，所以就要合理地统合下属。巧妙统合部下，是领导者的策略和能力的表现，倘使能够对各自的长处加以统合的话，应该能够取得一定的成果。身为领导者，在整合团队、指挥部下行动时，最重要的两个基本原则是推动工作与建立人际关系。

领导者在指挥部下时，明确指示出其应该做的工作是非常重要的，同时也应该与部下维持良好的人际关系。组织是由人所构成的，如果让人际关系恶化，那么再好的企划也将无法顺利执行。因此，团队的领导者让员工参与愿景的制订时，要注意做好以下各方面工作。

1. 敞开心扉，把你的想法告诉下属

如果不知道领导者的想法，部下是很难有所行动的，因此领导者要不断向所有部下明确自己的想法和意见，期待与下属进行沟通和协商。可以通过各种途径，在不同的场合向员工宣传讲解，发出信息，比如会议、内部刊物等。

2. 新的计划是团结的结果

与下属一同计划新的工作，能更好地调动他们的工作积极性。

3. 进行员工调查

比如，通过问卷调查、座谈等方式，深入了解实际情况和员工期望。

4. 坚定自己的立场

明确表示自己的想法是重要的，但话也要说明白，不要模棱两可，含糊其辞。

5. 批评不好的工作表现

为了明确传达什么是良好的工作表现、什么是糟糕的工作表现，领导者对于不妥当的结果，要明确地进行批评。

6. 指示部下工作

部下一般都是等待领导者的指示的，因此各个部下应该做什么，当领导的要明确指示其工作内容及应该承担的相应职责。

7. 明示工作的评价标准

部下有时会苦于不知以怎样的标准和方式来从事被指派的工作，是花时间细致地进行，还是做得粗糙点，尽快完成比较好？为了不让部下产生这样的烦恼，领导者在指派工作时，必须要明示工作的评价标准，这样清晰的要求会给双方都带来很大的便利。

8. 明示工作的期限

领导者在布置工作时要让部下明白工作流程的期限，这样也有利于部下制订自己的工作计划。

9. 明示部下的位置和职责

领导者要仔细、清楚地向每一位部下说明团队的具体情况，以及他们应该扮演的角色。还有，指示工作时，要说明该工作在整体计划中处于怎样的位置。在组织级别中，级别越低的员工，越不容易了解整体工作的内容，而如果不了解整体工作的内容，就不会有想做的热情。尽管实际上非常单调的工作，如果明白它在整体工作中的位置的话，也会让部下产生很强的工作干劲。

10. 让部下遵守工作的方法和规则

团队中的工作是有必要加以统一的。如果每个人都以各自的方法和规则来做事的话，那么领导者就可能会无法加以统御。对员工个人来说好的东西，不见得就能提升团队整体的成果，所以领导者必须让部下遵守一定的工作方法和规则。只有这样做，领导者与团队成员一起制订团队愿景的工作才能够顺利地进行下去。

11. 帮助部下提升个人能力

团队的成果，是每一位部下个人能力的总和，所以，领导者帮助每一位部下提升自己的能力是件非常重要的事。团队成员需要有上进之心，而领导者则应为团队成员的成长提供良好环境。

总之，对于领导者来说，要多与团队成员一起制订团队愿景，这会极大地调动团队成员工作的积极性和主动性，让领导者的工作目标能更快地达成！

给员工描绘实现愿景的美好画面

作为企业的领导者，应经常给员工描绘出实现愿景的美好画面，这样做能更好地向员工传递正能量，促进员工自动自发地工作。就好比盖房子的时候，建筑师把自己的想法具体地表现在蓝图上，再依照蓝图完成建筑那样。如果没有建筑师的事先具体规划，那么房子肯定将无法盖成。同样的道理，领导者在开展工作时，也应有行动的蓝图，即精密的具体理想或目标，并且要给员工描绘出来，告诉员工企业或团队实现愿景后能为其带来的好处，这样可以使员工更好地做好本职工作。

在现实世界里，企业吸引人才的最重要的条件之一就是能够为员工提供足够合适的发展空间，即所谓"选择了一个企业，就是选择了一种生活"。如果企业领导者用充满自信且热情洋溢的话语向员工描绘出企业广阔的发展空间，并强调企业的发展同员工个人的发展是息息相关紧密相连的，就能够最大限度地调动员工的工作积极性。

要使员工对企业前途充满信心，就要让员工了解企业的优势和发展目标及企业的美好前景。员工看见了企业发展的蓝图和目标，才会主动地将个人的事业与企业的前途紧密联系在一起。

美好的企业发展蓝图是调动员工积极性的一种重要的"攻心术"，员工越了解公司的目标，其归属感就会越强，公司就越有向心力。

不断地向员工展示企业发展的宏伟蓝图，能让员工对企业的前途充满信心，这也是日本著名企业家松下先生的重要"攻心"谋略。早在1932年，松下幸之助在向企业员工演讲使命感的时候，就曾用生动的语言向员工描绘出一幅在250年内达成使命的愿景。其内容是：把250年分成10个时间段：第一个时间段为25年；再将25年分成3期：第一期的10年是致力于建设的时代；第二期的10年将继续建设，并努力活动，称为"活动时代"；第三期的5年，将一边继续活动，一边以这些建设的设施和活动的成果贡献于社会，称为"贡献时代"。第一时间段以后的25年，是下一代继续努力的时代，同样要建设、活动、贡献。如此一代一代地传下去，直到第10个时间段，也就是250年以后，这个世界将不再有贫穷，而是变成一片繁荣富庶的乐土。

松下规划的这个蓝图，可以说是绝无仅有的，不仅在企业界是前所未有，就是那些赫赫有名的政治改革家，也没有多少人会有这样的宏伟规划。难能可贵的是，时至今日，松下先生的梦想可谓是正在一步一步地实现着。而更为现实的是，松下的这种规划让每位员工都拥有了灿烂辉煌的梦想，使员工对企业的前途充满了信心，这较好地提高了他们的工作热情和工作效率，也很好地促进了企业的快速发展。其作用可谓是不可估量的。

现代企业对人才的需求越来越高，同样，企业也应为人才发展提供足够的空间。有了好的发展机会，员工的价值才有体现的平台，才有发挥的空间，他们才愿意留下来并努力工作。

可见，作为企业领导者，我们只有站在企业未来发展的高度，多向员工描绘出一幅实现愿景的美好画面，同时为员工努力提供良好的发展平台，这样才能更好地将正能量传递给员工，让员工更加自动自发地工作。

将团队价值观融入员工心中

在现代职场中，领导者要想更好地将正能量传递给自己的团队成员，让员工更加积极主动地工作，还可以通过将团队价值观融入员工心中的方式来实现自己的这一工作目标及理想。

价值观是文化的核心。对于一个团队来说，其文化是在其所属的民族文化或企业文化的基础上提炼而成的，并在此基础上形成团队的核心价值观。不过，对许多团队来说，他们也许只是在无意识的情况下去接受大环境所给予的文化传承，而并没有形成自己独特的文化特征。但对于成功团队来说，其团队文化的形成则必定需要一个"提炼"的过程，并在经过"提炼"之后形成其团队文化的核心——团队价值观。

将团队价值观融入员工的心中，能促使员工明确自己的目标是什么，该干什么事。同时还能减少因为方向不一致而造成的沟通成本和制度的执行成本。一个价值观被植根于员工心中的团队，领导者在工作的时候将会非常轻松，因为员工知道哪些事情是正确的，不需要领导者过多声明。

所以，对领导者来说，将价值观融入员工的心中。是件非常重要的事情。但要将所有事情以明确的价值观为准则来进行处理并不是件很容易的事。要弄清楚并遵守团队的价值观，远比遵守规章制度要困难得多。那些试图弥补由糟糕价值观所造成的损害的团队，需要付出超乎寻常的努力。

将价值观融入员工的心中，虽然做起来并不容易，但它却是件关系到管理团队和实现团队目标的大事。如果企业领导者愿意花时间和精力来创造一个真实可信的价值观，那么他的团队成员就会大受裨益。

要让价值观真正地在一个团队中扎下根来，必须将其融入与员工有关的每一个步骤中，如招聘、考评、奖励标准和晋升等。从员工初次面试到他离开团队，领导者都应该随时提醒他，毕竟核心价值观是一个团队所有管理的根本。

朗讯公司推行价值观的步骤分三步走：第一步，他们对新价值观进行广泛宣传，让大家知道要力推的价值观的每一项的含义是什么。朗讯人力资源部通过管理游戏来检测中高级职称的经理的行为模式，发现有不少人的反应与实际要求存在较大差距。人力资源部制订一个计划，通过许多场合和形式让员工熟悉核心价值观的内容。第二步，人力资源部和各事业部门开始将员工的业绩考评与价值观结合在一起。员工的业绩考评中业务成就是一个指标，另一个指标则是员工的行为表现。第三步，加强自身对核心价值观的理解，领导者要能够成为这样一个典范，进而真正地将企业价值观融入员工心中。

有一家创业不久的网络公司，将"勇于奉献、值得信赖"作为自己的核心价值观。为了将这一价值观融入员工的心中，企业将它引入与员工息息相关的每一个体系。比如，在招聘这一环节，该公司不管是招聘接待员还是副总裁，不仅要考核应聘人员的技能和经验，而且还要看他们是否符合公司的价值观。在面试中，公司的首席执行官和面试人员会坦率地提出有关工作量期望值以及过去的成就等问题。为了更好地了解员工，首席执行官会请他们描述别人认为不可能完成而他们却完成了的某件事。在新员工入职后，公司会一而再、再而三地提醒他们，这些价值观不只是文字形式，公司还会以这些核心价值观来评估他们，在给予员工以股票、奖金和晋升机会等奖励的同时，公司也会以核心价值观作为考核标准，甚至会以此作为依据来解聘某位员工。

据说，一条信息只有在领导者重复了7次之后员工才会相信。所以，企业领导者在将价值观融入各个体系后，应该利用一切机会倡导这些价值观。考虑到员工现在对价值观的理解常常存在偏差，或者觉得不实际，领导者应该抓住机会多加重复才会更有效。

强生公司就是一个很好的案例。该公司常常以看起来显得陈旧的方式不断地向员工灌输价值观。从公司高呼的口号到关于计算机的培训，这家零售业的巨人不断强调卓越、客户服务以及尊重员工等核心价值观。"我来自欧洲，在那里，我们认为高声欢呼之类的东西代表了美国人的肤浅。"一位接受领导力培训的学员这样说，"但我必须承认，不管是休息室里贴的标语，还是我们读到的创始人的格言，一点也不可笑。"这是因为，该公司的领导者们用实际行动强化了这些核心价值观。比如，当员工就卓越服务提出了新方法时，强生公司都会以现金和其他公开表扬的方式对他们进行奖励。

再来看看康柏公司。在入职培训时，公司不是给新员工一本详细的手册，告诉他们如何向客户提供优质服务，而是向他们详细地讲述公司的同事是如何竭尽全力赢得客户称赞的故事。其中一个故事讲到一位销售代表，他曾经问都没问，就同意客户退回已购买了一年的笔记本电脑。这个故事讲了一遍又一遍，最终使员工们开始确信，他们的确是在为一家不同寻常的公司工作。在商店不营业的时候，经理们会通过公司内部的对讲系统，大声朗读广大客户寄来的表扬信和批评信，这样，员工就能很直接地听到别人对他们工作的评价。

可见，在现代职场中，企业领导者要充分重视对自己的团队成员进行团队核心价值观的培养和灌输工作，有了团队价值观并将它融入每个成员的心中，团队就等于有了自身的特点和优势，这对广大领导者用正能量来激发员工更好地工作来说，无疑将是非常重要和弥足珍贵的！

赋予员工强烈的使命感

对于企业领导者来说，要想通过分享愿景的方式，用正能量激发员工自动自发地工作，可以通过赋予员工强烈使命感的方式来实现这个目标。

什么是使命？使命是重大的、必须要完成的责任。如果一个人能把任务当成使命，那么，他就会不惜一切代价去完成任务。

使命感是一个人成功的动力，同样，对于一个企业来说，使命的作用也是巨大的。一位成功的企业家说："什么才是企业发展的根本？企业的软实力、企业的使命感才是企业发展的根本。"一个企业只有有了正确的、符合自然规律的企业使命，才有企业的利润，才能完成企业的社会责任，才能真正创造出百年基业。

对于一个企业来说，企业使命是企业存在的原因、意义和价值的具体体现，是企业肩负的最神圣的责任，也是企业存在的最根本的目的。

企业使命从本质上回答了企业生存和发展的根本性问题，在思维上要求企业领导者弄清企业存在的原因、企业应该做些什么、企业的活动范围包括什么、企业的发展方向如何、企业未来的走向是什么样的等问题。管理大师彼得·德鲁克认为，如果一个企业领导者连以上问题都搞不清楚，那么，他就不可能是一个合格的领导者，更不能合理地引导企业作出较大的改变。企业领导者只有明确了企业的使命，才可能树立现实而又明确的企业目标。

企业使命是企业一切行动的动力之源。一个企业只有树立明确的使命，才能满足内部成员自我实现的需求，才能不断激发员工的创造力。一个崇高、明确、富有感召力的使命不仅能为企业指明方向，还能使企业的每一位成员都明白工作的真正意义，充分调动他们工作的积极性。

我们看到了使命感对个人动能的影响——富有使命感的人不仅具有高度的责任感，而且还会专注于目标的达成，与没有使命感的人相比，他们具有更强的行动动力。因此，优秀的领导者都会通过发掘企业的使命来为企业输送活力和动力。

美国管理学家吉姆·柯林斯在其著作《基业长青》中写道："每个伟大的企业都有一个超越赚钱的目标，这个目标就是使命。"松下电器的第一目标是为社会作出贡献，第二目标才是赚钱。松下电器的创始人松下幸之助认为，企业存在的目的绝不仅仅是为了赚钱，企业真正的使命，在于为了实现社会繁荣而不断努力。在辞去董事长职务后，松下幸之助又设立了"Peace and Happiness through Prosperity（PHP）"研究院，他的目标是从根本上矫正社会的不良状况。而迪士尼公司的使命则是使人们享受到更快乐的生活……在一个企业内部，如果没有使命，那么团队成员就会感到无所追求；而具有崇高使命的企业，则能让每一位成员都感受到责任感，并因为责任的产生而获得更加努力工作的动力，从而使企业取得更辉煌的业绩。

那么，企业的领导者该怎样正确定位企业的使命？德鲁克的企业使命理论为领导者找到正确的使命提供了一个很好的方法。德鲁克从以下几个角度对企业使命进行了定义：企业的事业是什么，哪些人是企业的客户，这些客户在哪里，这些客户希望获得什么样的价值；企业的事业将会发展成何种面貌；企业该如何注意竞争、趋势等各方面的变化；企业拿什么满足客户尚未满足的需求；商业环境的哪些变化会对企业的事业造成严重冲击。领导者若弄清楚了这些问题，企业的使命就会慢慢变得清晰起来。

总之，对于企业领导者来说，赋予员工强烈的使命感，可以帮助其更好地向员工传递正能量和令员工更加积极主动地做好本职工作，而这对于领导者来说，则是一个非常重要的工作方法和工作技巧。

给员工管理企业日常事务的机会

对于企业领导者来说，要多给员工参与管理企业日常事务的权利和机会，这样做不仅能释放出隐藏在他们体内的能量，而且拥有参与感的人才会获得主人翁的感觉。当他意识到企业的事就是自己分内的事时，其爆发出来的能量将会超乎你的想象。事实证明，这种做法有利于企业领导者更好地用正能量激发员工积极主动地工作。

[案例] 某精密铸模公司是通用汽车下属的一家企业。过去，公司的许多规章制度都是在权威式的管理思想下制定的，员工没有提意见的机会，即使有时提出了意见，也得不到应有的重视。这样的结果，使员工的流动率一直都非常高，怠工事件时有发生，缺勤率高达7%，产品退货率为39%，公司一度濒临破产边缘。

在这种形势下，公司接受了总部的建议，决定通过让员工参与企业管理的方式来改进工作。其主要内容有：让员工了解公司的政策；促使员工主动参与；建立有效的奖励制度；每月召开一次"员工参与管理会议"，保证在一年中每位员工至少有一次当面向高层管理者畅谈自己对公司工作的各种意见，尽可能多地让员工参与企业决策。对于员工对公司的抱怨，管理层务必要及时处理，不得延误。

采取了这些措施后，精密铸模公司的状况发生了翻天覆地的变化：公司产量增加了近4%；再没发生过怠工事件，员工申诉案件仅为以前的10%；缺勤率由7%降为3%；产品退货率由3.9%降为1.5%。员工很受鼓舞，公司经营状况也显著得到改善和提高。

一项对员工参与企业管理的调查发现，员工普遍都有参与企业日常事务管理的热情，主要表现在以下四个方面：一是希望企业领导者能邀请他们参与和公司有关的决策；二是希望企业领导者能以开放的态度提供第一手情报；三是希望与企业领导者的关系如"合伙人"一样，没有权势的差别；四是希望能与企业领导者一样成为公司最得力的中坚力量。

一般来说，给员工管理企业日常事务的机会，让员工多参与到企业管理中去，这既是对其能力的认可，也是激励员工士气的好方法。因为，通过参与企业日常事务，能让员工有一种"我不光是一个执行者，更是一个决策者"的成就感，这样，员工就会把企业的事当成自己的事来看待。员工对企业日常事务参与度越高，其能力也就能发挥得越好。

让员工参与企业日常事务管理，这件事情说起来容易，但具体做起来则比较困难。这首先就体现在思想观念上。思想观念的改观是企业领导者通过具体的方法提高员工对企业管理参与度的第一个步骤。具体来讲，企业领导者还应该做到以下三点。

第一，决定让员工参与的事项。领导者可以写下一周内要让员工参与的活动，并与他们约法三章。

第二，抓住每一个机会。只要一有机会，就记得让员工参与企业日常事务管理，这样，员工就会感觉自己受到了尊重。如果坚持下去，很快就能提高所有员工参与企业日常事务的热情了。

可见，对于企业领导者来说，你要想将正能量更多地传递给你的团队成员，就要多给员工管理企业日常事务的机会，这种做法不仅能锻炼和培养员工的能力，还能让员工更积极地为企业服务。这种一箭双雕的事情，我们又何乐而不为呢？

激发员工的团队荣誉感

对于企业领导者来说，要想将正能量更好地传递给自己的团队，还要注意激发员工的团队荣誉感，这样可以更好地促使员工自动自发的工作。对于企业领导者来说，一个没有荣誉感的团队是没有希望的团队，一个没有荣誉感的员工也不会成为一名优秀的员工。美国西点军校的《荣誉准则》上这样写道："每个学员决不说谎、欺骗或者偷窃，也决不容许其他人这样做。"西点赋予士兵的荣誉意识，让士兵在任何一个团队中都大受欢迎。在西点的教育中，荣誉教育始终处于优先的地位。西点将荣誉看得至高无上。比如，西点要求每一位学员必须牢记所有的军阶、徽章、肩章、奖章的样式和级别，必须要记住它们所代表的意义和奖励，同时还必须记住皮革等军用物资的定义、西点会议厅有多少盏灯，甚至校园蓄水池的蓄水量有多少升等诸如此类的内容。这样的训练和要求，能在无形中培养起学员的荣誉感。西点军校的这种做法，值得当今所有的企业领导者进行学习和借鉴！

每一位企业领导者都应该对自己的员工进行荣誉感的教育，而每一位员工也都应该对自己的公司和岗位充满荣誉感。可以这么说，荣誉感是一个团队的灵魂。如果员工没有荣誉感，那么即使有千万种规章制度或要求，他也是不可能将自己的工作做到完美的，也很难对自己的公司引以为荣并焕发出无限的工作热情。

[案例]有一个人生下来就双目失明了。为了生存，他继承了父亲的职业——种花。他从来没有见过花是什么样子，只是听别人说过花是娇美而芬芳的，于是他一有空就用手指触摸花朵、感受花朵，或者用鼻子去嗅花香。他用

心灵去感受花朵，用心灵描绘出花的美丽。他对花的热爱超出所有人，每天定时给花浇水，拔草除虫；下雨的时候，宁可自己淋着，也要给花撑把伞；炎热的夏天，他宁可让自己晒着，也要给花遮挡骄阳；刮风时，他顶着狂风，用身体为花阻挡……不就是花吗，值得这么呵护吗？不就是种花吗，值得投入那么多吗？很多人甚至认为他是个疯子。"我是一个种花的人，我就应该将全部身心都投入到种花中去，这是种花人的荣誉！"他对不解的人说。正因为他是为了荣誉而种花，所以他种的花要比其他所有花农种的花都开得好，很受人们的欢迎。

"我是一个种花的人，我就应该将自己的全部身心都投入到种花中去，这是种花人的荣誉！"这句质朴的话却不是一般人能够发自内心说出来的，也正是有了这种荣誉感，才使得这个双目失明的人成为了非常优秀的花匠。

荣誉感所蕴藏着的力量是非常强大的。作为团队的领导者，你可以通过激发员工荣誉感的方式来调动员工的工作激情。领导者可以为工作成绩突出的员工授予荣誉称号，强调公司对其工作的认可，让员工知道自己在某个方面是出类拔萃的，这样就更能激发出他们的工作热情。

自己在公司里是否被重视，是影响员工工作态度和士气的关键因素。领导者在授予员工各种荣誉头衔时，要有一些创意。可以考虑让员工提出建议，让他们接受这些头衔并融入其中。这也是在成就一种荣誉感，荣誉产生积极的态度，而积极的态度则帮助员工不断进步并走向成功。比如，作为企业领导者，你可以在自己的团队设立诸如"创意天使"、"智慧大师"、"霹雳先锋"、"完美佳人"等各种荣誉称号，每月、每季、每年评选，举行隆重的颁发仪式，让所有团队成员为荣誉而欢庆。对于员工来说，努力工作，忠诚于企业，在捍卫企业荣誉的同时，也为自己建立起了荣誉。这样的员工才会受到人们的尊敬，人们才会把最高的荣誉给他。

对崇高事业的不懈追求能很好地激发一个人内心深处的荣誉感，这种荣誉感也是一种永恒而强大的动力。它能规范员工的行为，大幅度提高团队成员的工作效率，促使团队创造出具有优良品质的产品和良好的经营业绩，此时此刻，荣誉感就演变成为了"创一番事业"的雄心壮志。

瑞恩曾在希尔顿饭店有过一次非常美好的经历。瑞恩早上起床，一打开门，站在走廊尽头的漂亮服务员就走了过来，说："早上好，瑞恩先生。"瑞恩觉得很奇怪，问她"你是怎么知道我的名字的？""先生，昨天晚上您睡觉的时候，我们要记住每个房间客人的名字。"

也许很多人都有过这样的经历，觉得很正常就将其忽略过去了。但瑞恩觉得这些看起来很小的事情，却能体现出很深刻的道理。如果那个服务员没有一种以希尔顿饭店为自豪的荣誉感，她能表现得这样尽职尽责吗？成绩可以创造出荣誉，荣誉可以让你获得更大的成绩。一个没有荣誉感的员工，是很难成为一个积极进取、自动自发工作的员工的。如果不能认识到荣誉的重要性，不能认识到荣誉对你自己、对你的工作、对你的公司意味着什么？那么，对于企业领导者来说，你又怎么能指望这样的员工去为团队争取荣誉、创造荣誉呢？

当然，荣誉感是一种个人化的感受。从理论上来说，让一个人兴奋的事情，另外一个人可能会感觉平淡甚至心灰意冷。荣誉感从某些方面来讲，也是一种自我选择。也就是说，选择留在公司里的人都是能从公司和自己的所作所为中找到荣誉感的人。那些找不到荣誉感的人，最终会选择离开。这当然是件好事，因为如果留下来的员工不能从公司获得荣誉感，那么他一般就不会对公司负责，也就不会对公司的发展作出应有的贡献。

一位公司的总裁曾说过这样一段话："一个员工是否优秀，在他进公司的时候是很难看出来的，只有当他打算离开公司的时候你才能发现。你一定要特别注意那些准备离开公司还能尽责尽职的人，了解他们的情况，尽量帮助他们解决困难，以便让他们能够留下来为公司继续工作。因为，他们是在为荣誉而工作，这样的人才是无条件为公司负责的人。"

对于企业领导者来说，激发员工的团队荣誉感，让员工为荣誉而工作，这样的员工才能真正做到对工作自动自发，完美地履行工作职责，并让努力成为一种习惯。一个接受任务的人，他最终的目的是完成任务，而不是找寻各种完不成任务的理由，而对于任何一位员工来说，任务都将象征着荣誉和尊严。

为荣誉而工作，就是要求团队成员要全力以赴，满腔热情地做事。为荣誉而工作，就是要求团队成员要为企业分担忧虑，要给公司以支持，给同事以帮助。为荣誉而工作，就是要求团队成员要替他人着想，为客户着想，把自己最优异的工作成果奉献给社会。为荣誉而工作，就是要求团队成员要充分展示自己的才华，展示自己的无私和无畏，展示自己迷人的工作形象。

荣誉感是企业的灵魂，如果一个公司的员工都能为自己的公司而感到自豪，这个公司肯定充满生机，蓬勃向上。因此，对于企业领导者来说，你需要充分激发员工的团队荣誉感，只有这样，你才能通过分享愿景的方式，用正能量激发员工更好地自动自发的工作。

第三章

传递激情，让员工充满正能量地
奔跑

在企业团队中，领导者的精神面貌很重要。如果作为团队的带头人整天垂头丧气，那么又如何激发员工的斗志？所以身为管理者不但要具备很强的心理素质，还要有极大的创业理想和热忱，并且有能力将这种热忱不断地传递给员工，让员工满怀信心地跟着你干，同心协力地向着既定的目标奔跑。

做充满激情的领路人

在现代职场中，学会点燃激情的正能量，能使团队充满活力并更容易作出成绩。比尔·盖茨为什么能创建如此辉煌强大的微软帝国？杰克·韦尔奇为什么能成为人人争相效仿的世界第一 CEO？松下幸之助为什么能成功创办世界著名的松下电器？李嘉诚为什么能连续多年成为华人首富……

这些人都有一个共同的特点，那就是对工作充满无与伦比的激情，并且能把这种激情传递给自己的企业，自己的团队！比尔·盖茨曾说过这样一句话："每天早晨醒来，一想到所从事的工作和所开发的技术将会给人类生活带来的巨大影响和变化，我就会感到无比的兴奋和激动。"比尔·盖茨的这句话充分表现出他对工作的激情。在他看来，一个优秀的员工最重要的素质就是对工作要充满激情，而不是能力、责任及其他。他的这种理念已成为微软文化的核心，像基石一样让微软王国在 IT 世界傲视群雄。

美国著名经济学家罗宾斯通过研究发现，人的价值 = 人力资本 × 工作激情 × 工作能力。也就是说：一个人如果缺乏工作激情，那么他的个人价值就会衰减。

世界销售大师弗兰克·贝特格在刚进入职业棒球界不久，就遭到了人生中最大的打击——被开除了。理由是他打起球来无精打采。临走时老板对他说："弗兰克，离开这儿后，无论你去哪儿，都要记住让自己振作起来，工作要有生气和热情。"这是一句重要的忠告，虽然代价惨重，但也还不算太迟。于是，在弗兰克进入纽黑文队后，他下定决心在第一次联赛中一定要成为最有激情的球员。

正如他所想的那样，从此以后，球场上的弗兰克就像一个永远都不知道疲倦的勇士：掷球速度如此之快，如此有力，以至于几乎震落内场接球同伴的手套。烈日炎炎下，在球场上奔来跑去，完全忘记了这样做会中暑。某晨报对弗兰克这样评价："这个新手充满了激情并感染了我们的小伙子们。他们不但赢得了比赛，而且看来情绪比任何时候都好。"有家报纸还给弗兰克起了个绰号叫"锐气"。他成了队里的"灵魂"。于是弗兰克的月薪从25美元涨到了185美元，"激情"让他的月薪暴涨起来。

在退出职业棒球队之后，弗兰克转行做了人寿保险推销员。

刚开始，弗兰克几个月都没有获得什么进展。这时卡耐基告诉他说："弗兰克，你毫无生气的言谈怎么能使大家感兴趣呢？"于是弗兰克决定把打球的激情投入到保险推销工作中。

有一天，弗兰克进了一个店铺，鼓起全部热情终于说服店铺的主人买了一份保险，因为店铺的主人从来没有见过如此热情的推销员。从那天开始，弗兰克的推销工作慢慢步入正轨，并一发而不可收拾。弗兰克在他的自传中曾这样写道："在12年的推销生涯中，我目睹了许多推销员靠激情成倍地增加收入，同样也目睹了更多的人由于缺乏激情而一事无成。"

工作，需要的就是一份激情！人一旦把自己的激情融入到工作中去，就能迅速发挥出用不完的智慧和力量。如果没有了激情，任何行为都不可能持续得太久。激情能调动出人们身上的全部潜能，能使人全身所有的神经都处于兴奋的状态，去战胜一切有碍于实现既定目标的困难！

激情是工作的灵魂，是企业保持活力的源泉，也是个人和团队成功的基石！员工要想作出好的业绩，就必须把自身的激情调动起来，而且不止是100%，而是120%。

激情，是优秀员工跟随团队走向成功的原动力，是一个团队保持活力和生机的关键。员工只有充满激情，才能做到集中精力专注于自己的工作任务，从而最大限度地发挥个人潜力，贡献出自己的聪明才智。

激情是重要的推动力，是开启成功之门的钥匙。曾有人这样总结道："利润就是集中在最重要的事情上的团队的激情和才能。"有了激情，员工才能释放出巨大的潜在能量，补充身体的潜质，并培养出坚强的个性；有了激情，就可以将枯燥的工作变得生动有趣，并使自己对工作充满渴望，从而对事业产生狂热的追求；有了激情，还可以感染周围的同事，能让你拥有良好的人际关系，帮你组建一支强有力的团队。

所以，一个人取得事业成功和身心愉悦的最关键的因素就是对自己的工作要保持热爱和充满激情。一个厨师应该是对食物拥有无限热爱的人；一个医生应该是对每个生命有终极关怀的人。只有对自己的工作有激情，他才能做到不需要别人监督，不需要别人催促，他才会情不自禁地去钻研自己的工作，不知疲倦，乐在其中。对于他们而言，工作就是一种享受，生命的意义在工作中得到了很好的体现。

带着激情去工作，抓住机会做更多的事情去发挥创造力，你就能感到很快乐，很有成就感。正如有句话说的那样："幸福不在于拥有金钱的多少，而在于获得成就时的喜悦以及产生创造力的激情。"

马云说过："判断一个人或一个公司是不是优秀，不要看他是不是从哈佛或斯坦福毕业的，不要判断有多少名牌大学毕业生，而要判断这帮人干起活来是不是像发疯了一样，看他每天下班是不是笑眯眯地回家。"这几句话中所讲的是什么？就是激情！

有激情的员工能做到充分利用一切可以利用的时间来工作。中午的间歇，你出去吃饭或趴在办公桌上睡午觉，而他却是吃几口干粮就马上投入工作；晚上别人都回家休息了，而他却还留在公司加班到深夜。

微软公司招聘员工时，有一个很重要的标准，即：被录用的人首先应是一个非常有激情的人，对公司有激情，对技术有激情，对工作有激情。对此一位人力资源主管说："我们不能把工作看成是几张钞票的事，它是人生的一种乐趣、尊严和责任，只有对工作充满激情的人才会明白其中的意义。"

所以，当你在工作的时候，请学着去点燃自己的工作激情吧！并把你的激情传递给你的团队及其整个团队成员！这样，激情的正能量将直接激励你的团队及团队成员，充满活力地工作，这样团队才能够取得更好的成绩。而对于企业领导者来说，他的工作也才算是真正做到了位。

对员工的非激情状态进行调节

耶鲁大学经济管理学院教授哈马斯·埃尔在接受美国《商业周刊》采访时强调："领导者应学会将激情传递给团队中的每一个成员。具体来说，他可以利用两种力量：一种是恐惧，表现在担心，如害怕失去事业、爱情和家庭；一种是诱惑，表现在对美好愿景的向往。这是促使团队成员行为发生改变的两种动力。如果一个人不能因为诱惑而产生激情，那就对他使用恐惧，使他被动地产生激情，并传递激情。领导者要学会磨塑，用语言来塑造团队成员的思想，用故事来改造团队成员的思维。做这一切的前提是，领导者本人必须是个充满激情的人。"

对于激情，著名职业经理人、惠普全球副总裁孙振耀是这样理解的："如果你对工作有兴趣，你就会有激情，你就不仅是为钱而努力，而是为了理想而努力。到那个时候，金钱自然也会有。所以说，我们做任何事情，激情永远都是排在第一位的。"

可见，要想让员工有激情，那么领导者就必须要先有激情，这样才能带动团队有激情。企业领导者要敢为人先，要勇争第一，要敢于负责。这样才能将自身的这种激情去传播、影响其团队的每一位成员，让团队的每一位成员都有一种勇于挑战现状、改变现状的决心。

毋庸置疑，激情就如同企业的生命一样重要，只有将激情传递给团队中的每一位成员，让每位成员都充满激情，这样的团队才更容易在竞争中胜出，因为企业的竞争就是团队成员的竞争。通常在许多企业中，激情就是利用团队成员的情绪，通过各种各样的方法将团队成员对工作的热爱激发出来，使之转化为能量，从而将团队成员的工作能力充分发挥出来，形成一种冲击力，进而提高团队成员自身与企业整体的能力。

当然，领导是一门艺术，将激情传递给员工同样要讲求艺术。在传递激情的过程中，急于求成是不可取的，一定要坚持有序地注入。就像给花卉浇水一样，你不能将一桶水一下子全部浇光，而应该一点一点地喷洒，叶片、根茎都要浇到，这样才会有利于作物的生长。激情也是一样，只有有序地注入，它才能被员工有序地吸收，才能真正发展成为公司前进的动力。

对企业领导者来说，要想将激情传递给员工，首先要弄清楚什么样的员工才算得上是位有激情的员工。比如，摩托罗拉公司的"激情5E法则"，就很直接地诠释了员工激情的具体表现。

Envlsion（激情的动力）：对科学技术和公司的前景有所了解，对未来有憧憬。

Energy（激情的创造力）：要有创造力，并且灵活地适应各种变化，具有凝聚力，带领团队共同进步。

Execution（激情的表现力）：员工不能光说不做，要行动迅速、有步骤、有条理、有系统性。

Edge（激情的果敢判断力）：有判断力，人才能够做到是非分明，才敢于并且能够作出正确的决定。

Ethics（激情的道德力）：品行端正、诚实、值得信任、尊重他人、具有合作精神。

摩托罗拉公司对激情员工所进行的画像，描绘出来的只是一种理想中的员工，现实中的员工则往往存在着与这种理想状态相抵触的诸多"不和谐"现象，要想使员工都达到这种充满激情的理想状态，对于企业领导者来说，你需要帮助员工去消除那些"不和谐"的现状。具体来说，有如下几点需要加以注意。

1. 工作倦怠感

工作倦怠感是指人们在紧张与忙碌的日常生活及工作过程中，生活上及工作中的情绪感受会随着大环境的变动，而呈现出一种身心紧张或调适不当的负面状态。

员工的工作倦怠感主要表现在：或多或少地流露出忧郁的神情；整天觉得无聊、发闷；对工作场所觉得索然无味；觉得工作很不顺手等。

要想消除员工的工作倦怠感，可从以下几个方面入手。

（1）重新进行岗位描述，明确员工的工作职责，帮助员工设立工作目标，并为他们进行合理的职业规划。

（2）实行部门内轮岗制度，通过改变员工的工作内容、工作量和工作方式来为员工带来新鲜感。

（3）让工作内容更加丰富，对一些不能够进行轮换的岗位，可以通过目标多样化、工作丰富化来提升员工的工作热情。

2.　对工作敷衍了事

习惯敷衍了事的员工是与激情无缘的，因为他们无法将工作看成是一种乐趣，而只是将其当作一种不得不接受的苦役，因而在工作中通常会缺乏激情。

对于敷衍了事的员工，企业领导者要着重培养他们认真的工作态度以及在工作中尽的尽职尽责。在日本，有一句这样的俗语："先尽人事，后待天命。"在工作中，应要求每位员工都尽自己最大的努力去认真对待每一项工作，并在工作中严格要求自己，要做足一百分，做到最好，不能允许自己只做到一般；能完成100%，就不能只完成99%；能尽到100%的心，就不要只尽到99%的心。

3.　工作拖延

拖延是激情的大敌，它有很多外在的伪装，比如懒惰、漠不关心、健忘、得过且过等，但这种伪装的后面通常都带有一种情绪，即畏惧工作。畏惧导致拖延，而拖延只会带来更深的畏惧情绪。

对于习惯拖延的员工，企业领导者应让他们养成把握当下、立即行动的习惯。要让他们明白，职场就是战场，工作如同战斗，要想立于不败之地，就必须要培养激情，打造持久的竞争力，就必须摒弃拖延的陋习，养成"日事日清"和立即执行的良好习惯。

可见，领导力也是一种激情的传递。因此，企业领导者需要加强自身领导力的培养和训练，因为这是向员工传递激情，让其充满正能量工作的一种有效方式。

用自己的热忱去感染员工

对于一个企业领导者来说，要想向员工传递激情，让自己的团队成员充满正能量地工作，有时还可以以自己的工作热情去感染员工，带动员工。优秀的企业领导者会运用自己的情绪调动下属的情绪，用自己的激情去激活下属的激情，进而用情感激发生产力，也即一个热情洋溢的企业领导者会极大地感染自己的企业员工，影响他们用同样的热情去对待事业和工作，从而使整个企业充满生机与活力。

在微软公司，比尔·盖茨本人以近乎工作狂的态度，带动了员工的工作热情，为微软公司营造出一种积极进取昂扬向上的工作气氛。

微软公司的有关负责人曾经这样说道："盖茨先生不但是个工作狂，而且要求十分严格，部下认为办不到的事情，他自己会拿回去做，并能迅速做到近乎完美的地步，让大家佩服得没话说。"

爱默生说："有史以来，没有任何一件伟大的事业不是因为热忱而成功的。"热忱是一种意识状态，能鼓舞人们勇于行动。它具有很强的感染性，能使与它接触的人不同程度地受到影响。

热忱是推动一个人事业发展的动力之源，它就像个巨大的"发动机"，推动着人们不断追求卓越的人生目标。对于企业领导者来说，由于其往往肩负着带领一个公司、一个团队完成企业目标和实现企业发展的重任，这种发自内心的热忱就显得尤为重要。

具有强烈热忱的人往往渴望将工作和事情做得更加完美，而不是停留在仅仅达到一些基本目标上面，因此，他们会努力提高自身工作效率，以便能让自己获得更大的成功。他们真正追求的是在实现成功过程中不断克服困难、解决问题、努力奋斗、跨越高峰，超越自我的乐趣。

企业领导者需要热忱吗，答案当然是肯定的。那么，企业领导者应如何始终保持饱满的热情呢？

首先，从做好每一件事情开始。

有饱满热情的人会将其心中的热忱融入到工作、生活的每件小事而不仅仅是在大事情上才体现热忱。事实上，体现在小事与大事上的激情并没有任何本质上的差异，因此，在小事上取得的成功也则意味着一个人在大事上所取得的成就。

一个卓越的企业领导者往往能够从身边极为普通的事情中找到激情和成就感，这种激情来源于一个简单的认识：做好每一件值得做好的事情，哪怕它只是一件很微不足道的事情。

其次，有爱才会有激情。

如果企业领导者带着爱与员工去沟通、去理解、去工作，其内心自然就会产生激情，而且还可以感染员工，激发员工的激情。

[案例] 柯达公司的组织氛围造就了这种活力四射的激情。正如一位普通员工所说的那样："我把能在一起工作当作一种缘分，大家都带着对公司及彼此的关爱来工作，有些人甚至把工作与生活融在一起：我们相处融洽，相互理解，彼此关照，气氛很好，每一次的成功都能激发大家去共同努力做好下一个工作。"

美国前高级外交官，柯达公司全球副总裁的叶莺女士同样是一位极富激情、极富感染力的领导者。在谈到激情时，她说："要保持激情这种状态，你必须要有爱。第一，你需要热爱你自己；第二，你需要热爱自己的工作；第三，你还需要热爱人生。这是一种为人处世的状态。此外，你还需要用心做人，用心做事情。"

最后，在激情与理智之间保持平衡。

作为企业领导者，你还需要在众人充满激情的时候保持冷静，并在适当的时候以适当的方式为企业中过于高昂的激情泼点冷水，使之保持在一个合理的热度上。

优秀的企业领导者善于将激情与理性很好地融合在一起。他们的内心并不缺乏火一样的热情，也不缺乏激发他人激情的影响因素。但是，在激情之余，他们也绝不会将应有的冷静与理智抛在脑后。

在激情与冷静之间保持平衡并不是一件很容易的事情，卓越之路从来就没有阳光大道。如果你不甘心做一名平凡的企业领导者，如果你想以自己对工作的热情去感染员工，通过向他们传递激情的方式，让你的团队成员充满正能量地去工作，那么你就应该充分运用你的知识和经验对激情与理性作出合理的选择。

给员工的内心注入期望和期待

在现代职场上，企业领导者要想更多地向员工传递激情，鼓励员工充满正能量地去工作，还可以通过给员工的内心注入期望和期待的方式实现激情的传递。因为很多时候，期望能够唤起一个人内心的期待，一旦有了期待，他就会充满激情地去工作，以使自己期待有个最好的结果。

2009 年年中的时候，IT 界热炒李开复从谷歌辞职的新闻，一时间引得众多媒体和人力资源管理者的纷纷猜测与讨论。其实，这一事件背后的缘由与李开复想要追求更大的人生价值的实现及更高的自我激励有关，或者说，是谷歌已经很难满足他最终的自我实现期望使然。从李开复的事业发展、人生轨迹来看，李开复作为业界精英从著名的 IT 公司跳槽也不是第一次了，从他跳槽的轨迹中每次我们都能找出他的心理诉求。

2005 年 7 月，微软前全球副总裁李开复转投谷歌，担任其全球副总裁及中国区总裁，这一举动不仅引来微软的大动干戈，也让业界人士感到大为震惊。当被问到跳槽的原因时，李开复是这样回答的："很多人说是谷歌花了钱让猎头公司来找我的，其实根本就没有这回事，是我自己找谷歌的。因为我想回中国，而且我听说很多朋友到了谷歌之后，都工作得非常快乐。"也就是说，李开复在微软前途无忧、牛刀小试后，产生了回国的想法，以寻求更满意的职场发展空间和工作的快乐感；而四年后的今天，他又打算自主创业，立志做中国最好的风险基金投资人的想法应该是受其自我实现愿望的驱使，因此，与谷歌分道扬镳就在所难免了。

如果从美国著名社会心理学家马斯洛的人的需求层次论来看，我们将不难轻松解开李开复的辞职之谜，从这一点来讲，李开复也是人，同样也有不同的需要。只不过是他比常人多了一些扬名立身的资本，懂得规划自己的未来，并能不失时机地将自己的需要转为动机并付诸行动。

可见，伴随需要而生的首先是紧张与渴望的内在状态，心理学上称之为内心期待。这种期待针对的是人未被满足的那部分需要，它是构成激励的起点。

下面，让我们来看一个团队激励的实验。

[案例] 20世纪60年代，美国心理学家罗森塔尔曾做过一个著名的实验。

他和助手在一所小学里，声称能够评估预测到学生们的未来发展前景，并将一份最有发展前途的学生的名单神秘兮兮地交给三位教师，还要求教师要对此严加保密。名单上并不全是教师熟悉的好学生。心理学家对此的解释是：他们主要评估的是学生的发展前途如何，而不是他们目前的表现。戏剧性的事情发生在8个月之后，心理学家又一次回到这所小学检查实验的进展情况，结果发现：当初名列"最有发展前途"名单的学生果然成绩进步更快、性格更开朗活泼、与老师的关系也更好。

当教师赞叹心理学家的评估惊人的准确时，研究者却及时揭开了谜底：其实那份学生名单都是随机挑选出来的，与所谓的评估真的是一点关系都没有。真正影响学生们表现的，是教师相信他们有发展前景后，而在无意识中所流露出来的对"天才学生"的关爱和期望。

这就是神奇的"期待效应"，心理学上叫做"皮格马利翁效应"。皮格马利翁是古希腊神话中一个热爱雕塑的人。他曾经对自己雕刻出来的美女像神魂颠倒，痴迷不已。后来美女雕像竟然化为真人，与他相亲相爱。皮格马利翁情到深处的梦想成真虽是神话，但在日常生活中，人们对他人的期待成为现实的事情，却并不罕见。内心期待具有一种潜移默化的影响力量，在教育学、管理学方面已得到广泛的印证和应用。

很多事实表明，如果一个人认为通过尝试或经过努力能够为自己带来成功的话，那么他就更有可能在特定的工作中加倍付出，从而让自己有机会实现心中的期望及期待。而对于企业领导者来说，如果你能明白这其中的道理，那么你就能更好地向团队成员传递激情，鼓励他们在正能量的状态中去更好地努力工作。

用赞美表达对员工的喜爱

作为企业领导者，应明白赞美的力量是巨大的。对于任何一位企业领导者来说，赞美自己的下属或团队成员都将是件非常重要的事情！戴尔·卡耐基在其《人性的弱点》一书中记录了美国钢铁大王安德鲁·卡内基选拔的第一任总裁查尔斯·史考伯这样一段话："我认为，我那能够使员工鼓舞起来的能力，是我所拥有的最大资产。而使一个人发挥最大能力的方法，是赞赏和鼓励。"

著名的绩效管理顾问艾伦曾为美国陆军部训练军官，谈起那次训练，她说了以下这个故事：

[案例]"在上课的军官中，有一位上校对激励技巧的使用很是不以为然。当训练结束后，那位上校负责一份很重要的简报，因为他完成得十分出色，他的上司就想赞美他。于是，将军想到一个办法：他找来一张漂亮的图画纸，把它折成一张精美的卡片，在外边工工整整写上'太棒了！'三个大字，旁边则写了很多充满鼓励性的话。当见到这位上校时，将军一边称赞，一边把卡片交给了他。上校把卡片拿在手中读了一遍，读完后便僵直地站在原地愣了一会儿，然后头也不抬地快速走出了办公室。将军感到有点莫明其妙，开始担心自己是不是做错了什么，就不安地尾随上校出来一探究竟。结果，让他感到很开心的是上校跑到每个办公室转了一圈，并不断向别人炫耀那张将军授予的卡片。"从此之后，这位上校也学会了对下属进行赞美，并且经常运用。

由此可见，企业领导者学会赞美自己的下属和员工是件多么重要的事情。因为，每个人的内心都希望自己的努力被别人看见或自己的成绩被别人肯定。如果企业领导者善于运用赞美来激励员工，所需做的也许仅仅是一句话，就可以赢得员工的心。

当然，赞美好用，但不能滥用。企业领导者若一味滥用赞美，不仅起不到激励作用，还会给下属一种没主见、随大流、不真实的感觉。这样下去，赞美自然就会失去其积极作用。因此，企业领导者在运用赞美这一激励方式时，一定要掌握方法和步骤。

1. 在第三个人面前赞美员工

当着第三个人的面赞美员工是一种转述的赞美，虽然表达方式是间接的，但起到的效果却是双倍的。这比当面赞美员工本人的效果更好更大，为什么？

因为很多员工会觉得企业领导者的当面赞美，很可能都是些客套话，是其碍于面子不得不说罢了。而领导者背后的赞美却时常是真心话。这会让被赞美的人感觉到领导者是真诚的、发自内心的赞美，被赞美者自然更愿意接受，也更容易产生感激之心。

所以，真正懂得赞美的人，都知道转述赞美的威力，尽管他们当面很少赞美员工，但当着第三个人，他们会把员工夸个不停。

2. 赞美下属要及时

赞美是一种对员工行为的真实反馈，作为反馈，一定要及时才能收到良好的效果。比如，当下属出色地完成了一项任务，或者把润色好的演讲稿交给你时……你一定要及时说出你的赞美，即使有需要改进的地方，你也可以在赞美完对方之后，再态度和蔼地为其指出来。

实际上，适时地赞美，让员工及时了解你所反馈回来的信息，能让其对自己的行为进行调整，有利于员工保持自己好的一面，克服自己不好的一面。而如果反馈不及时，随着时间的推移，员工的热情就会淡化，这时的赞美就起不到太大的作用了。

3. 赞美要把握尺度

领导者对员工进行赞美时要把握好尺度，既不能过多表扬，也不能不去表扬。对一个员工不分场合或过多的表扬，很容易引起其他员工的不满。也有一些领导者生怕他人看见自己与某个员工关系好，根本就不敢表扬，这样做同样也是不合适的，因为这势必会影响先进员工的工作热情。

企业领导者欣赏某位员工很正常，但是我们也要坚持对事不对人，在表扬或者批评上不要搞双重标准，公是公，私是私，对员工一视同仁才是最好的做法和表现。

4. 赞美要真诚和具体

真诚的和具体的赞扬，总比虚假的和笼统的赞美要有效得多。如果一个企业领导者在根本不了解员工的实际情况的时候，就说一些诸如"前途无量""干得不错"一类公式化的赞美语言，并不能对员工起到激励作用。赞美应该要能显示被赞美者所体现出的具体价值，这样才能让下属感觉到企业领导者对自己的了解和其赞美的诚意。

赞美员工是领导传递正能量的具体体现。所以，企业领导者对员工的表扬要尽量具体，只有这样你才能让被赞扬的下属更清楚地意识到自己因何事而得到了表扬，企业领导者针对具体事情对员工进行赞扬还可以避免其他下属因此产生嫉妒心理。这样做，能让企业领导者更好地向其团队成员传递正能量，鼓励他们能心情舒畅地工作，这对企业领导者来说，才是最重要的。

让员工随时看到自己的工作成果

在现实工作中，企业领导者要想向自己的团队成员传递激情，让他们充满正能量地好好工作，还可以通过让员工随时看到工作成果的方式，来激发他们心中的工作激情。通常来说，让员工看到他自己工作的成果，能够让员工强烈地感觉到工作的意义，而这对于激发员工的工作热情是非常重要的。

有位心理学家为证实工作成果对人工作效率的影响曾做过这样一个实验。他雇了一名伐木工人，先让他用一把锋利的斧头砍树，结果那个伐木工做得又快又好。后来，又让他用斧头的背来砍一根木头。心理学家告诉伐木工人，你干活的时间照旧，报酬给你加倍，但唯一不同的是，你得用斧头背来砍圆木。

伐木工人干了半天后，扔掉斧头说："我不干了，因为我看不到木片飞出来。"

其实，谁不希望看到"飞出的木片"呢？

"飞出的木片"即属于工作的成果，是每位员工证实自我价值的直接体现，亦可理解为每项工作的外在有效价值，是劳动的最直接的成果。所以，看到"飞出的木片"，正是每位员工工作的意义之所在。任何看不到"木片"的工作，都只是机械的重复，它同时也意味着一个人其工作成果和工作价值的埋没和湮灭。而机械的重复与成果的埋没具有100%，甚至是200%的负面作用和巨大杀伤力，它能使一个人的工作积极性和原动力降至零，最终使人因为"无所为而不为"。可见其杀伤力和负面作用有多大！

看不到"飞出来的木片"，是导致员工失去工作热情的罪魁祸首。当员工看不到"飞出来的木片"时，不确定的心理会降低他们集中精神做事的能力，从而使其工作表现大打折扣。

[案例] 英国有家房地产公司，有一次在筹备一个非常重要的研究项目。该项目的主管是一位叫斯密斯的人。后来，经过一番考虑，他把这个重要项目交给一个叫琼斯的年轻人来管理。琼斯是一名非常有能力的员工，在公司很受重视。斯密斯告诉琼斯：这项研究需要5个月的时间，如果这项任务完成得很好，那么公司将在完成任务之际给她升职。

在此期间，斯密斯密切关注琼斯的工作进度。一切如他所愿，没有出现任何问题。可是，让他感到纳闷的是，3个月后，琼斯找到他说：

"斯密斯先生，我觉得自己的工作实在是太没意思了，我根本看不到自己的任何成果，我没有把握把它做好，所以我决定不做了。"

斯密斯听罢感到非常吃惊，他不明白自己最棒的员工为什么要"自毁前途"，推掉一项在她能力之内的工作。后来琼斯继续解释道："你将这富有挑战性的工作给我做，还给我晋升的机会，我非常感激，但是我已经工作5个月了，我看不到任何工作成果。我不知道我到底做得怎么样，不知道我的工作进度是很棒还是仅仅尚能接受……这么长时间了，我一直处于不确定的状态中。我本来打算彻底完成这项工作，但我无法忍受这其中的压力，我只能选择放弃了。对不起！我让你失望了。"

在现实社会中，当员工看不到工作成果时，他就无法从自己的工作中获得成就感，也就无法作出有效的修正，进而无法朝着目标作出有效的努力。面对迷茫的"前方"，他就会想当然地去猜，觉得自己的工作毫无意义。因此，企业领导者如果想让员工感知到工作的意义，就必须用"工作成果"从精神上满足他们，令他们在精神上有所收获。

让员工及时看到"飞出来的木片"，就能及时调动起员工的工作积极性，让原本枯燥无意义的工作变得非常具有吸引力。有一家盲人工厂专门生产各种螺丝钉。这件工作十分标准化，专业化，程序控制化，这对于盲人来说是比较适宜的，但也无疑是非常单调的。但当他们了解到，自己生产的螺丝钉已经安装在飞机上、轮船上和各种机床上，并且远销世界许多国家和地区时，他们的内心感到了前所未有的骄傲和满足，他们深深感到了自己劳动的价值。

实实在在的工作成果，是员工自我价值的具体体现。让员工看到自己的成果，他们就能体验到深层的自我满足，进而获得由衷的自豪感。比如，汽车工人喜欢看着装配好的汽车开出去；家庭主妇会想象家人吃她做的饭时的满足表情；给航天飞机上铆钉的工人看到航天飞机发射上天就会满足。这些激励都出自工作成果。这种精神上的满足可以极大地调动起员工的工作热情，使其尽心尽力，主动致力于公司业绩的提高。

所以，当员工执行一项任务时，作为企业领导者，一定要确保让员工看到自己工作的成果，不要让员工自己去猜想干得怎样。企业领导者务必要记住员工的这一需要，因为他们可能不会像伐木工人那样主动去要求，但是，身为企业的领导者，有责任让员工知道他们工作的成果。

事实上，对于任何一位员工来说，只有经常看到自己的工作成果，他们才能做到不断强化自己的付出，这样经常用成果来激励自己，才能使自己产生不断战胜困难的勇气，进而使自己取得更大的成功。关于这一点，企业领导者一定要牢记在心，因为你只有让员工及时看到自己的工作成果，才能令员工源源不断地对工作产生激情，进而使他们充满正能量地去工作。

不断对员工的工作进行肯定与激励

大量事实表明，对于现在很多的企业领导者来说，在平时工作中，多注意去肯定员工的工作，同样能够达到向团队成员传递激情，鼓励他们充满正能量地工作的目的。据有关实验显示，当领导者以公开的形式正面肯定员工的成绩时，他们的工作效率能提高 90%；私下的正面肯定虽不及公开的肯定效果好，但工作效率仍有 75% 的提高。

[**案例**] 史密斯在美国加州经营着多家超市，每个月都会和不同分店的经理开会。在举行会议时，史密斯通常会发表半个小时的讲话，让分店的经理知道正在发生的事，以及公司对他们的期望。一年夏天，由于市场疲软，史密斯经营的几家超市的业绩持续低迷。某周一，史密斯收到了最近一期的业绩报告。从业绩报告上史密斯发现，虽然业绩提高得不是很明显，但的的确确已有了进步。于是史密斯在会议一开始便极力表扬业绩有进步的超市经理。

史密斯表扬的话还未说完，受肯定的效应便产生了。每位经理都显得神采奕奕，充满奋斗的激情。史密斯的话音刚落，一位超市经理便主动站起来发言。他向史密斯表示，他打算在超市实行一些新政策，力求让下一个季度能获得更多的利润。随后，其他的超市经理也陆续站起来发言，表明自己的决心和解决办法。这在以前是从来没有过的。以前开会，都是史密斯在讲话，每位经理安静得像一尊尊雕塑。而今天对工作成绩的小小肯定，已经使史密斯不需要问问题，他们便主动让问题浮出水面，并想办法去解决它。这一良好结果是史密斯始料未及的。

史密斯的经验也给现代企业领导者上了非常重要的一课：让"正面的表扬和肯定"产生效果，并非一定要针对怎样的成绩。哪怕员工的成绩是微不足道的，多给予正面的表扬和评价，同样能使员工产生被肯定和被重视的感觉，而且其效果将是十分明显的。正如著名行为学家赫茨伯格所指出的那样：对一些小成就的及时肯定，只会激励着人们试着取得更大的成就。因此，不论员工的成绩有多么小，优秀的企业领导者，都会大方地给予其表扬和正面的评价，肯定他们的员工。

不要抱怨下属身上没有值得表扬的"闪光点"。世界上并不缺少美，缺少的只是发现美的眼睛。每个人身上都有闪光的地方，这一切都取决于企业领导者是否愿意去发现。只要领导者愿意，这些闪光点总是可以找到，然后赞扬它，使员工觉得自己很重要。

美国企管顾问尼尔森，专门为企业设计奖励员工的方式，他指出，企业领导者在肯定员工工作表现时至少应遵守以下 10 项原则。

（1）不管是面对面口头表示还是书面表示，企业领导者都应该亲自感谢员工，而且这种感谢必须及时、经常以及真诚。

（2）抽时间与员工谈心。

（3）针对员工个人、所在部门及整个公司的表现，给予员工明确的回馈。

（4）努力创造开放、信任、有趣的工作环境，鼓励员工要有自己的新的想法和做法。

（5）提供员工资讯，包括公司如何赚钱或赔钱；为了在市场上增加竞争力，公司准备推出哪些产品和策略以及员工在整个计划中所扮演的角色等。

（6）积极邀请员工参与公司的相关决定，尤其当决定对他们具有很大影响时。

（7）在员工的工作和工作环境中，经常给予他们具有拥有权的感觉。

（8）根据员工优秀的工作表现，给予肯定、奖励、晋升，对于表现不佳的员工，要求他们改进，或是要求他们离开。

（9）给予员工成长与学习新技能的机会，让主管多帮助他们，在实现公司目标的同时，也能达到实现个人的目标，进而创造公司与员工良好合作伙伴的关系。

（10）当公司、部门或个人取得成功时，要举办庆祝活动，以增强员工的团队荣誉感和鼓舞团队士气。

总之，当员工的工作取得成就后，作为企业领导者，千万不要吝啬自己的赞美，应及时让员工了解其工作的意义。这件事做起来轻而易举，但效果却是非常显著。

让员工增加曝光度

对于企业领导者来说，要想向员工传递激情，让员工始终充满正能量地工作时，则可以通过提高员工曝光度的方式，给员工以工作的激情。很多事实表明，提高员工曝光度，是激励员工的一个简单易行的方法，也是很有效的方法。

让下属在公共场合露面，如主持会议、发表报告、担当一些公共职务（如员工俱乐部主席）、代表自己参加上一级会议、接待上一级的领导、代表部门参加公司组织的项目研讨会等。在公共场合露面，完全不同于部门内部的交流或仅仅与领导者个人的交流，需要员工对于所讨论内容的掌握上升到一个新的高度，包括"知其然，知其所以然"、"所讨论的内容对其他系统的影响"、"长期的策略"等等。同时，这也对员工的个人能力提出了极高的要求。比如，它需要员工具备很强的"演讲能力"、"解决问题的能力"、"解决冲突的能力"以及"沟通能力"等等。

员工当然清楚这种曝光对于自己的长期发展所带来的好处，效果是十分明显的。这时外在的压力与内在的动力会形成一种合力，促使员工不断地挑战自己能力的极限，也极尽所能地使工作达到圆满。

同时，对于不同的员工，给予他们曝光的场合也是不一样的。比如，一些刚加入公司的员工，部门内部的曝光就可以"激励"他们很长时间；而对于一些资深员工，则需要为其提供一些规格更高的展示机会。

当员工出色地完成了任务，兴高采烈地对领导说："我有一个好消息，我跟了两个月的那位客户今天终于同意签单了，而且订单金额要比我们原先预期的多了20%，这将是我们这个季度价值最大的订单。"但是这位领导对那名员工的优秀业绩的反应却很冷淡，"是吗？好像你昨天还说过有一个客户，项目计划书送过去了吗？"员工说："还没有。"此时领导却非常严厉地说："快做，然后拿来给我看看，千万别耽误了。"泼了一头冷水的员工只能垂头丧气地回答："好的。"可心里却会这样想：我这么拼命地努力好不容易取得了本季度最大的业绩，可你却这样的熟视无睹，不仅不做任何表扬，反而因没来得及给客户送项目计划书一事训斥我，以后再没心思像以前那样积极努力地工作了，反正我干出的成绩不管有多大也都是白费，得不到领导的半点儿表扬。

通过上面的例子我们不难看出，在员工寻求领导激励时，不仅没有得到领导的表扬，反而因别的事受到训斥，其想获得肯定和认可的心理需求没有得到满足，情绪受到了很大打击。如果领导者不能满足员工被认可的心理，就不能很好地进行激励，员工就不会有动力再继续积极努力地工作了。

有的领导者自己可能会问，"我的下属都成为明星了，我干什么？还会有我的位置吗？"这可以举电影界的例子，你想当演员、导演还是制片人？演员的曝光度肯定比导演高，你想永远让镜头对着你，那你就别做导演的梦。其实，当你计划着让你的下属一个又一个地走上舞台，你已经向导演的角色转变了，你会在另一个更高的层面上发挥作用。

可见，对于企业领导者来说，想办法提高员工的曝光度，给员工以工作的激情，能让你更好地传递激情，令员工充满正能量地更好地工作，从而在工作中收到事半功倍的效果。

师出无名的奖励不如不奖励

作为领导者要想在自己的团队成员面前，多传递工作激情，让其团队成员能够充满正能量地工作，就要注意这样一个问题：师出无名的奖励不如不奖励。因为，在一个企业内部，奖励的标准和实施奖励的过程是否透明公开，将直接决定着奖励所能够发挥的激励作用的程度。很多领导者在奖励员工的时候，都不将奖励的内容明确、公开，这样的做法很容易对员工造成误导，最后出现领导者不希望出现的行为。

对于领导者来说，在对其团队成员进行奖励的时候，最好能做到不但让员工明白自己的哪种行为受到了奖励，以及为什么要奖励，还必须做到奖励公开、公平，通过明确的评价标准来消除员工的猜疑和误解，这样的奖励才可能发挥正面的引导作用。

其实，只有清晰公开的绩效考核及薪酬激励标准，奖金发放的公平才能成为可能。相反，一些暗箱操作的激励手段应彻底摒弃。比如，有些领导者喜欢在奖励员工的时候发放"红包"，这本身就代表着一种不透明，这是与现代人力资源管理宗旨相违背的，其效果往往会很差，甚至会是适得其反。所以说，不明确的奖励不如不奖励。

美国有一家为电器生产配件的私营企业。公司凭借技术实力和灵活的机制，曾一度取得过很不错的经济效益。但是，公司内部管理的麻烦却也随之而来。

原来，由于该公司在奖励政策上的不透明，导致员工之间相互猜疑，管理人员、技术人员和熟练工人都在不断流失，而且就连在岗的员工也大都缺乏工作热情。尽管该公司尽力提高员工的工作条件和报酬，但效果并不是非常理想。

是什么样的不透明奖励措施，让一个企业面临如此严峻的问题呢？

该公司员工的身份有三个档次："在编职工"、"特聘员工"和"工人"。"工人"是通过正规渠道雇用的生产工人；"在编职工"是与公司签订劳务合同的员工，主要是技术骨干和管理人员；"特聘员工"则是外聘的高薪人才，有专职的，也有兼职的。

每当公司签下一个大订单或是取得不错的销售业绩发放奖金时，"工人"和"在编职工"的奖金是在公司内部公开发放的，而"特聘员工"的奖金则是以红包的形式发放。而且，由于"特聘员工"都是些高级人才，故他们的奖金通常是"在编职工"的好几倍。

但是，这种奖励措施却严重地挫伤了员工的积极性。

首先，当一些"工人"和"在编职工"了解到"特聘员工"的奖金是他们的数倍后，由于领导者并没有公开宣布"特聘员工"为公司所作出的特殊贡献，使得"工人"和"在编职工"认为公司不能公正地对待他们，于是就引起了他们强烈的猜疑和不满。

其次，"特聘员工"也非常不满，他们当中有一部分人因为没能享受到他们认为足够的奖金，所以，认为公司不承认他们的价值，把他们当外人看。而且，有的人还误以为"工人"和"在编职工"肯定也收到了这种红包，而他们是公司的"自己人"，数额可能比自己获得的还要多。于是，他们就认为自己的努力并没有得到公司公正的认可和奖励。

结果，该公司付出重金的奖励手段，并没有换来员工的工作积极性和团队凝聚力的提高和增强，反而落了个人心涣散的下场。

公开奖励，并说明奖励的原因，这样可以让那些没有受到奖励的员工明白自己为什么没有受到奖励，这样，这部分员工就会沿着公司期望的方向和目标去加倍努力，激励的效果也才会较好地体现出来。不过，公开奖励的前提是要有一套明确的、具体的，适合本企业的奖励标准，否则这样的奖励是很难服众的。

用奖励调动员工的积极性是企业管理中最常用的手段之一。但是，真正能把奖励运用得当、取得事半功倍效果的企业并不多。其中一个很关键的原因就是，这些企业没有正确地把握好自己的奖励标准。明确公开的奖励标准，才是让公司所有员工都感到公平，并真正调动员工工作激情的一剂良策。

可见，对于一个企业领导者来说，要想向自己的员工及团队成员很好地传递激情，让他们能够充满正能量地工作，就不得不注意"师出无名的奖励不如不奖励"这一问题。只有注意对该问题的掌控和把握，其奖励才能收到预期的良好效果。

采取对小团队进行分别奖励的办法激活每个人的热情

对于企业领导者来说，有时采取团队奖励措施，反而能够收到激发团队中每位成员工作激情的目的。毕竟，在现如今的这个时代，单打独斗已经不再适应社会发展的需要，而企业处于这个快速变动的时代，决定其生死的关键则是团队。团队最理想的境界，是成员彼此间的水乳交融，有共同的目标和愿景，了解彼此该如何互补。这样的团队奖励同样能让团队成员充满正能量地工作。

道理似乎很简单，但对一般企业而言，要想从过去控制金字塔式的组织转变为自动自发的团队，过程将会非常艰难。在这个过程中，能贯彻执行团队运作基本技巧，才能真正做到坚持到底，只要其中的一个环节出了问题，就可能使整个团队的运作陷入僵局。

对企业领导者来说，要想让团队运作成功，那么任何制度都应以团队为主体。很多企业会忘了重新评估奖励制度，仍然维持以个人为奖励的主体，这种做法只会使员工找到借口，以自己的绩效为重，而不愿意花心思去组织团队。要让员工愿意为团队作贡献，那么奖励制度的改变势在必行。

中港之战，中国队虽狂胜 7 球，可最后仍惨遭淘汰，令无数球迷伤心。中国队走到这一步，除了技不如人之外，缺乏团队精神更是罪魁祸首。而中国队的这一硬伤，在韩日世界杯上已露端倪。

在中国队小组赛最后一场对土耳其队的比赛中，因徐云龙镇守的右边两次被突破，杜威大声对徐云龙表示不满，徐云龙也同样的一脸不高兴。在对巴西队的比赛中，范志毅曾在后防线上吼声不断，这种声音不但没有给队友送去鼓励，而且从其神情中可以清晰地看到埋怨和指责。从这两个镜头就能很明显地看出，中国队队员之间缺少理解和支持。

然而，与之相反的是，在球场上，我们却很难看到韩国球员之间的相互指责，也很难看到队员之间相互埋怨的眼神，看到的只是互相理解和互相鼓励。安贞焕射失点球，洪明甫上前去安慰；朴智星一次给李荣杓传球失误，朴智星先是举手致歉，李荣杓则是上前拍拍朴智星的肩膀，表示没关系。

不要小看这些细小的动作，它们折射出的是韩国队队员之间的默契和团结。正是这种团队精神，让韩国队顺利进入了四强，并将葡萄牙、西班牙、意大利等这些世界级强队斩落马下，同时也助韩国队在小组赛上就能很顺利地出线。这种团队精神，不是皇马花巨资购买超级球星，组成明星阵容就能够形成的；也不是中国队发巨额进球奖金，更不是用国家荣誉感来激励所能够达到的境界。这种团队精神，是希丁克带领韩国队，通过平时军事化的训练和比其他球队更系统化的团队激励所铸就的。

韩国队大到整个联赛，小到一场比赛，都会不停地进行目标、任务、考核、反馈、系统化的团队激励来激励自己的球员。绿茵场上如此，销售方面更需要这种系统化的团队激励。球队中的很多系统化的团队激励，都是很值得我们的销售团队去学习和了解的。

很多企业的领导者懂得太多团队激励的方法，但却忘记了团队激励应该是系统的。他们只知道在事后对一些业绩较好的团队成员进行奖励，或者是硬搬一些大师的所谓经典的激励技巧或方法来激励自己的团队。这种片面的、缺乏系统性的团队激励只能是事倍功半。真正有效的团队激励应该是系统化的激励，需要经过目标确定、任务分解、绩效考核和反馈绩效"四部曲"来完成。

在做团队管理工作中，员工是否懈怠？在团队为了共同的项目目标冲刺的时候，企业领导者是否能获得大家的鼎力支持？如果没有，那么企业领导者就需要给自己的团队及团队成员带去激情和利益保障。带领团队，不仅要注意激情，还需要做好激励工作。具体来说，企业领导者在设计团队奖励制度时，要注意如下一些事项。

（1）奖励制度应与企业的文化、管理风格等相符合，一旦与其他制度有相抵触的地方，也应尽量以奖励制度为重。

（2）薪金报酬、工作升迁等奖励个人表现的方式，并不适合于奖励团队的成就。

（3）仔细衡量成员对团队贡献的标准，如以成员花费在团队的时间当作标准，就不是一个很恰当的方式。

（4）奖励团队的时机要得当，不要等到年终再来做个整理，最好在每个计划结束时就及时进行奖励。

总之，对于企业领导者来说，采取团队奖励，能有效激发团队中每个人的工作激情，让团队成员可以充满正能量地工作，这样领导者的工作目标才能算是真正得以实现。

多提拔内部员工， 给员工提供更多的上升空间

对于企业领导者来说，其要想通过传递激情的方式，让自己更多的员工能够充满正能量地工作，那么可以通过内部提升的方式给员工提供更宽广的舞台，这样员工对工作的激情自然而然就能被激发出来。众所周知，世界500强企业的高层领导者大多是从企业内部提拔上来的。这表明在企业内部提拔人才不仅有利于企业的发展，还在无形中激励了那些渴望晋升的优秀员工。

企业在高层接班人上没有一个明确的说法和规矩，必然会造成无章可循。领导者凭感觉、凭喜好、凭关系亲疏或心血来潮选定接班人，这样只会影响接班人的质量，也极易造成内部权力的争斗，产生内耗。而很多中层领导者由于看不到自己在企业里的职业前途势必会产生"跳槽"的想法。

根据企业的发展战略，领导者要明确企业在未来的发展中需要什么样的接班人，需要多少接班人，应该建立一个什么样的接班人储备库。

各个层级的接班人，如最高层接班人、高层接班人、中层接班人、关键岗位接班人等，应该怎样形成一个互补、互动的接力接班链条，清晰地明确这些问题，既可以建立和完善企业关键人才的培养、开发和储备制度，还能更好地给中层领导者打开成长通道，清晰他们今后职业发展的方向、路径和目标，激发他们积极进取的内在动力。

很多企业老板一直主张公司的大部分中层和基层职位空缺都采用内部提升的政策，这在建立企业凝聚力和激励员工创造业绩方面起到了不可低估的作用。也使一些贡献大、表现优秀的员工获得了更多的施展才华的机会，从而创造出一种"双赢"的局面。

如果不给内部员工机会，所有空缺都采取从外部招聘的方式，那么企业内部员工就会因为看不到希望而失去前进的动力，就会因此而感到心灰意冷。可

见，对于企业领导者来说，内部提升对于建设一个学习型团队将是何等的重要。

此外，每个企业的产品、流程、文化、市场不同，"空降兵"也需要一个熟悉和磨合的时间，而此时若采取内部提升的方式则可以实现企业管理流程的连贯性和延续性，同时也能节省成本。

有调查显示，当管理岗位出现空缺时，97%的公司采取内部提升或转岗，2%的公司在人才市场上招聘，1%的公司则采取其他方式。当非管理岗位出现空缺时，55%的公司采取内部提升或转岗，45%的公司在人才市场上招聘。其中外资企业采取内部提升制度尤为普遍。

作为一家国际性的大公司，160多年来，宝洁公司始终采取所有的高级员工都从公司内部提升的政策，这是宝洁成功的秘诀之一。员工不必担心公司会从外面招入一个人来做你的上司，员工有足够的空间来描绘自己在宝洁的未来职业发展，公司提升员工的唯一标准是员工的能力及对公司的贡献。

企业内部提升是一种卓有成效且必不可少的激励方式。当然，这种方式也并非十全十美，与薪酬等激励方式相比，晋升激励也存在一些弊端。如：晋升的等级是有限的，可晋升的都是少数人；即使是最优秀的人，晋升也不是经常的；晋升会在同事之间产生竞争，这对团队合作来说可能会产生不利影响；企业领导者可以根据冲突的特点，实现促进和激励功能，促进奖励。

另外，企业内部提升还存在两个潜在的问题，即被提升者之间能不能达成某种默契，如降低努力程度，以便能从协作"偷懒"中得到好处，因为晋升只要求比较业绩。被提升者之间也可能存在互相拆台现象，从而为他人的成功设置障碍。这些都不利于团队或企业的进一步发展壮大。但我们不能因此就放弃这种激励方式。相反，一个领导者需要克服各种困难，尽量避免这种激励方式的种种弊端，从而实现对企业内部员工的有效激励。

采取有效的竞争机制提高团队活力

在当今社会，企业领导者要想多将正能量传递给自己的团队成员，让他们能够永葆工作激情，可以通过有效的竞争机制，来全面提高自己的团队活力。一般来说，"物竞天择，适者生存。"这是自然界永恒不变的一个竞争法则。在这一法则的有效"逼迫"之下，生命体才得以不断地完善自我，挑战自然环境的极限，也才最终造就了人类灿烂辉煌的文明史。因此，竞争不仅在自然界中适用，也适合用来提高团队的活力。

采取恰当的竞争机制，可以非常有效地全面提高现代团队的活力。在现如今市场竞争激烈的大环境下，企业领导者只有把竞争意识渗透到团队建设中去，才能建设好一支充满活力的竞争团队。

团队内部有了一定的竞争气氛，可以快速有效地激发员工的士气，在很大程度上提升员工的创造力和职业精神。

我们说，在团队建设的过程中，协作是一个团队的核心，但这并不意味着整个团队就像一潭死水，缺乏竞争的活力。在我们周围，有不少的团队组织办事效率低下、效益也不是很理想，员工也是不求进取，懒散松懈，从根本上来说，这是整个团队缺乏竞争意识造成的。因此，企业领导者应千方百计地将竞争机制引入到自己的团队管理中去。只有竞争，员工才能士气高昂，团队才能充满活力，企业才能生存下去。

强有力的竞争，可以促使员工发挥高效能的作用。据心理科学实验表明，竞争可以增加一个人50%或更多的创造力。每个人都有上进心，自尊心，耻于落后。竞争是刺激他们勇敢前进的最有效的方法，自然也是激励员工的很好手段。没有竞争，就没有活力、没有压力，组织也好、个人也好，都不能充分发挥出其全部的内在潜能。

在现实生活中，每个人都是有惰性的。一成不变的安逸环境只会消磨员工的斗志，衰减员工的创造激情。当一个员工的工作激情衰减到对团队的危机无动于衷时，表明这个团队正在走向衰败。这也是许多优秀企业之所以会短命的重要原因。在这种情况下，只有引入竞争机制，使团队变成象征意义上的"竞技场"，员工的潜能才会被激发出来，他们的聪明才智才会更有用武之地。在面临严峻考验时，员工才会有勇气挺身而出接受挑战。

所以，领导者要善于利用这种心理，给团队的每一个人设立一个竞争的对象，让员工知道竞争对象的存在和超越对方的重要性，这样的团队才能创造出奇迹。

不过，领导者需要特别注意的是，竞争带来的产物并不全是正面的，它也会带来压力、挫败、恐惧等负面情绪，尤其是当竞争不公时，它的弊端更是致命的。那种无序、恶性的竞争状态绝不会给团队组织带来活力、绩效，相反的，它只会激起团队成员间的怨恨、仇视、报复等不良心理。

所以，领导者需要注意的一个问题是，团队成员之间是相互竞争，而不是斗争，这种竞争是在理性的基础上。竞争的规则要科学、合理，执行规则要公正，要防止不正当竞争，培养团队精神。

具体来说，为了避免不正当竞争的弊端，企业领导者需要做到如下几点。

首先是要加强团队精神，让大家明白竞争的目标是团队的发展，"内耗"不是竞争的目标。

其次是对竞争的内容、形式进行改革，剔除能产生彼此对抗、直接影响对方利益的竞争项目。

再次是创造或找出一个共同的威胁目标或"对手"，如另一家同行业的公司，以此淡化、转移员工间的对抗情绪。

最后是直接摊牌，立即召见相关方面的人员把问题讲清楚，批评彼此暗算、不合作的行为，指出从即刻开始，只有合作才能受到奖励，或者批评不正当竞争者，表扬正当竞争者。

总之，企业领导者要努力为员工创造一个充满良性竞争的环境，让团队中的每个人都有竞争的意识并能投身到竞争中去，这样团队的活力才能永远不会衰竭，而团队中的每位成员才能始终充满激情地工作。

第四章

弘扬正气，好品格塑造团队正能量

　　领导者的品行很重要。好的德行是安身立命之本，更是决定一个企业团队是否具备正能量的基本前提。梁冬和吴伯凡先生在《无畏》这本书中写道："君子往人群当中一站，就有一种能够主导局面的看不见的力量，这就是'德'。这个德实际上是一种人格，或者说是一种自我管理、自我经营的品质，然后才会有此格局。"领导者就是要修炼出这种主导局面的德行和格局。也就是说，一个能带领团队干事儿的人，不但要有承担、有勇气、能自律，还要有足够的包容心。因为作为团队带头人，胸怀有多宽广，能包容多少人就会有多少人心甘情愿地为你做事。

好口碑领导的基本素质

在当代的职场上，企业领导者要想弘扬正气，用好品格来塑造团队正能量，其自身还需做到的是：在正人之前一定要先学会正己。一般来说，之所以能成为领导，是因为领导者自身的能力和水平超过了广大普通员工。因此，企业领导者在平时应该成为员工工作上的引导者，是把握着企业发展脉搏的重要人物。一旦员工出了什么问题，企业领导者要及时给予指正。可是，在我们周围，有不少企业领导者的批评意见不被员工们所重视，这里尽管存在很多原因，但很重要的一点恐怕是领导者自身的素质存在问题。如果企业领导者自己都不能做好，那么他又怎么可能要求下属做好呢？

口碑好的领导者常常被认为是"严于律己，宽以待人"的人。这是非常重要的素质，"正人先正己"、"身教重于言教"，这些话是很有道理的。

《论语》中说："其身正，不令而行；其身不正，虽令不从。"领导者要主动与下属确立各种关系，也要为下属的行为定好基调。如果领导者对客户鲁莽无理或说三道四，那么下属也会如此。反之，如果领导者对下属与客户都做到了公平、尊重，这同样会在下属的行为中得到体现。

据说，古时候，有一年夏朝君主夏启与同姓有扈氏大战于甘泽，夏启不能取胜，六卿大臣请求再战。夏启说："不能再打了，我的地盘已经不小了，我的子民也不少，却不能取胜，这主要是因为我的修养不够、教化不好而造成的。"

从此以后，夏启睡觉时不铺双层席子，吃饭不要第二样菜，不再听琴瑟之音，不再闻钟鼓之声，不再接近女色，而注意尊敬长者，亲近宗族，尊重和任用品德高尚有才能的人。过了一年，天下大治，没有动过一兵一卒，有扈氏便主动归顺。

由此我们不难发现这样一个道理：人要想战胜别人，首先就得学会战胜自己；想要议论别人的短处，首先应该检讨下自己的过失；想要了解别人，首先应该了解自己；想要管好下属，就先要管住自己。俗话说："打铁尚要自身硬"，这是非常浅显易懂的道理。

[**案例**] 楚庄王在继位之后，心里非常想使自己的国家强大起来，以称霸诸侯。因此，时常向大臣们征求治国的良方。有一次，楚庄王问大臣詹何说："这么大一个国家，怎样才能治理好呢？我有时真会觉得无从下手。"詹何回答说："我只懂得怎么修身养性，不懂得怎样治理国家。"楚庄王说："为了治理好国家，我是非常愿意采纳意见的，希望你相信我。"詹何于是回答说："我没有听说过君王的品德很好，而国家治理不好的事；也没有听说过君王的品德很坏而能把国家治理得很好的事。因此，我觉得，能不能把一个国家治理好，根本在于君王自身，君王就是咱老百姓的榜样啊！至于其他方面，都取决于这一点，我就不用再多说什么了。"楚庄王听了，顿时茅塞顿开，他非常高兴地说："詹何呀，你这番话给了我很大的启发啊，我懂得该怎样治理好国家了。"

可见，对于企业领导者来说，品德是取得事业成功的最大资本。品德高尚，下属就会喜欢他，就会愿意为他做事，这样的企业领导者才能更容易成事。在现实的职场及工作中，人们往往都是"与自己喜欢的人在一起做自己喜欢的事"，这是最理想也是最基本的前提。自己喜欢的人，都是与自己志趣相投或自己欣赏尊敬的人；自己喜欢的事，都是非常适合自己或自己向往了很久的事。与自己喜欢的人在一起，你不会感到憋气和难受；做自己喜欢的事，你也肯定会乐在其中。有了和谐的环境和轻松的心情，人的努力就能变得持久，工作效率自然就会提高，成功的概率也将会大大增加。

聪明的企业领导者都会真诚地欣赏下属的优点，对人诚实、正直、公正、和善和宽容，对下属的生活、工作表示深切的关心与兴趣，在人际交往中奉行"己所不欲，勿施于人"的原则。具体地讲，要"克己"，就是抑制自己的欲望，满足他人的欲望，不以自我为中心，并能设身处地地为下属着想。那么，要想正己，企业领导者需要具备如下几个方面的要素。

1. 身先士卒

领导者要在各个方面为员工或下属作出榜样，这一点非常重要。

2. 锻炼口才

自己说的话要充满分量，要保持很大的说服力，还可以把这种能力同时应用在日常谈话或公开演讲上。

3. 尊重员工

不管其性别、种族、宗教信仰，还是个性如何，你都要尊重员工。你也许不得不为了找一份你所急需的文件在下属不在时翻他的办公桌。你当然有权这样做，但是这不等于你有权翻阅人家的私人信件。另外，还要信任你的员工，不要把下属当成小孩来看待，更不要监视他们的一举一动，否则，你们之间势必就会形成一种敌对的、紧张气氛。

4. 适当称呼

多用下属喜欢的方式称呼他们。如果你的秘书比你年轻，或即使不比你年轻，也要使用合适的称呼。

5. 让下属有机会接触你

如果可能，就每天将你办公室的大门敞开一会儿，虚心听取下属反映的各种意见，甚至是批评你领导方式的意见。

6. 讲究礼节

你是有权之士，因此，你应该在小事上表现出谦让，让你的下属感到自在些。当一位下属进入你的办公室要和你谈话时，让他坐下；当下属和你长谈之后要离开你的办公室时，起身道别；当一位下属度假或外出一段时间返回公司时，要与其握手，亲切地表示欢迎。

7. 平等待人

不要把下属当成你的佣人来看待。下属是来工作的，不是来对你唯命是从的。你自己很容易就能做好的事，最好就别指使下属去做。

如果说如今"正人"已经成为不可或缺的领导环节，那么"正己"就是一个前提。任何一位领导者都别想在这些方面走捷径，因为这直接决定着一个领导者的威严被多大程度的认可。而要想真正得到下属们的拥护，领导者就必须脚踏实地地工作，给下属作出表率。这样的领导者才能更好地弘扬正气，用好品格为团队塑造出正能量来。

严于律己，　修身养德

领导者要想弘扬正气，用好品格为自己的团队成员塑造出正能量，自己平时就应该以身作则，以德服人。领导者只有以德立身，以德服人，下属才会对你心服口服。而以德立身将贯穿于领导者的整个人生过程因此它显得更为重要。在人生的不同阶段，道德对于人的要求不同，每个人的体验和经历也不一样，但是，"以德立身"的人生支柱是不会改变的，它对每个人的人生大厦都起着支撑的作用，领导者自然也不例外。

本杰明·富兰克林是美国资产阶级革命时期的民主主义者、著名的科学家，一生受到了人们的爱戴和尊敬。但是，本杰明·富兰克林早年的性格却十分乖戾，很难与别人合作，做事经常碰壁。

本杰明·富兰克林在失败中总结经验，他为自己制定了 13 条行为规范，并严格地执行，很快为自己铺就了一条通向成功的道路。

（1）节制：食不过饱，饮不过量，不因为饮酒而误事。

（2）缄默：不利于别人的话不说，不利于自己的话不讲，避免浪费时间的琐碎闲谈。

（3）秩序：把所有的日常用品都整理得井井有条，把每天要处理的事情列出具体时间表，办公桌上永远保持干净整洁。

（4）决断：决心实施你要做的事，必须准确无误地履行你所下定的决心，无论什么情况都不要改变初衷。

（5）节约：除非是对别人或是对自己有什么特殊的好处，否则尽量不要乱花钱，以免养成浪费的习惯。

（6）勤奋：好好地珍惜时间，永远只做有意义的事情，拒绝做那些没有多大实际意义的事，对自己人生目标的追求要保持永不间断、永不停息。

（7）真诚：不做虚伪欺诈的事情。做事情时要以诚挚、正义为出发点。如果想发表见解，必须要做到有理有据。

（8）正义：不做任何伤害或者忽略别人利益的事情。

（9）中庸：避免极端的态度，要随时克制对别人的怨恨情绪，尤其要克制冲动。

（10）清洁：要永远保持身体、衣服和住宅的清洁。

（11）镇静：遇事不要慌乱，不管是普通的琐碎小事还是不可避免的偶然事件。

（12）贞洁：要清心寡欲，如果不是有益于身体健康或者是为了传宗接代，尽量少行房事。绝不做任何干扰自己或别人安静生活的事情，也不要做任何有损于自己和别人名誉的事情。

（13）谦逊：要向耶稣和苏格拉底学习。要能抵挡住享乐的诱惑，还要能抵挡住金钱的诱惑，任何时候都要拒绝非分之想，不为别人的行为而动，不为别人的言论而动，也不要因为任何诱惑和利益去做你明明知道是邪恶的事情。

本杰明·富兰克林重视修身、以德服人，最终赢得了人们的尊敬和爱戴。现代的企业领导者如果也能做到以德服人，他不仅能赢得员工的敬佩，还可以给员工以激励，从而让下属，可以更加充满激情和正能量地工作。可见，企业领导者做到以身作则，以德服人，对于弘扬正气，用好品格塑造团队正能量是多么的重要。

关键时刻敢于冒险和承担责任

对于企业领导者来说，关键时刻能否做到挺身而出，这对于弘扬正气，用好品格塑造团队正能量来说也是非常重要的一点。可以这么说，关键时刻领导者冲在最前面，用他的行动能够更好地给员工以激励。

我们可以用足球比赛来说明这一问题。队长佩戴袖标，他不仅要审时度势、指挥队员，自己也要冲锋陷阵，要拿球、带球、传球，抓住时机还要亲自破门得分而不能懈怠或用嘴巴指挥队员跑动。

一位优秀的企业领导者不能等着别人来告诉他该做什么，而是要知道自己该做什么，并且还要能带头去做。

大家都知道胡雪岩是开钱庄的，其实，胡雪岩还办过一个制药厂，并存留至今，成为了中华老字号，这就是赫赫有名的"胡庆余堂"。

[**案例**] "胡庆余堂"之所以赫赫有名，据说是敢于炮制一种名叫"龙虎斗"的中成药。其时有位学子，头悬梁，锥刺股，寒窗十年苦读，终于考取进士，却如"范进中举"一般，高兴过度而疯了。

能治疯病的药，名曰"龙虎斗"，此药必须配入剧毒的砒霜，于是，哪家药厂都不敢配制。

原因很简单，这种药需要在药粉里掺入一定量的砒霜，而且还必须搅拌得非常均匀，否则药粉中某个部分的砒霜含量稍微高一点儿，就会毒死人。

为救因为高兴而疯了的读书人，胡雪岩一拍胸脯，下决心为其精心配制"龙虎斗"。

三天后，"龙虎斗"配制成功。那位读书人用药后，疯病痊愈，没几天就高高兴兴地上任去做县令了。

"胡庆余堂"由此名声大震。

有人问胡雪岩是怎样成功配制"龙虎斗"的，胡雪岩幽默地回答说，是太上老君托梦于他，教了他"秘法"。

事实上，根本就没什么"秘法"！

胡雪岩和伙计们整整用了三天的时间搅拌掺了砒霜的药粉！

反复搅拌药粉，是件十分枯燥的事情。胡雪岩就想了一个办法，他在药粉上反复写着"龙虎"二字，当写到第9999遍时，砒霜在药粉中也就被搅拌得非常均匀了。

胡雪岩不仅想出了搅拌药粉的好办法，还身体力行地带头去做。于是，他成功了。

作为企业领导者，我们应当向胡雪岩学习。无论你所领导的团队规模是大是小，也不论你的团队在企业中所处的是什么位置，企业领导者不仅要想到该做什么，而且更要挺身而出、带头去做。

[案例] 东芝公司是世界上非常著名的一家大企业。有一次，该公司的董事长土光敏夫听业务员抱怨说，公司有一笔生意怎么都做不成，主要原因是对方的买方课长经常外出，多次登门拜访都扑了空。土光敏夫听过后，沉思了一会儿，然后说道："这样啊！请不要泄气，让我上门去试试看吧。"

业务员听说董事长要亲自接手处理这个难活儿，心里不由得大吃一惊。一是担心董事长不相信自己的真实反映；二是担心董事长亲自上门推销，万一也碰不上那家企业的课长，岂不是太丢一家大企业董事长的脸面！那位业务员越想越怕，于是就赶紧劝说道："董事长，您不必亲自为这些具体小事操心，我多跑几趟总会碰上那位课长的。"

其实，这名业务员是没有理解董事长的想法。土光敏夫第二天亲自来到那位课长的办公室，但仍然没有见到课长。事实上，这是土光敏夫预料之中的事。可他并没有因此而告辞，而是坐在那里等候，等了很长时间，那位课长回来了。当他看了土光敏夫的名片后，慌忙说道："对不起，对不起，让您久等了。"而土光敏夫毫无不悦之色，反而微笑着说："贵公司生意兴隆，我应该等候。"

那位课长心里非常清楚，自己的企业交易额并不多，只不过是区区的几十万日元，却能引得堂堂东芝公司董事长亲自上门进行洽谈，觉得赏光不少，所以很快就谈成了这笔生意。最后，这位课长亲切地握着土光敏夫的手说："下次，本公司无论如何一定买东芝的产品，但唯一的条件是董事长先生您不必再亲自来了。"随同土光敏夫前往洽谈的业务员目睹此情此景，心里备受感动。

土光敏夫此举不仅做成了生意，而且还以他坦诚的态度赢得了客户的好感。此外，他这种耐心而巧妙的营销技巧，也对自己企业的员工起到了很好的教育和激励作用。

企业就是一个有机整体，员工都在看着企业领导是怎么做的，继而就会跟着效仿。因此，企业领导者在关键时刻为员工做出了好的榜样，真正起到了表率作用，这种激励员工好好工作的作用是无穷的。

培养自己大肚能容的豁达胸襟

企业领导者要想做到弘扬正气，用好品格塑造团队正能量，在平时还需要努力培养自己大肚能容的豁达胸襟。佛家有句至理名言说得好："大肚能容，容天下难容之事；笑口常开，笑世间可笑之人。"它告诫人们，为人处世要豁达大度，要保有一颗宽容之心，要能得饶人处且饶人。在现代的职场上，作为企业领导者更需要培养自己这种豁达的胸怀。

放眼古今中外，凡胸怀大志、目光高远的仁人志士，无不是如孔圣人一般以大度为怀；而那些小肚鸡肠、吹毛求疵、不能容忍、忍耐别人的过错，并总是耿耿于怀的人，是很难成大事的。

[**案例**] 春秋时期，有一天，楚王大宴群臣。席间歌舞曼妙，美酒佳肴，烛光摇曳。楚王为了给群臣助兴，他让自己最宠爱的两位美人许姬和麦姬轮流向在座的臣子们敬酒。忽然一阵狂风刮来，吹灭了所有的蜡烛，漆黑一片，席上一位官员乘此机会，摸了许姬的玉手。许姬一甩手，扯掉了他的帽带，匆匆

跑回座位上，趴在楚王的耳边悄声说道"刚才有人乘机调戏我，我扯断了他的帽带，大王赶紧叫人重新点上蜡烛，看看谁没有系帽带，便知道是哪个人了。"

楚王听了，反而连忙命令手下先不要点上蜡烛，并大声对各位臣子说："今天晚上，我要和各位一醉方休，来，大家都把帽子摘了吧，让我们来痛饮一场。"

众人都脱了帽，也就看不出是谁的帽带断了。然而这件事并没有因此而画上句号。后来楚王攻打郑国，有一将领独自率领几百人，为三军开路，过关斩将，直通郑国的首都。此人就是当年调戏许姬的那一位，他因楚王的宽容，而发誓毕生都将效忠于楚王。

从上面这个故事中，我们看到了楚王作为一代霸主的大度与宽容。在今天看来，男女之间握手这种事情根本就不算什么，但在当时男女授受不亲的社会风气下，当事人还是国王的宠姬，性质就变得十分严重了。楚王非但没有治其罪，还想办法替其遮掩，这样的豁达胸襟，在今天看来，也是非常难能可贵的。

俗话说："量小失众友，度大集群朋。"大度对于常人，是一种涵养，一种历练；而对于领导者，又是一种领导方式和领导艺术的体现。只有具备宽容的气度，企业领导者才能有聚集众人、融合人心的力量，才能最大限度地发挥人才的效能。

领导者所具备的豁达大度的品质能给员工带来良好的影响，使他们感到亲切、温暖和友好，从而获得心理上的安全感。同时也因为企业领导者的大度，员工会因为感动而增强工作的责任感，从而能够不断创出优秀的工作业绩。

我们经常看到一些有雅量的领导者身上往往蕴涵着一种强大的影响力，而心胸狭窄的领导者身上往往会产生一种无形的排斥力，员工与他交往的时候生怕会得罪了他，因而畏缩不安，提防再三，久而久之他就会失去下属的支持，成为孤家寡人。

"水至清则无鱼，人至察则无徒。"是人都会有"一念之差"犯错误的时候，如果领导者没有容人之量，就很难将自己的部门、团队组成一个团结战斗的集体，也很难调动一切可以调动的积极因素。

1. 学会"三容"

一个心地宽容的领导者，才能得到部下的敬佩，才能赢得人心。一个称职的领导者应该有宽广的心胸，应该抱着豁达大度的心态去面对下属的优缺点、错误、异议甚至是冒犯。领导者的宽容主要表现在以下三个方面。

第一，容人之"短"。人无完人，那些在事业上有所建树，技能先进、业务突出的人才，大都具有特立独行，甚至有较为明显的缺点。而才华越是突出的人，他们的缺点就越可能变得很明显。这就要求领导者在用人时应以是否有利于企业发展为重心，切不可"一丑遮百美"。彼得·德鲁克指出："若想在一个组织中任用没有缺点的人，那么这个组织将会是一个很平庸的组织。"

第二，容人之"长"。容人最难做到的是容人之长，因为任用比自己能力强的人，可能会出现被下属"取而代之"的危险。不过你应该明白，人与人之间的相互超越也正是促进企业不断发展的动力所在。一个真正大公无私、胸怀全局的领导者，不但会尊重人才，而且还会求贤若渴，积极地为人才的成长创造有利条件，乐于看到更多的员工超越自己。

第三，容人之"异"。凡有才华者，往往都是性格独特，与众不同，善于思考乃至爱提意见，观念超前，行为与众不同的人。对他们，领导者要做到纳谏如流，积极听取各方面的意见，比对各种方案，从而实施正确的决策。只有充分听取各方意见，加以科学分析，领导者才能对事物有一个更全面和更完整的认识。

2. 创造宽容的工作环境

员工在工作中犯错误、出现失误都是在所难免的。有些企业领导者很难包容员工的失误，动辄就以无能对员工进行嘲讽，从而导致员工自信心丧失殆尽。要想让员工恢复自信，首先领导者就必须要能够宽容员工的过失。而一个胸怀宽广的领导者是能够让员工恢复自信的。每个人都有自己的长处和短处，领导者要想真正用人，就必须要能容忍员工及其下属身上的短处，才能进而容纳和发掘他们的长处。

希尔顿酒店的创始人希尔顿就是一位胸怀十分宽广的人。对于员工的错误，他总能做到宽容地接纳，并为使其树立自信心而努力。如果员工犯了错误，他常常单独把他们叫到办公室，先鼓励安慰一番，告诉他们："当年我在工作中犯过更大的错误，你这点小错根本就算不了什么。凡是干工作的人，都难免出错。"然后再客观地帮他们分析错误的原因，并一起研究解决问题的具体办法。

在一个宽容的工作环境中，员工对失败不会心存顾忌，更不会有所隐瞒，也不会寻求庇护，这都有助于领导者更快地找到失败的原因，从而有利于问题的快速解决。

在很多公司中，领导者不仅能够容忍员工的缺点和错误，而且还会经常地鼓励员工犯一些"合理性的错误"。甚至在优秀企业中，不犯合理性错误的人是不受欢迎的。如果某位员工从不犯错，也就意味着这名员工缺乏创造力、竞争力，平庸保守，很难有所建树。

3. 把握宽容的原则

宽容是有原则、有限度的，否则就会失去其应有的效果。因此，企业领导者要把握好宽容的度，掌握好底线。

第一，强调用人上的宽容，并不是无原则的纵容、迁就。在选人用人方面，企业领导者必须要坚持德才兼备；在强调人才能力的同时，也不要忽略对其品格上的具体要求。当发现员工及下属出现不良倾向时，要及时果断地予以提醒、纠正，使其始终成为推动企业发展的积极力量。

第二，包容不等于包庇。包容的前提条件是为了一个共同的利益——企业利益，而不是私利，它不能违反制度，是以相互帮助、相互支持、相互配合为前提的。包庇则不然，它是直接将企业利益置之度外，为了一己私利，逃避制度上的约束，以损失企业利益为代价的。作为一个企业领导者，我们应该严格维护企业制度，强化自己的领导，从而为营造一个和谐包容的工作环境保驾护航。

第三，宽容不能代替惩罚。许多人一谈到宽容，就把宽容和惩罚对立起来，甚至认为惩罚就是不够宽容，这是一种极大的误解。惩罚是针对工作中的错误和失职的，宽容是针对员工的缺点和弱点的。有缺点不等于犯错误，有弱点不等于会失职。现代经营管理之父法约尔在论证指挥职能时，特别强调必须淘汰不称职者。如果领导者在工作中不能淘汰不称职者，那么他就等于放弃了自己的指挥权。所以，以宽容为名，庇护错误和失职现象，只会对企业的经营和管理造成损害。所以，宽容并不是纵容，也不是怂恿。把握好这一界限，对领导者工作的开展意义重大。

在现实工作中，杰出的领导者，往往能够在宽容的同时又采取厉行的惩罚措施。比如，曾经担任过武汉柴油机厂厂长的德国人格里希，对年轻工人的种种缺陷和不足都能够给予一定的体谅和理解，甚至还可能爱护备至，但是对员工和下属的违纪现象却是坚决予以惩处。

在这些企业领导者的眼里，宽容是人性的体现，而惩罚则是职责的要求，二者不但不矛盾，反而是高度统一的。如果企业领导者不能做到对员工及下属的尊重和理解，就不能形成宽容，而正是这种宽容心态，才能形成对事业的真正追求；反过来，没有对错误的惩罚，企业领导者就根本无法真正地推进其事业的发展。可见，对于广大企业领导者来说，平时要多注意培养自己大肚能容的豁达胸襟，这对于其弘扬正气，用好品格塑造团队正能量非常重要。这会直接关系到企业领导者事业的成败！

承认错误比拒绝错误更重要

曾经有一家报社的老板为读者出过一道题：世界上最难做到的事情是什么？老板声称，如果有人给出正确答案，将获得1000万美元的奖金。问题刊登之后，答案像雪片般寄到报社 A。有人说是海底探险，有人说是环游世界，真是五花八门。然而谁也没想到，最终获得这笔奖金的，竟然是一个只有11

岁的小孩子！而他的答案很简单：承认自己的错误。

　　这是一个很简单的答案，然而却深刻地指出了人性的一个共同弱点。在自己犯下的错误面前，很多人都会采取一种回避的态度，不会坦然承担。但对于一个领导者而言，敢于承认自己的错误，是极为重要的品质。美国田纳西银行前总经理特里曾说："承认错误是一个人最大的力量源泉。"犯错误并不可怕，重要的是你犯错后的态度。如果你有意地对自己犯下的错误加以隐瞒，常常让这个错误最终变得难以收拾，带来更为恶劣的后果。承认你的错误，并且积极地加以改正，在企业员工的眼里，这是领导者一种珍贵的品格；而对于领导者来说，只有如此，才能使团队更加的充满正能量。

　　[案例] 张先生是一家建筑公司的部门经理，他突然发现自己负责的一个工程项目在材料上出现了质量问题，这件事如果佯装不知也能蒙混过关，但手下人冒的风险可就大了，甚至有可能出现严重事故。对公司而言，如果被客户发觉，也会影响公司信誉，甚至给公司造成不小的经济损失。张先生思来想去，最终决定向领导坦承错误，并想办法尽快挽回损失。领导在看了张先生递交的报告之后，勃然大怒，把张先生叫到办公室狠批了一顿，随后又让张先生自己想办法弥补过失。张先生经过不懈的努力，最终为公司最大限度地挽回了损失。

　　当张先生忐忑不安地将结果报告给总经理时，却意外地得到了一个消息：由于他坦承错误的勇气和出色表现，公司决定提拔他为一家分公司的总经理。张先生对此赶到有些困惑，他问总经理："由于我的工作失误，给公司带来了不小的损失，为什么公司还会让我升职呢？"总经理笑着对他说："总裁认为，一个敢于承认自己错误的领导，才是真正值得信赖的。而由于你勇于承认自己的错误并及时采取补救措施，获得了部门员工的一致好评，在今年年底部门匿名评选优秀中层干部的活动中你获得了第一名，希望你今后能继续保持这种工作作风。"

　　敢于承认自己的错误，这体现了一个领导者的责任心和决断力。对领导者而言，这是最重要的品质。试想，如果一个领导者对企业缺乏责任心，犯了错误之后极力掩饰，他怎么能够带领一个企业走向辉煌呢？

企业懂得承认自己的错误同样十分重要。比如 IT 业的巨头微软公司，正是因为有这种认错的勇气而赢得了众多消费者的信赖。

2005 年微软公司推出了一款"X-box360"家庭游戏机，立刻在游戏市场上引起了疯狂的抢购。然而不久之后，人们就发现这款游戏机在硬件方面存在着严重的质量问题，其中约 15% 的机器都出现了无法正常运行的问题。而就在这时，微软的老对手日本索尼公司的一款游戏机即将投入市场。如果微软在这个时候回收这些有问题的机器，无疑就等于承认了自身的制作水平存在缺陷，会让索尼公司获得一个绝佳的市场机会，同时也会导致"X-box360"前期的所有努力都化为泡影，并且可能引发一系列负面的连锁反应。

但微软公司依然发出了回收通知：如果消费者的"X-box360"存在质量问题，可以将自己的游戏机寄回微软，微软将为他们提供免费更换服务。这条公告一出，立刻引起了人们的哗然。微软公司不但为此承受了更换游戏机的巨大损失，同时也遭到了很多的质疑。但在微软的努力下，人们对微软敢于承认错误，并且立即提供补救措施的做法予以了认可，认为这能够给予消费者很强的安全感。在承认了错误之后，微软的游戏机销售量在欧美地区不但没有受到影响，反而有所提高。

领导者是企业的代言人。一个企业敢于承认错误，也就是企业领导者为企业树立了标杆，弘扬了正气。对于已经发生的错误，隐瞒是最糟糕的做法，因为错误迟早会被别人发现的。比如微软公司的游戏机，其质量问题一旦被对手抓住并进行舆论炒作，后果将不堪设想，可能微软的所有产品都会陷入舆论的漩涡。与其难以收场，倒不如坦白承认，并且努力改正错误。只有这样，才能最大限度地扭转在消费者心中造成的负面形象。

同样道理，一个勇于在上下级面前承认错误的领导者更是如此。人无完人，每个人都有出现失误的时候，领导者只有具备了这种谦卑的心态，才能让员工发自内心地钦佩，也只有这样的领导才有实力和能力自立标杆，塑造团队的正能量；与之相反，那些只知道刚愎自用的领导者恰恰是内心不自信的表现，在这样的领导带领下，员工往往会口服心不服，与其离心离德。

没有热忱的人做不了领导者

美国科学家、作家杜利奥认为：没有什么比失去热忱更使人觉得垂垂老矣。作为一个企业的领导者，最不能缺乏的就是创业热忱。看一个公司精神面貌如何，先要看其领导者的精气神，领导者在公司中属于灵魂式的人物，如果领导者整日垂头丧气，或者毫无头绪地忙碌，可以想象得出这个公司一定也好不到哪去。

人与人之间只有很小的差异，但这种很小的差异却往往造成了巨大的差距。很小的差异指的是心态——它是积极的还是消极的，而巨大的差距指的是成功与失败。情绪对于一个人的影响是巨大的，可以说是人的各种行为的内在驱动力。如经济学之父亚当斯密所说："人的情绪是各种行为的基础。"所以，走向成功的首要条件，就在于是否有热情奔放的心态。一个人如果心态积极，在他面对人生时，就会乐观地接受挑战和应付各种麻烦事。反之，如果一个人心态消极，那么看到麻烦事就想躲，就会心烦意乱，怕麻烦就像怕老虎一样。

成功学大师拿破仑·希尔曾讲过这样一个故事：塞尔玛女士陪伴丈夫驻扎在一个沙漠的陆军基地里。丈夫奉命到沙漠里去演习，她一个人留在陆军的小铁皮房子里，天气热得实在是受不了——哪怕是在仙人掌的阴影下，也有60多度。她没有人可谈天——身边只有墨西哥人和印第安人，而他们不会说英语，她也不会说印第安语。她非常难过，于是就写信给父母，说要丢开一切回家去。她父亲的回信只有两行字，这两行字却永远留在她心中，完全改变了她的生活：

"两个人从牢中的铁窗望出去，一个看到泥土，一个却看到了星星。"

塞尔玛反复读着父亲的回信，当她领悟了父亲的意思后，觉得非常惭愧，她决定要在沙漠中找到星星。塞尔玛开始和当地人交朋友，他们热情的反应使她非常惊奇，慢慢地，她对他们的纺织、陶器产生了浓厚的兴趣，而他们则把最喜欢但舍不得卖给观光客人的纺织品和陶器送给了她。塞尔玛开始研究那些引人入迷的仙人掌和各种沙漠植物，又学习了有关土拨鼠的知识。她观看沙漠日落，还寻找海螺壳，这些海螺壳是几百万年前这里的沙漠还是海洋时留下来的……原来难以忍受的环境变成了令人兴奋、流连忘返的奇景。

沙漠没有改变，闷热没有改变，印第安人也没有改变。唯一改变了的，是她的心态，是她对生活的一种热情。重燃的生活热情使她把原先认为恶劣的情况，变为一生中最有意义的冒险。她为发现了一个崭新的世界而兴奋不已，并为此写了一本书，以《快乐的城堡》为书名出版了。她从自己造的"牢房"里走了出去，终于看到了星星。

据说长久注视深渊的人早晚有一天自己也会掉进深渊里。一个企业领导者如果不具备这种铁窗望星的达观心态，缺乏跨越困境的热忱，又怎样才能带领团队走向光明，勇攀高峰呢?! 著名作家拉尔夫·爱默生说："一个人如果缺乏热情，那是不可能有所建树的。""热情像浆糊一样，可以让你在艰难困苦的场合里紧紧地粘在这里，坚持到底。它是在别人说你'不行'时，发自内心的有力声音——'我行'。"

与肯德基并驾齐驱的快餐业巨头麦当劳的老板克罗克的故事很好地诠释了这一点。

克罗克一出生，就与一个比较容易发大财的时代擦肩而过——去西部淘金的运动结束了。而正当他准备上大学时，又迎来了1931年的美国经济大萧条。他不得不辍学去搞房地产。当他的房地产生意刚有起色时，第二次世界大战又爆发了。人们都只顾着逃命，哪有心思买房? 于是房价急转直下，克罗克8年的努力又是竹篮打水一场空。这以后，他到处求职，曾做过急救车司机、钢琴演奏员和搅拌器推销员。但似乎一切都不顺，不幸几乎始终与克罗克相伴，就如同自己的影子一样走到哪跟到哪。

尽管如此，克罗克仍然热情不减，执著追求，毫不气馁。1955年，在外面闯荡了半辈子的他空手回到了老家。在卖掉了家里的一份小产业后，克罗克开始做生意。这时，他发现迪克·麦当劳和迈克·麦当劳两兄弟开办的汽车餐厅生意十分红火。经过一段时间的观察，他确认这种行业很有发展前途。此时，克罗克已经52岁了，对于多数人来说这正是准备退休的年龄，年龄大了，心态也老了。但是克罗克却人老心不老，这位门外汉决心从头做起，到这家餐厅打工，学做汉堡。后来，他毫不犹豫地借债270万美元买下了麦氏兄弟的餐厅。经过几十年的苦心经营，麦当劳现在已经成为全球最大的以汉堡包为主食的快餐公司，世界范围内拥有7万多家连锁分店，年销售额高达超过200亿美元。克罗克也因此被誉为"汉堡王"。

成功者与失败者的差别在于成功者有着积极的心态和奔放的热情。这样的心态和热情必将在内心深处汇聚成一股强大的正能量，最大限度地感染和带动员工心甘情愿地和你一起奋斗。

善于拿捏与下属间的距离

人与人之间有一个适当的交往距离，超出这个距离太远会显得生疏，而太近彼此又生了防犯心。身为团队领导者，更是要拿捏好与下属及员工沟通与交往的距离，管理之道就在这个距离的把握之中。

在寒冷的冬天，刺猬们为了相互取暖，经常会簇拥在一起。然而一旦距离太近，它们又会被对方身上的刺扎伤。刺猬们会一直尝试，直到找到一个既可以相互取暖又无法伤害彼此的安全距离。

这种现象在管理学上被称为"刺猬法则"，指的是领导者在管理过程中要与员工保持一定的距离，避免因为与员工的距离太近而导致问题的出现。

领导者在工作中与员工保持亲密的关系，可以让工作氛围显得轻松融洽，使员工们可以带着一种轻松愉快的心态进行工作，这样往往效率很高。但要注意的是，如果领导与下属的关系过于密切，就很容易导致员工与领导的工作关系变得模糊，造成员工失去上下级观念，对领导缺乏必要的尊重。

如何把握与员工相处的适当距离呢？领导者在不同场合对待员工要有不同的方法，不要只有一种态度。你必须清楚地让员工知道，工作是工作，私交是私交，二者是不能混为一谈的。私底下，领导可以将工作的事情抛到一边，和员工在一起喝茶聊天。工作时，必须要以严肃认真的态度对待，一旦员工的工作出现失误，必须按照规定进行惩处，即便私下里大家的关系不错，也必须拉得下面子，因为工作是工作，交情是交情。如果你偏袒一个人，其他员工就会不服气，只有做到一视同仁，才能够使管理更加有效。当然，对于领导者而言，如果没有特殊事务的话，最好是在私下也与员工保持一定的距离。这样不但可以避免员工出现谋私的想法，也避免了其他员工的闲言碎语。

法国前总统戴高乐就是一位深谙此道的优秀领导者。他在工作中的座右铭就是，与自己的下属保持一定的距离。戴高乐将此视为自己的工作法则，并且运用到实践之中。在他担任总统的十多年时间里，他的下属机构如秘书处、办公厅和私人参谋部顾问等等，从来没有哪个人的工作年限能超过两年。戴高乐规定：所有总统府的直系下属单位人员，都不能从事该工作两年以上。戴高乐之所以这样规定，主要原因就是不希望这些下属与他的关系过于密切，由此来杜绝下属打着他的旗号办事，或者当下属犯错时，自己能够不带着情感因素公正地进行处理。

应该说，戴高乐的这一做法得到了众多著名企业家的认同，例如通用电气的总裁斯通，私下里就从来都不接受员工的任何邀请。

对于这个问题，管理学家们的看法都大致相同。他们认为，就领导者和员工的关系而言，在企业内部他们必须是成熟的、友好的业务伙伴，共同为了企业的利益而努力工作，而脱离了这层关系，大家都是独立的个人，可以从事自己的活动，不必再联结在一起。

有调查显示，绝大多数员工也不愿意在工作之外与领导保持亲密的关系。他们希望保留自己的隐私，担心与领导过于密切的交往会让自己的隐私泄露。此外，他们也认为在下班之后和领导一起进行私人活动，会让自己难以摆脱在公司中工作的氛围，导致自己的私人活动也变得如同工作一般，这会让他们压抑。因此对于企业领导者而言，最好的方法是与自己的员工保持单纯的工作关系，平等地对待每一位员工，让他们努力地投入到工作中。不要试图深入员工的私人生活空间，否则不但不会为你的领导形象加分，反而会减分。

只有懂得拿捏好其中尺度的领导者才能在员工面前树立良好的正面形象，才有能力打造一支正能量团队，弘扬正气，为企业的长远发展奠定基础。

自我克制，　不让负能量蔓延

人的不满情绪会沿着社会关系的链条依次传递，由金字塔尖一直扩散到最底层。人们会习惯于将自己的不满情绪以迁怒的方式转移到他人身上。显然，这不但不能解决问题，反而会使这种不健康的情绪一直蔓延下去。

"踢猫效应"说的是有位董事长因为急着赶去公司处理事情而超速驾驶，结果被警察拦了下来，并开了罚单。董事长憋了一肚子气，到了办公室后正好遇见经理来交工作报告，就随便找了个原因冲他发了一顿火。经理被责骂之后，气急败坏地回到了自己的办公室，又挑剔秘书的工作，把秘书一顿臭骂。秘书无缘无故挨了骂，心里很不痛快，就把手下的一位文员挖苦了一番。这位文员受了气，回家后又冲老婆发了一通脾气。老婆感到委屈，就借机教训儿子。儿子一头怒火无处撒，就踢了自己家的猫一脚。

领导者必须要杜绝随意发脾气，不要把自己从别处受的气往下属身上发，切不可把下属当成自己的出气筒。在现实生活中，谁都会遇到一些不开心的事情，如果将这种情绪转移到他人身上，那是一种非常自私的行为，会引起他人极大的抵触和怨恨情绪。尤其对于领导者而言，所面临的是一个权力的金字塔，如果让自己的负能量在公司蔓延开来，那就不是影响一两个人的工作问题，而是会影响到整个公司的工作氛围和工作效率。

如何在工作中杜绝这种"踢猫效应"呢？

很简单，学会控制你自身的情绪。一个领导者必须要有宽广的胸襟，在工作和生活中尽量少发脾气，以及要懂得如何克制自己的情绪，不把负面的情绪带到工作中来。

美国前总统林肯就是一个懂得如何克制自己的领导人，他从来不向自己的下属发脾气。南北战争时期，林肯曾收到一位将军的来信。信中，这位将军措辞严厉地对林肯的某些工作方式提出了批评，言语中充满了讽刺和挖苦。林肯看完信后十分恼火，立刻提笔给这位将军以牙还牙似的写了一封指责他的回信。然而在写完这封信后，林肯并没有将它寄出去。考虑再三，林肯又写了另一封信，以温和委婉的语气解释了这样做的理由，然后吩咐秘书将这封信寄给那位将军。

秘书觉得很奇怪，就问林肯说："为什么您写了两封信，却只将第二封信寄出去呢？"林肯笑着说："第一封信并不是写给别人的，而是写给我自己的，我从一开始就没有打算将它寄出去，它只是让我能够更加冷静地看待问题。而第二封信，才是我真正要寄出去的。"

这就是林肯高明的领导哲学。他知道，一味地压抑自己的情绪并没有什么好处，但同时他也不可能将这种负面情绪发泄在下属身上，因为当时正值南北战争的关键时期，必须要做好安抚下属情绪的工作，避免他们因为愤怒而出现决策上的失误，否则后果很可能是致命的。

时至今日，现代企业间的竞争也如同国家间的战争一样，充满着火药味。领导者应该学习林肯的这种做法，克制自己，不要将下属当作出气筒，让负能量充斥整个公司。迁怒他人是一种不负责任的行为。而迁怒自己的员工，你不但会因此失去他们的信任，更重要的是，你也会因此而让你的团队变得一团糟。

明智而审慎的判断能力

时下很多新生企业领导者在经营企业时都会出现这样的问题：那就是不信

任下属的能力。具体表现就是事无巨细，凡事过问，甚至不惜亲力亲为，到头来自己忙得焦头烂额不说，也让手下员工工作时无法放开手脚，逢事必请示，这样领导者自身也会非常累。长此以往，则导致整个企业工作分配失衡。也有的企业领导者却是个老好人……凡此种种，都告诉我们一个事实：身为企业领导者，首先要具备明智而审慎的自我判断能力。

美国一位名叫肖曼·巴纳姆的著名杂技师在评价自己的表演时说，我之所以很受欢迎是因为节目中包含了每个人都喜欢的成分。在心理学上也是一样。人们常常认为一种笼统的、一般性的人格描述十分准确地揭示了自己的特点。

有位心理学家给一群人做完人格检查表（MMPI）后，拿出两份结果让参加者判断哪一份结果是自己的。这两份结果中，一份是参加者自己的结果，而另一份是多数人的回答平均起来的结果。大多数参加者竟然认为后者更准确地表达了自己的人格特征。

下面我们来看一个改变了爱因斯坦一生的真实故事：

[案例] 爱因斯坦小时候就很聪明，但是十分贪玩，他的母亲常常为此忧心忡忡。母亲的再三告诫对他来说如同耳边风。直到16岁那年，一天上午，父亲将正要去河边钓鱼的爱因斯坦拦住，并给他讲了一个故事，正是这个故事改变了爱因斯坦的一生。

父亲说："昨天我和咱们的邻居杰克大叔去清扫南边的一个大烟囱，那烟囱很高，只有踩着里面的钢筋踏梯才能上去。你杰克大叔在前面，我在后面。我们抓着扶手一阶一阶地往上爬，爬了很久终于爬上去了，下来时，你杰克大叔依旧走在前面，我还是跟在后面。后来，钻出烟囱，我发现你杰克大叔的后背、脸上全被烟囱里的烟灰蹭黑了。"

爱因斯坦的父亲继续微笑着说："我看见你杰克大叔的模样，心想我一定和他一样，脸脏得像个小丑，于是我就到附近的小河里去洗了又洗。而你杰克大叔呢，他看我钻出烟囱时干干净净的，就以为他也和我一样干干净净的，只草草地洗了洗手就上街了。结果，街上的人都笑破了肚子，还以为你杰克大叔是个疯子呢。"

爱因斯坦听罢，忍不住和父亲一起大笑起来。父亲笑完后，郑重地对他说："其实别人谁也不能做你的镜子，只有自己才是自己的镜子。拿别人做镜子，白痴或许会把自己照成天才的。"

听父亲讲完这个故事，爱因斯坦以后再也不那么贪玩了，因为他懂得了：不能拿自己的这点聪明去跟别人比，那是危险的，因为对方可能是个弱智。

在日常生活中，我们常常是借助外界信息来认识自己的。正因为此，每个人在认识自我时很容易受外界信息的暗示，迷失在环境当中，把他人的言行作为自己行动的参照。对于内在的自我反省，我们常常做得很不够。

在 2000 多年前，古希腊人就把"认识你自己"作为铭文刻在阿波罗神庙的门柱上。然而时至今日，人们在这一点上仍然没怎么做好。

作为一个团队的领导者，只有摆正自己的位置，才能带领团队沿着正确的轨道前行，才能获得团队成员最大程度的认可，从而全心全意为企业工作。领导者作为团队"领头羊"的表率作用就是先从正确的自我认识和自我判断开始。

不识庐山真面目，只缘身在此山中。那么，企业领导者如何避免错误的自我判断，尽量客观全面地认识企业和员工呢？有以下几种途径可以尝试。

1. 学会面对自己

有这样一个测验情商的题目：当一个落水昏迷的女人被救起，她醒来发现自己一丝不挂时，第一个反应会是什么呢？

答案是：尖叫一声，然后用双手捂着自己的眼睛。

从心理学上讲，这是一个典型的不愿面对自己的例子，因为自己有"缺陷"或者自认为有缺陷，就想办法把它掩盖起来，但这种掩盖实际上也像上面的落水女人一样，是把自己的眼睛蒙上。所以，要认识自己，首先必须要面对自己。

2. 注重收集信息

很少有人天生就拥有明智和审慎的判断力。实际上，判断力是一种在收集信息的基础上进行决策的能力，信息对于判断的支持作用不容忽视，没有相当的信息收集，很难作出明智的决断。

3. 以人为镜

不能完全以别人为镜，那样一个白痴可能也会把自己看成天才，但是也不能完全把这面镜子丢开。通过与周围人的比较，我们常常能发现自己的不足之处。但在比较的时候，对象的选择至关重要。与不如自己的人比，或者拿自己的优点与别人的缺点比，那就不能进步。当然，也不能拿自己的缺点与别人的优点比，那会比得自己垂头丧气。所以，要综合比较。

4. 善于总结

毛泽东说，他是靠总结经验吃饭的。这可以说是他走向成功的关键一点。这一点，非常值得领导者学习。不管做什么事情，没有经验，不注意总结经验，都是难以成功的。成功，就是无数个经验的汇合。

综上所述，领导者要有意识地调节自己，正确地评价自身及团队成员，企业发展只有奠定在这样认知的基础上，员工才能抱成团，形成能量合力，这样的团队必然具备坚不可摧的战斗力。

亲和力是团队的黏合剂

人与人之间从互不相识的陌生人到成为好朋友，有时这种速度非常之快，只几天的时间，人类的这种内心变化真是一个非常奇妙的过程。那么，是什么原因导致了这种情况呢？想必，这是每一个人都非常关注的问题。

其实使人产生这样变化的原因是多方面的，但不可否认的是，"亲和效应"是影响人际关系的重要内容。

美国著名心理学家费斯丁格教授为了探究人们心中的"亲和效应"，曾进行过这样一个实验：他以麻省理工学院住在同一栋宿舍楼的已婚学生为研究对象，研究他们之间的邻里关系与空间距离的联系。该宿舍由 17 栋楼房连在一起，每栋楼房上下两层，每层 5 户居民，共计 170 户。在学生搬入宿舍之前，彼此间互不相识。两个月过后，费斯丁格教授来调查每户，并让每一户列举出在现住宿舍区中新结交的 3 个朋友。

研究结果发现：他们所结交的新朋友几乎离不开 4 个接近性的特征：一是他们的近邻，二是他们同层的人，三是与他们信箱靠近的人，四是走同一个楼梯的人。

由此可见，住得很近的人容易建立友谊，更容易彼此喜欢和吸引，进而成为朋友。

俗话说："远亲不如近邻"，说的就是这个道理。事实上，不仅空间距离影响着人际关系的亲疏，兴趣、喜好等因素也同样对人际关系有着重要的影响。

心理学家认为：在人际交往过程中，人们往往会因为彼此间存在着共同之处或近似之处，从而感到相互之间更加容易接近。而这种相互接近，通常还会使交往对象之间萌生亲切感，进而促使他们进一步结交为好朋友。交往对象由接近到亲切，再由亲密到结为好友，这就是人们所说的"亲和效应"。心理学家通常用"自己人"来形容这种亲和关系。

身为企业领导者，更需要运用这种亲和效应来拉近与下属之间的心理距离。因为对企业员工来说，一个高高在上的领导是不会得到众人拥戴的，只有那些了解员工，愿意为员工着想，愿意在公司施行人性化管理的领导者才更有团结一切，众志成城的号召力和感召力。

然而在现实生活中，人们的认知过程往往存在一种倾向，即对于与自己在很多方面存在相似的对象会乐于接近，而对于与自己在诸多方面都不相同的对象则不愿意接近，甚至有一种排斥情绪。

[案例] 李女士，一位来自上海的富有的女商人。她有着时髦的衣装，迷人的身材，俊俏的容貌。因为想到一个小城镇发展自己的商业伙伴，她按计划来到了这个有着十足地方特色的小城镇。

虽然她很喜欢这里的山水景色和当地居民的生活习俗，但是让她感到沮丧的是，当地人并不怎么太欢迎她，不怎么愿意和她接触。她百思不得其解，后来一个朋友告诉她，她的衣着谈吐让当地人觉得她是在装腔作势，使人产生一种距离感。于是，李女士开始改变自己的穿着和说话方式，穿着朴素、随意的衣服，与当地人谈论当地的事情，经常参加大家的聚会。慢慢地，她发现大家对自己越来越亲切，没过多久就有几个有头脑的生意人带着诚意加盟了她的公司，并且愿意和她共同拓展本地的商业市场。

这个例子告诉我们，企业带头人要想使自己得到他人的认可，就应该适当地放低自己的姿态，深入到团队成员中去，只有这样你才有机会了解团队的心声，正确认识自己的团队，及时发现管理漏洞，及时采取补救措施。也只有这样的管理方式才能有效拉近与下属之间的距离。

在日常生活中，人们更喜欢把那些与自己志向相投，利益一致，或同属某一团体和组织的人视为"自己人"。在"亲和效应"的影响下，那些所谓的"自己人"之所以会对我们有如此大的吸引力，往往出于以下三种需要。

第一，互助需要。一个人无论在学习、工作和生活中都会经常碰到仅依靠自己的条件而无法去解决的困难，需要别人的帮助，这时候的求助对象往往只能是"自己人"，陌生人基本上是无法指望的。

第二，安全需要。每个人都希望自己生活在安全的环境中，安全是人的最基本需要。出于安全上的考虑，每个人都有与周围人搞好关系的心愿，谁也不愿意四面树敌，因此，大家都愿意彼此之间很友善，除非彼此的利益相冲突。

第三，情感需要。与人交往除了追求互助安全之外，更希望与他人建立感情的联系，这是一种精神上的需要。领导者无论何时都不能忽视情感支持对员工的重要影响。

一位合格的企业领导者要理解员工在交往中的这三种需要，并将这些需要信息作为促发团队凝聚力的黏合剂，很好地应用在每一位团队成员身上，只有这样的领导者才能缔造与员工间的心理联结，为员工树立正能量的榜样，使团队成员对你的为人及你的管理心悦诚服。

第五章

爱心传递，让正能量包围着每一位员工

员工最不能忍受的就是自己的工作得不到领导的认可。在这种情况下，员工很可能会破罐子破摔，他们会想：反正做好做坏一个样，为什么还要那么卖力？还有一些领导，曲解了管理的意义，员工一但出现失误，就追根究底，甚至点名批评，完全不顾及员工的情面。在企业中，严格执行规章制度无可厚非，但身为领导者，就要有能力扶持和陪伴员工与企业一起成长，学会赞美和肯定员工，即使是批评也要适当合理地进行，只有这样才能将自信一点一点地深植于员工心中，让正能量包围每一位员工。

鼓励下属追求自我实现的成就感

优秀领导者一定是位有智慧的人。管理之智集中体现在领导者能适时找到员工的"痛点"，并适时"点击"，激发员工成长，使员工在工作中找到努力的方向，并最终实现自我价值。有关林肯的传奇故事就很有说服力。

林肯少年时和他的兄弟在肯塔基老家的一个农场里犁玉米地，林肯吆马，他兄弟扶犁，而那匹马很懒，慢慢腾腾，走走停停。可是有一段时间马走得飞快。林肯感到很奇怪，到了地头，他发现有一只很大的马蝇叮在马身上，他就把马蝇打落了。他兄弟问林肯说："你为什么要打掉它啊？"林肯答道："因为我不忍心看着这匹马被咬成那样。"他的兄弟听后哈哈大笑，说："哎呀，正是这家伙才使得马跑起来的嘛！"这就是著名的"马蝇效应"。

马蝇效应来源于美国总统林肯的一段有趣的经历。1860 年大选结束后几个星期，有位叫做巴恩的大银行家看见参议员萨蒙·蔡思从林肯的办公室走出来，就对林肯说："你不要将此人选入你的内阁。"林肯问："你为什么这样说？"巴恩回答说："因为他认为他比你伟大得多。""哦，"林肯说，"你还知道有谁认为自己比我要伟大的？""不知道了。"巴恩说，"不过，你为什么这样问？"林肯回答："因为我要把他们全都收入我的内阁。"

事实证明，这位银行家的话是有根据的，蔡思的确是个狂态十足的家伙。不过，蔡思也的确是个大能人，林肯十分器重他，任命他为财政部长。蔡思狂热地追求最高领导权，而且嫉妒心极重。他本想入驻白宫，却被林肯"挤"了，他不得已而求其次；想当国务卿，林肯却任命了西华德；他只好坐第三把交椅，因而怀恨在心，气愤不已。

后来，目睹过蔡思种种行为，并搜集了很多资料的《纽约时报》主编亨利·雷蒙特去采访林肯的时候，特地告诉他蔡思正在狂热地上蹿下跳，谋求总统职位。林肯以他那特有的幽默神情讲了上面这个有趣的故事。然后，意味深长地说："如果现在有一只叫'总统欲'的马蝇正叮着蔡思先生，那么只要它能使蔡思不停地跑，我就不想去打落它。"

在林肯看来，人的欲望正是激励人们努力工作的重要动力，对于这一点，领导者不应该去制止，如果能够合理地加以利用，可以促使下属干出非凡的业绩。

麦克利兰说，一个组织拥有这样的人越多，组织的发展就越快，获利就越多，成果就越大。因此，组织应该通过教育、培训和奖励等方式，培养和造就较多具有高成就需要的人。

那么，团队领导者在平时工作中除了要找准员工的"痛点"，激发员工自我实现之外，是否还有其他的方法运用成就激励理论，增进成就对员工的激励作用呢？对此，麦克利兰提出了以下四种方案。

一是提供成功者的楷模，对于公司取得优异成绩的员工，要好好地进行宣传，通过树立标杆的方式来激起员工的竞争意识，以及对成功的渴求。

二是肯定员工的成就，促使他们多出成果，培养他们的成就意识，有成就感的人常常有高度的事业心，而有高度事业心的人常常乐于肩负重担。

三是不要限制员工们的创新，要激发员工的创新意识，以创新精神来鼓舞员工的成就感。关于员工的创新，本书在后面会集中一章来为大家阐释。

四是要为员工进行阶段性的成就反馈。根据员工所做的工作任务，对其进行阶段性的点评、肯定和鼓励。此外，对于高成就需要者，当他们在团队中的工作成绩显著时，应给予较为合理的薪酬奖励，以此来提高他们的工作积极性。

对团队成员的鼓励也是一种爱的能量，领导者对团队成员的鞭策作用集中体现在这里。只有一个善激励懂激励的领导者才能最大限度地激发员工斗志，同时也能将整个企业满满的正能量调动起来。

要像朋友一样对待员工

看到这个题目，你一定会心生疑问，我们在上一章里强调要让领导者与员工保持一定距离，在这里又倡导领导者要像朋友一样对待员工，两种态度是不是前后有矛盾呢？事实上，这里说的像朋友一样对待员工，旨在说明领导者要发自内心地尊重和关心员工。

下面我们来看"秦穆公失马"的故事。

《史记·秦本纪》记载：秦穆公丢失了一匹良马，生活在歧山下的300多个乡人捉到了这匹马，并把马宰杀吃掉了。官吏得知后，抓住这些吃马的人，准备严惩。秦穆公却说："君子不因为牲畜而伤害人。我听说吃良马肉不喝酒会伤人身体。"于是穆公赐好酒给他们喝，并且赦免了这些人。

后来，秦国与晋国之间发生战争，秦穆公亲自督战，不料被晋军团团围住，穆公受了伤，生命面临危险。危急之时，歧山脚下那偷吃良马肉的300多个乡人飞驰冲向晋军，"皆推锋争死，以报食马赦免之德"。不但使秦穆公脱离险境，还活捉了晋君。

这个故事道出了"蓝斯登法则"的本质含义。如果将蓝斯登法则应用到企业管理中，它的普遍含义是如果你真诚关心和爱护员工，那么员工就会勤奋地工作；如果你给予员工一瓶水，员工会以勤勉工作来回报你一桶水。

对于企业领导者来说，要能够站在员工的立场去考虑问题，给予他们应有的尊重和关怀，当遇到员工的利益和尊严受损时，要坚定地站在员工这一边。

连续20年保持赢利的美国西南航空公司，就是通过处处为员工提供支持的管理方式，保持了员工对公司的高度认同和工作热情。

美国西南航空公司要求管理层要经常走近员工，参与到他们的工作中去，倾听他们的心声。与其他服务性公司不同的是，西南航空公司并不认为顾客永远是对的。公司总裁赫伯·克勒赫说："实际上，顾客也并不总是对的，他们也经常犯错。我们经常遇到毒瘾者、醉汉或可耻的家伙。这时我们不说顾客永远是对的。我们会说：你永远也不要再乘坐西南航空公司的航班了，因为你竟然那样无礼对待我们的员工。"正是这种宁愿"得罪"无理的顾客也要保护自己员工的做法，使得西南航空公司的每一位员工都得到了很好的关爱和尊重。员工们则以十倍的热情和服务来回报顾客。赫伯·克勒赫说："也许有其他公司与我们公司的成本相同，也许有其他公司的服务质量与我们公司相同，但有一件事它们是不可能与我们公司一样的，至少不会很容易，那就是我们的员工对待顾客的精神状态和态度。"这正是西南航空公司长期盈利的秘诀所在。

在长期的管理实践中，领导者传递对员工的尊重和关爱，不光是通过维护员工在工作中合法权益这一途径。有的领导者还通过走进员工之中，通过与员工以"朋友"的方式相处来拆除上下级之间因权力而构建的心灵壁垒，使员工因此受到尊重和鼓舞，从而迸发出极大的工作热情。

美国 H. J. 亨氏公司就是这种管理方式的一个最好的注解。

[案例]　亨氏公司是美国一家拥有国际影响力的超级食品公司，其工厂遍及世界各地，年销售额在 60 亿美元以上。它的创办者就是"酱菜大王"亨利·海因茨。

亨氏公司之所以能够取得这样的成功，与亨利注重在公司内营造融洽、愉快的工作氛围有密切关系。当时，管理学泰斗泰勒的"流水线"管理方法盛极一时。在这一管理方法中，员工被当作劳动的机器，他们就像今天的机器人一样站在流水线旁不断重复着一套简单的动作，这种工作方式极其单调，简直让人难以忍受。在这种管理方法中，资本家、领导者与员工的关系是森严的，毫无情感可言。在资本家眼里，工人只是一个劳动工具。

然而，亨利不这样认为。在他看来，流水线作业虽能促进员工努力工作，但是快乐的工作环境对员工工作的促进更大，更能激发员工的潜能。于是，他从自己做起，率先在公司内部打破了领导者与员工的森严关系：他经常到员工中间去，与他们聊天，了解他们对工作的想法，了解他们的生活困难，并不时地鼓励他们。亨利每到一处，那里就会谈笑风生，其乐融融。他虽然身材矮小，但员工们都很喜欢他，工作起来也特别卖力。

有一次，他外出去旅行，打算游玩很长一段时间，然而他几天后却回来了，这让员工们很奇怪，以为他出了什么事情。于是有位员工就走上前去追问原因。亨利竟回答说："你们不在，我感觉没什么乐趣！"说完，他安排几名员工在工厂中央摆放了一个大玻璃箱——在这只玻璃箱里，养着一只巨大的短吻鳄！

亨利面带微笑地说："怎么样，伙计们，这家伙看起来很好玩吧？"在当时，如此巨大的短吻鳄很难见到。围拢过来的员工们在惊愕之余，都高叫着好玩。亨利接着说道："我的旅行虽然短暂，但这是我最难忘的记忆！我把它买回来，是希望能与你们共享快乐！"

无论是亨利还是亨利的继任者，都非常注重关怀员工，给予员工极大的理解，正是这一点，成就了亨利公司后来的辉煌。领导者们正是通过这样的方式，向整个团队传递着源源不断的正能量，使每一位团队成员都能发挥自己的潜能，将信心深深地扎根于公司的土壤中，这样的公司必将无往而不胜。

参与度越高员工对企业越有信心

对企业来说，员工的主人翁精神体现在他们对企业的经营管理方面具有参与的权力，能够影响和支配企业的各种活动。当员工的主人翁地位在企业中得到切实的保障，并且他们的劳动又与自身的经济收益紧密相关的时候，他们的积极性、创造性和聪明才智就能充分发挥出来，精神面貌也会焕然一新，由此企业也就充满了勃勃生机。

美国著名社会心理学家、哈佛大学教授戴维·麦克莱兰经过大量深入的研究发现，从根本上影响个人绩效的，并非人们通常所认为的智商、技能或经验，而是诸如"成就动机"、"人际理解"、"团队影响力"等一些可被称为资质的东西。对此，1973 年麦克莱兰教授发表了题为《测量资质而非智力》的文章。

麦克莱兰定理告诉人们：必要的时候，为自己的员工贴上一个权力的标签，可以极大地激发他们的工作热情与主人翁意识，而且它所产生的效果很多时候是其他激励方式所不及的。1989 年 11 月，拉塞尔·梅尔带领 5000 名员工，以 2.8 亿美元的价格买下了 LTV 钢材公司的条钢部，在这 2.8 亿美元中，有 2000 万美元是工人们每人集资 4000 美元凑起来的。他们把这个部门命名为联合经营钢材公司。

在联合经营钢材公司，梅尔一改往日的工作方法，他总是讲实话，管理制度力求透明，与员工同甘共苦，并且总是让员工看到希望。也就是说，梅尔把员工看作是公司的主人，让他们全面参与企业的各项事务。他深信，这是激励员工、充分调动员工积极性的最佳方法。

梅尔认为，为使员工充分施展才能，必须让他们懂得怎样以雇员又是主人的姿态自主地、认真负责地做好工作。对此，他把所有的信息和权力等都交到那些与实际工作直接接触的员工手中。他深信，如果他能够使所有员工都感觉到他们对公司的经营情况担负着责任，那么，公司的一切，无论是员工的信心还是产品的质量，都会得到提高。他说："如果钢材是由公司的主人生产的，其质量一定会更好，这是毫无疑问的。我们的目标是创建一个能够充分满足客户要求、为客户提供具有世界一流质量的产品和服务的公司。只有实现了这些目标，我们这些既是公司的员工又是公司的主人的人才能拥有稳定的工作，才能使我们公司的地位得到提高。"

要实现这一目标，梅尔开创了一个员工充分参与管理的新时期。在联合钢材公司理事会成员中，其中有 4 位理事是由工会指派的，3 位来自管理部门。也就是说，梅尔把公司很多的管理权和决策权都基本上交给了员工，让他们成为公司的主人。

这一管理观念的开创和实施，对联合经营钢材公司后来的发展产生了巨大的影响。当时，美国钢铁市场比较低迷，但是联合钢材公司却取得了很好的业绩，逐步发展成为一家大型企业。

树立员工的主人翁意识，必须在精神上和经济上同时下工夫。员工精神上的归属意识产生于公司对他们的尊重和重视。当员工感受到自己被尊重，并且认识到自己的努力很重要，是全局工作中必不可少的环节时，他们就会更加投入，会全身心地参与其中。

此外，员工的归属感还来自于待遇，具体体现在工资、奖金和福利上。衣食住行是人生存最基本的需求，俗话说，开门七件事，柴米油盐酱醋茶。这都依靠工资、奖金和福利来实现。在收入上让每位员工都满意是一项比较艰难的事情，但是尽量让员工过上舒适一些的生活，这样才能留住人才，才能让员工把企业当作温馨的家。

增强员工的归属感还需要特别注重每位员工的兴趣。兴趣是最好的老师，有兴趣才能自觉自愿地去学习，才能做好自己想做的事情。所以，作为领导者，应该尽可能去发掘员工的兴趣和特长所在。当员工做着自己喜欢做的事，他的潜能就会被最大程度地激发出来。

总之，就树立员工的主人翁意识而言，要赋予他们参与经营管理的权力，要给予他们应有的尊重和理解。也就是说，一切从人性的角度出发，让员工从这样的过程中，感受到参与者的自我价值感，企业也在无形中形成了强大的凝聚力，员工的正能量自然会得到提高。

有效监督对员工有激励作用

梁冬与吴伯凡在新时代文集《无畏》中提到很多企业存在着员工出工不出力，围绕领导进行"忠诚"比赛等企业常见现象。甚至假如你仔细观察那些"忙忙碌碌兢兢业业"的员工们，有的在 QQ 聊天，有的在网络上闲逛，即使不闲逛的时候也未必是在全力以赴地工作。类似这种忙忙碌碌兢兢业业的无聊变成了人们工作中的主流事件。

书中还指出，"这些员工一个月发一万块钱的工资也就干了三千块钱的活儿，这是一个看不见的惊人的浪费。而且人越多，用于沟通、吵架、协调的这些非生产性时间和投入的精力越惊人……总而言之，是用一半的时间证明所有的成绩都是自己的，再用一半的时间来证明所有的责任都是别人的……管理本身就是对人性的不信任，是对人性弱点的限制和引导。"英国管理学家 H. 赫勒也指出：当人们知道自己的工作成绩有人检查的时候，会努力地去完成。可见，有效的监督，对员工来说是十分必要的。

从人性的角度来说，每个人都有与生俱来的惰性，甚至有些人好逸恶劳，这是由于人们普遍缺少自律的后果。管理之所以必要，一部分原因也就在于此。要去除员工的这种惰性，激发员工的工作热情，提高员工的工作主动性，就要有良好的监督和激励机制。

海尔集团的成功，与其严格、高效的监督管理机制密切相关。海尔集团建立了十分严格的监督机制，任何在职人员都要接受三种监督，即自检（自我约束和监督）、互检（团队成员之间互相约束和监督）、专检（业绩考核部门的监督）。其中对于管理者的考核每月都进行，不但工作有失误的要被批评，工作没有失误但也没有起色的管理者也要被批评，这使得在职的管理者们随时都有压力。对于员工的监督也很严格，海尔生产车间里通常有一个 S 形的大脚印，每天下班前，班组长工作总结时，当天表现不好的职工都要当着大家的面站在 S 形的大脚印上，直到下班。

在这种严格的监督机制之下，海尔员工的工作积极性和主动性得到了最好的激发，人人争当最好——因为这是有奖励的。在建立一套严格有力的监督机制的同时，海尔也建立了一套较为完善的激励机制，包括责任激励、目标激励、荣誉激励、物质激励等，这对于处处感到压力的海尔员工来说，无疑是一个心理调节器，会让他们觉得公平。这种监督和激励有效结合的机制，使海尔不断实现业绩的突破，从成功走向更大的成功，最终成为了世界知名品牌。

肯德基的成功，同样得力于监督机制的完善。如今，快餐巨头肯德基公司的连锁店遍布全球 60 多个国家和地区，总数多达 9900 多个。然而，肯德基总部却在万里之遥，又怎么能保证它的下属努力工作呢？

有一次，上海肯德基分公司收到总公司寄来的三份服务鉴定书，对他们外滩快餐厅的服务质量分三次进行了鉴定评分——分别为 83 分、85 分、88 分。公司经理都为之瞠目结舌，这三个分数是怎么评定的呢？原来，肯德基总公司雇佣、培训了一批人，让他们佯装顾客来消费，在吃喝的同时，悄悄地进行检查评分。这些"神秘顾客"来无影、去无踪，而且没有时间规律，可能半夜三更也来，这就使得快餐厅的经理、雇员时时感受到一种压力，丝毫不敢懈息。正是通过这种方式，肯德基在最广泛了解到基层实际情况的同时，有效地实行了对员工的工作监督，从而大大提高了他们的工作效率和服务质量。

有效的监督能从积极的方面促进员工更加努力的工作，这在全美第一大DIY店HomeDepot的管理中表现得尤为明显。HomeDepot公司实行的是走动式管理，领导层要经常到各店去巡查，并适时地对各店进行机会教育，以提高各店的管理能力。

有一次，身为公司创办人之一的肯·蓝高到一家分店巡店时，召集了10多位卖场员工到休息室闲聊，其中有一位员工提到最近的绩效考评的结果，感到很不满意。

蓝高对他说："我不了解具体情况，所以我没有资格与你谈论这个问题，但在做完上司交办的事情时，你们一定要问：'我已经按你交代的做了，现在请告诉我，此举如何能够帮助我为顾客提供最佳服务？'如此，才能让上司将工作的重心放在你们的真正使命上。不要忘了，你们真正的使命就是：把店里的商品卖给进门的顾客，为顾客提供满意的服务。"

蓝高不但主张对员工的工作进行监督，同时也鼓励他们向上管理——即变领导监督主管为员工向上监督主管。这样，公司的管理收到了一种积极的效果，形成了员工、主管、领导三方的良性互动和制衡，从而提高了整个团队的工作效率和业绩。

从以上这些例子我们可以看出，要想真正调动起员工的工作热情，提高他们的工作干劲，在团队中传递正能量，领导者一定要善于运用监督的手段，以监督来敦促员工把本职工作做好，以监督来警醒员工的责任意识，调动起公司中各部门和各员工的工作活力。

员工内心深处渴望获得工作肯定

任何努力工作着的员工，都潜在地希望自己的工作能够获得上级的认可，如果企业领导者抓住了这一点，是能使员工安心、上进的最好办法。因为被认可和被关注是一名合格的领导者和员工之间因工作而缔结的一个最基本的纽带，有了这条纽带，领导者才能把正能量源源不断地传递给团队的每一位成员。

美国丹纳公司曾提出了一个著名的绩效考核原则：承认员工的劳动和贡献，他们则会更积极、更努力地作出应有的回报。很多时候，上司一个不露痕迹的微笑和点头，就能让下属十分欣慰；反之，如果上司对下属不闻不问，即便是在下属作出了成绩的时候也装作视而不见，那么将会严重地打击下属的积极性，甚至有的下属会因此而撂挑子走人。

[案例] 张超大学毕业后被一家中日合资企业聘为销售员。工作的头两年，他的销售业绩确实不敢恭维。但是，随着对业务的逐渐熟练，以及与零售客户越来越熟络，他的销售额就开始逐渐上升。到第三年年底，他根据与同事们的比较，估计自己当属全公司的销售冠军。不过，公司的政策是不公布每个人的销售额，也不鼓励相互比较，所以张超总得不到公开的肯定。

去年，张超干得特别出色，到9月底就完成了全年的销售额，但是经理对此却没有任何反应。尽管工作上非常顺心，但是张超总是觉得心情不舒畅。最令他烦恼的是，公司从来不告诉大家谁干得好，也从来没有人关注销售员的销售额。他听说本市另外两家中美合资的保健品企业都在搞销售竞赛，对业绩突出者给予优厚的奖励。那些公司的内部还有通讯类的小报，对销售员的业绩作出评价，让人人都知道每位销售员的销售情况，并且公开表扬每季和每年的最佳销售员。想到自己所在公司的做法，张超就十分恼火。

不久，张超主动找到日方经理，谈了他的想法。不料，日方经理说这是既定政策，而且也正是本公司的文化特色，从而拒绝了他的建议。

几天后，张超向公司递交了辞职报告。而张超辞职的原因也很简单：自己的贡献没有受到充分的重视，没有得到相应的回报，甚至连一句肯定的话都没有。

所以，及时对下属的工作进行评价，是一件很重要的事情，当他们工作成就很优秀，要毫无吝啬地予以嘉奖。否则的话，他们在以后的工作中就会因为缺少工作激情而萎靡不振，甚至可能会辞职走人。

其实，能否获得肯定，以及获得何种程度的肯定，是衡量一名员工工作价值的标尺，这也是满足员工自我实现的需要。

可以说，优秀的企业领导者是不会随意斥责和批评下属的，不会轻易对下属说"你不行"，即便是下属将事情做得很不理想，他们也不会直接进行指责，不会否定下属。因为，那样会打击下属的积极性。

日本松下电器总裁松下幸之助的管理风格素以"严厉"著称，但他在培养人这个问题上却表现得十分宽容，很少批评下属，而通常是对下属的工作给予肯定。有一次，松下幸之助对公司的一位部门经理说："我每天要做很多决定，并要批准他人的很多决定。而实际上只有40%的决策是我真正认同的，余下的60%是我有所保留的，或者是我认为还算过得去的。"

这位部门经理很惊讶地问："如果您不认可的话，大可一口否决了就行啊。"

松下幸之助说："你不可以对任何人都说'不行'，对于那些你认为还算过得去的计划，你完全可以在实行过程中给予他们指导，让他们达到你所预期的高度，因为任何人都不喜欢被否定。"

所以，作为一名领导者，必须懂得增强下属的自信，最好不要对你的下属说或者少说"你不行"、"你不会"、"你不懂"、"你真笨"之类的话，因为这些话会严重挫伤一个人的积极性。而是要经常对你的下属说"你能行"、"你很棒"、"你很优秀"这些可以增强人的信心的话。

通用电气前总裁杰克·韦尔奇就是这样做的，他总是鼓励下属和员工说："如果你想，你就可以。"此外，韦尔奇还经常写便条对下属和员工的工作表示认可和感谢，这虽然花不了多少时间，却几乎总是能立竿见影。因此，韦尔奇说："给人以自信是到目前为止我所能做的最重要的事情。"

事实表明：对一个人传递积极的正能量，就会使他进步得更快，发展得更好。反之，向一个人传递消极的负能量，则会使人自暴自弃，放弃努力。因为人的自信是在不断被肯定的过程中培养起来的，而不是通过被否定来造就的。

引入竞争，激发员工的斗志

走进一家企业，如果你发现团队成员都在面无表情地工作，那么可以断定这家企业肯定是缺少活力的，它的内在制度存在着某种程度的刻板或教条。员工的工作状态和精神面貌就是企业的一张脸，那么怎么样激活这些面孔，将生机与活力注入到团队中来呢？这里有一个著名的"鲶鱼效应"，值得领导者借鉴和学习。

挪威人喜欢吃沙丁鱼，尤其是活鱼。由此市场上活鱼的价格要比死鱼高得多。所以，渔民在海上捕获沙丁鱼后，总是千方百计地想办法让沙丁鱼活着回到渔港。可是经过了种种努力后，绝大部分沙丁鱼还是在中途因窒息而死亡。唯独有一条渔船总能让大部分沙丁鱼活着回到渔港。为了总能卖到高价钱，船长严格保守着秘密。直到船长去世，谜底才揭开。原来这名船长在装满沙丁鱼的鱼槽里放进了一条以鱼为主要食物的鲶鱼。鲶鱼进入鱼槽后，由于环境陌生，并且生性好动，便四处游动。沙丁鱼见了鲶鱼十分紧张，左冲右突，四处躲避，加速游动。这样沙丁鱼缺氧的问题就迎刃而解了，沙丁鱼也就不会死了。如此一来，一条条沙丁鱼欢蹦乱跳地回到了渔港。这就是著名的"鲶鱼效应"。

在管理学中，"鲶鱼效应"是指通过招聘外来人才，将竞争机制引入企业，增强企业的活力，进而提升员工的工作效率。在带领团队的过程中，领导者面临的最大难题，就是那些缺乏干劲的下属，虽然他们每天都按时上班、下班，但却毫无激情可言，就像霜打的茄子一样。此时，领导者不妨引入鲶鱼型人才，以此来改变企业相对一潭死水的状况，激活整个企业的战斗力。

通常，很多企业都存在小富即安的问题。当企业达到较稳定的状态时，管理人员的拼搏精神就会逐渐降低，拿一份稳定、较高的工资，就感到心满意足了。这时候是最危险的，因为在市场竞争中，不进则退，安于现状的企业，最终都会被市场淘汰。所以，时常引入"鲶鱼"，这对于企业的发展来说，是至关重要的。对此，本田公司给我们提供了一个非常好的案例。

[案例] 本田汽车公司总裁本田宗一郎是一位喜欢"下基层"考察的领导。他经过几天的考察后发现：公司有着这样一些人，他们懒散懈怠，对待工作缺少了当初的积极与热情，整日在公司里东游西荡，对于工作简直是敷衍了事。他们的存在，不但是白拿工资，还影响了周围员工的工作情绪，严重拖了企业发展的后腿。

本田很明白，唯有及时将这些人肃清，才能刹住这股敷衍了事的工作作风，使企业长久地、更好地发展下去。然而，将他们全部开除显然不妥当，这不仅会使公司董事会受到来自工会的压力，而且，开除员工的行为本身也会使企业蒙受损失，因为他们并非不能完成工作，只是他们不愿意干工作。一时间，如何处理这些员工，让本田进退维谷，大伤脑筋。

无奈之下，本田找来了副总裁宫泽商量对策。宫泽听完本田的诉说，便给他讲了沙丁鱼的故事，宫泽说："其实人也一样。一家公司如果人员长期固定不变，大家就会缺乏新鲜感与活力，容易养成惰性，变成一台机器，这时候，必须制造一些压力，使公司内部产生竞争气氛，员工才会有紧迫感，才能激发出进取心，企业才能恢复活力。"

本田听后豁然开朗，决定马上着手进行人事方面的改革。他决定先从销售部着手，因为销售部经理的观念离公司的精神相距太远，而且他的守旧思想已经严重影响到了自己的下属。必须找一条"鲶鱼"来，打破销售部维持现状的沉闷气氛，否则公司的发展将会受到严重影响。经过一番周密的运作，本田终于将另一家公司的销售部副经理、年仅35岁的武太郎挖了过来。

武太郎接任本田公司销售部经理后不久，就制定了开拓新市场的详细计划与明确的奖惩办法，并对销售部的人员结构进行了调整。武太郎上任后这"三把火"，不仅烧得基层员工胆战心惊，害怕自己会被炒了鱿鱼，同时也令其他部门的领导层忧心忡忡，害怕自己的职位不保。

不久后，本田公司的销售就出现了转机，月销售额直线上升，公司在欧美市场的知名度也不断得到提高。本田先生对武太郎上任以来的工作很满意，这不仅在于他的工作表现，而且销售部作为企业的龙头部门带动了其他部门经理人员的工作热情和活力。

从此，本田公司每年重点从外部"中途聘用"一些精明干练、思维敏捷、30岁左右的生力军，有时甚至聘请常务董事一级的"大鲶鱼"。这样一来，公司上下的"沙丁鱼"都有了触电式的感觉，业绩也蒸蒸日上了。

作为企业的领导者，运用"鲶鱼效应"为企业注入正能量，一般都会采用本田公司的做法：即不断从外部引进人才，在企业内部营造一种比较激烈的竞争环境，使企业保持恒久的活力，实现"引进一个，带动一片"的人才效益。

但这样做也有一些弊端，如果长期从外部引进高职位的人才，会使内部员工失去晋升的机会，一些真正有能力和潜力的员工则得不到充分发挥才能的机会，成了竞争对手的人才。或者被磨掉锐气，消极怠工。

所以，发挥"鲶鱼效应"的关键点是要准确地判断员工的工作状态。如果你的公司有一个或几个喜欢拼搏、锐意进取的员工，本身就有一个良好的竞争环境，而这时你仍然固执己见地坚持引进"鲶鱼"，就可能会发生"能人扎堆"的现象，内部起讧，最终得不偿失。

因此"鲶鱼效应"能否发挥其真正的效用，至关重要的一点是科学地评价"鲶鱼"与"沙丁鱼"。如果眼光"见外不见内"，将本企业的"鲶鱼"错划成"沙丁鱼"，就可能导致优秀员工的流失。如果本公司的"鲶鱼"流失到竞争对手那里，根据"知己知彼，百战不殆"的竞争哲学，这会给企业带来极大的威胁，从而造成企业在激烈市场竞争中的被动局面。

"鲶鱼效应"之所以能够发挥它的积极作用，主要在于它能够激起人内心深处的竞争意识，环境变了，人的内心自然也会随之改变，"鲶鱼"所带给人的刺激、搅扰、焦虑在适度的情况下会在员工内心深处发生化学反应，激发员工内心深处积极能量的发挥，对员工的工作所能带来的促动作用也是很大。竞争意识或危机意识增强了，员工的自信以及整个企业的活力也就都有了。

让员工在目标感的促动下前进

法国文豪巴尔扎克曾说："没有伟大的理想，就没有伟大的天才。"对于企业来说也是如此，没有较高的目标，就不会有辉煌的明天。如果一个团队的领导者只顾眼前，面对企业间的竞争，只是被动的抵御，兵来将挡，水来土掩，这样的团队必定会迟滞不前。

领导者作为企业的带头人，首先应该是一位理想主义者。何谓理想主义者呢？就是既能给员工画"太阳"，也能为员工画"饼"的灵魂式人物。简单说就是一个企业成长壮大的唯一动力来自于这个企业对自身的定位。这个企业的长远目标是否符合当前企业的实际，而这个长远目标能否分化为一个个可以实现的小目标，并能够落实到每一个团队成员每一天的工作实践之中去。

当然，企业领导者不能随便设立一个无法实现的高目标，这样做不但收不到任何效果，反而会适得其反。目标的"高"要有度，领导者在设定时，要结合企业的自身实力及人才、资产水平，制定出既具有挑战性但又有可行性的高目标，这样才能对团队产生很好的激励作用。如果高目标定位错误，可能会导致员工的工作积极性受损，进而影响到企业的发展。所以，企业领导者在制定高目标时，有时需要征求广大员工的意见。唯有如此，才可以使员工在企业的高目标中明确自己的定位，避免员工产生高目标只是领导者的口号而与自身无关的想法。

在摩托罗拉（中国）公司，公司的高层管理人员每年开始都要给一般的中层管理人员定目标。高层管理人员根据公司发展的总体需要以及该部门的情况，给管理人员确定本年度需要达到的工作指标。由于目标的实现有一定难度，因此，高层领导者会与本部门主管共同商量更具体的指标，找出达到目标的具体困难，提出一套克服困难的办法。直到中层管理人员对年终目标真正认同。然后，中层管理人员再以同样的方式与其下属确定工作目标，直到每一个员工认同自己的目标，并作出承诺。整个过程是双向和交互式进行的。在摩托罗拉（中国）公司，这一活动被称为"个人承诺"活动。

吉格勒定理是由美国行为学家 J. 吉格勒提出的一个管理学原理，该原理可以用一句话来概括："设定高目标就等于达到了目标的一部分。"

在现实生活中我们会发现一种现象：文凭多、学历高的人常常是打工仔，而学历不高，甚至只有小学文化的人却坐在了老板的位置上。这是什么原因呢？答案是：成功往往不取决于高学历，而取决于我们是否敢为自己设定一个高目标。

在全球著名总裁杰克·韦尔奇的语录总结中有这样一段话："我们发现，只要我们敢于相信自己，敢于朝着那些看似不可能实现的目标不懈努力，最终往往会如愿以偿。哪怕最后没有实现这一目标，我们也会发现，最终结果肯定远远要比我们预想的好得多。"也就是说：制定一个高目标是成功的起点。

曾有一个英国摄影团队去非洲拍外景，在拍完了快要坐直升机回去的时候，突然一只豹子出现了，当时其他人都已经上飞机了，但还有一位摄影师还在补拍一张外景，这是豹子从远处狂奔而来，机上的人员赶紧叫这位射影师跑上飞机，并且开始起飞，但是豹子的奔跑速度实在是太快了，眼看就要扑上这位摄影师时，大家心想他肯定没命了，都吓得蒙住了眼睛。然而奇迹出现了，这位摄影师竟然纵身一跃，抓到了直升机的底杆，令人吃惊地逃过了一劫。据飞行员测算，这位摄影师当时这一跳，高度竟然有 2.1 米。

可见，人的潜能远远超出了人们的预想。所以，在工作中，企业给团队设定的目标要尽量高一些，只有这样，才能最大限度地激发出员工的潜能，进而创造出辉煌的业绩。

[案例] 福特汽车公司创始人亨利·福特为提高汽车的性能，从而在技术上领先对手，提出要生产一种将 8 只汽缸全放在一起的大引擎汽车。这个指示一传达下去后，就遭到了他手下包括最优秀技术人员在内的全体工程师们的一致反对，工程师们几乎是异口同声地表示，生产这种 8 只汽缸放在一起的引擎，在当时的技术水平下，是根本不可能实现的。福特却决心完成这个几乎不可能完成的高目标，认为这不是不可能完成的任务，于是要求工程师们："无论如何也要设计出这种引擎，不管需要多长的时间，一直要努力到你们成功为

止。"

总裁的决心这么大，工程师们只好着手去做，半年过去了，没有一点成绩，又过去了半年，还是没有一点进展，工程师们这时已经试过了几乎所有想得出来的方法。他们只好无奈地告诉福特，很多关键的问题根本没办法解决，他们实在无法完成福特的目标。福特没有妥协，仍然坚持要求："继续去做，生产出8只汽缸的引擎，是我们必须要完成的目标。"福特这种不可动摇的决心，对工程师们产生了极大的激励，他们将全部精力都投入到实现这一高目标的努力中，经过不断的研发，工程师们终于取得了技术突破，成功研制出8只汽缸放在一起的引擎。这一技术突破，使福特汽车公司一跃成为美国汽车业的巨头。

管理大师汤姆·彼得斯曾说："富有挑战性的目标可以使企业挖掘出员工的潜力，但是经理人必须传达给员工们目标必须实现的信心和决心。"在这一点上，亨利·福特做得非常好。

我们都听过这样一句广告词："思想有多远，我们就能走多远。"也就是说，只要敢于去梦想和追求，我们就能实现目标。一个公司或企业，只要领导者拥有这种"敢做梦"的精神，并且将这种梦想带着希望很好地植入到每位员工的心里，才能引领企业大踏步前进。

也许你从来没有听说过 Oracle 公司（甲骨文公司），但当你在航空公司预订机票、使用自动提款机取钱、将电视连上 Internet 时，你其实都在与甲骨文公司打交道。

1977 年，32 岁的艾立森和两个朋友在硅谷共同创建了一家名为 Software Development Laboratories（软件开发实验室）的计算机公司，这就是甲骨文公司的前身。那个时候，艾立森只是一个读了三所大学都没拿到一个学位、换了十多家公司但还是一无所成的软件工程师。但艾立森对自己充满信心，从创业开始，他就把微软视为自己的强大对手，要把甲骨文公司做成世界著名企业，以艾立森当时的实力来讲，这样的野心几乎是一个遥不可及的梦想。

1986 年，微软公开上市，比尔·盖茨手中掌握的股票价值超过 3 亿美元，微软取得了让全世界震惊的成绩。然而艾立森并没有因为对手的强大而放弃自己的目标，他以一心要赢的信心致力于目标的达成。他不断地鼓励自己的团队：伙计们，微软能做到的，我们也能做到。在此后近 15 年的时间里，甲骨文公司和微软公司在计算机领域展开了激烈的争夺，经过不断的努力，终于打破了微软几乎垄断市场的局面。

如今，甲骨文公司在全球的员工已经超过了 4 万名，与之开展业务的国家超过 140 个，是《财富全球 500 强》企业及全球最大的数据库软件公司，艾立森也从一个创业资金只有 1200 美元的软件工程师成为了一个财富在全球屈指可数的亿万富豪。

此外，领导者要避免虎头蛇尾的做法。制定高目标很容易，但实施起来却会遇到很多意想不到的困难。对此，在制定了一个高目标后，还要制定出与高目标配套实施的具体法则。比如，如何将高目标分解为一个个可以实现的小目标；如何制定完成高目标的具体时间和相应的奖励机制，以促进员工为实现目标而提高工作效率。

总之，领导者需要给员工一个目标，驱走员工内心的惰性，给员工一个目标也是为员工注入一份信任和勇气，无形中启动了员工积极的心理机制，它所能带给员工内在的力量和能量是无穷的。

宽容下属的失误， 他们会表现得更好

明朝著作《菜根谭》里有句话说"人虽至愚，责人则明；虽有聪明，恕己则昏。"世界上只有 10% 的人是优秀的，结果呢，90% 的人都认为自己属于那 10% 。所以人经常会高估自己、低估别人，或者说自己看自己的时候总是越看越好。每个人都有失误的时候，即使是领导者也不例外。身为团队领导者，在面对下属失误时，会采取什么样的处理方式和态度在某种程度上决定着企业文化是否具有包容性，进而决定着这个企业是否能走得更远。

英国著名行为学家莱曼·波特曾指出：总盯着下属的失误，是一个领导者的最大失误。在很多时候，当下属犯了错误时，领导者都会严辞批评一顿，有时甚至会将下属骂得无地自容。在他们看来，只有这样才能起到杀一做百的作用，才能体现规章制度的严肃性，才能显示出领导者的威严。其实，有时候过于严厉批评下属的错误，尤其是一些非根本性的错误，这会大大挫伤下属的工作积极性，甚至会引起员工的对抗情绪，导致他们无心工作。所以，在管理事务中，领导者要学会宽容下属的错误。

通用电气前总裁杰克·韦尔奇说：领导者过于关注员工的错误，就不会有人勇于尝试。而没有人勇于尝试比犯错误还可怕，这会使得员工因畏首畏尾而故步自封，拘泥于现有的一切，不敢有丝毫的突破和创新。所以评价员工优秀与否的重点不在于其职业生涯中是否具有保持不犯错误的完美纪录，而在于其是否敢于承担风险，并善于从错误中总结经验，获得教益。通用公司能表现出很强的企业活力，与韦尔奇这种包容员工的错误的领导方式有莫大的关系。

同样，西门子公司对员工的错误也很宽容。西门子人力资源总监说："我们允许下属犯错误，如果哪个人在几次犯错误之后变得'茁壮'了，那对公司来说是一件好事，犯了错误就能在个人发展的道路上不再犯相同的错误。"在西门子有这样一句口号：员工是自己的企业家。这种宽容的企业文化使西门子的员工有充分施展才华的机会，凡是需要有创造性的工作，即便犯错了，公司也不会随意怪罪。

一项关于企业的调查中，有一项为"当你的下属犯了错，你认为最有效的处理方式是什么？"在参加此项调查的 200 名中层管理者当中，有 120 名管理者选择了严厉的批评，以示警告。

另一项针对员工的此项目调查当中，当员工被问及"当你犯了错误，你认为部门负责人什么样的态度你更容易接受、更有利于你工作的改进"的时候，70% 的员工选择的是单独的批评、善意的指导。

从上面的两项调查问卷中，我们可以看出，在对待批评这个问题上，领导者喜欢采用批评的方式，而员工却讨厌这种方式，这正是为什么批评总达不到目的的主要原因之一。

所以，优秀的领导者对于员工犯错是不会一味地责怪的，而会选择宽容，会变责怪为宽慰，变惩罚为鼓舞，让员工在承认错误时怀着感激之情，进而达到激励的目的。

美国"石油大王"洛克菲勒就是一位英明的领导者。他在下属犯了错误的时候，也会对他们进行鼓励。有一次，他的助手贝特福特因经营失误，使公司在南美的投资损失了40%。贝特福特正准备挨骂，洛克菲勒却拍着他的肩说：全靠你处置有方，替我们保全了这么多的投资，能干得这么出色，已出乎我们意料了。这位因失败而受到赞扬的助手后来为公司屡创佳绩，成为了公司的中坚人物。

[案例] 玫琳凯·艾施也是这样一位懂得宽容的卓越的企业领导者。1963年，她在美国德克萨斯州创办了玫琳凯化妆品公司，现已发展为业务遍布五大洲30多个国家和地区、在全球拥有180多万名美容顾问和员工的大型化妆品跨国企业集团。她本人也因为出色的领导能力成为哈莱蒂奥·奥夏评奖委员会董事会成员，获得过"年度企业家"、"年度事业女性"等重要社会头衔。

在玫琳凯的管理信条中，最重要的一条是：人才是一个企业中最宝贵的财产，企业管理的关键是人才管理。当记者问到她会如何对待不合格或犯错误的员工时，她说：最重要的就是学会宽厚待人，我们应该学会换位思考，其实当做不好一项工作的时候，最难受的是员工。而作为领导者，我们应该帮助员工发现问题，改正问题。如果发现该员工确实不适合这个工作，我们也会尽自己最大的努力去帮助他寻找自己擅长的工作，完成角色的转变。

在她的公司，员工的满意度出奇的高，每个人都卖命的工作，因为他们欣赏玫琳凯·艾施的个人魅力，更相信只要跟着她做事，就会过上幸福的日子，即使被她批评，他们也一样会高兴地说声谢谢。

玫琳凯·艾施的管理经验值得我们认真地学习和实践。试想以下，一个如此宽容对待员工的公司怎么会留不住员工呢？一个处处为员工进步着想的领导者又怎么会不受到员工的爱戴和尊敬呢？

所以，当一个员工犯了错误时，不是急着去批评他，而是要询问一下他工作没有做好的原因，是否想要换一份工作，他们内心里有什么诉求。也就是说，要给予他们理解和关怀。这样，你的员工肯定会努力把今后的工作做好。

如果领导者能够宽容员工的错误并加以正确的引导的话，反而会让员工愿意更努力地工作。波特先生说，当遭受到领导者许多的批评时，员工能够记住的往往只是开头的那一些，其余的就不听了，因为他们的大脑正在忙着想理由来反驳领导者开头的批评。因此批评往往收不到多大的效果。

综观史上那些深得人心的领导者，都是怀着一颗宽容之心，礼遇天下贤士。春秋五霸之首的齐桓公说："金属刚硬容易折断，皮革刚硬容易破裂，人君刚猛则国危，臣子刚猛则友绝。"

不爱听批评或训斥的话，一旦听到就想要为自己辩解，几乎是人的一种本能。作为团队领导者，对自己的下属要尽量做到宽容，不要信奉"棍棒"说服的管理方法，这只会遏制员工的工作积极性，甚至起到适得其反的作用。

心有多大，舞台就有多大。对于领导者来说，心里面能容下多少人，就会有多少人愿意为你做事。每个人都有不同的个性，也有他在工作范畴内的长处和短处，领导者的职责就是包容这些团队成员的不足，鼓励他们发挥自身的优势，将整个团队的正能量激发出来。

让每一位员工都感到自己很重要

在人头攒动的都市企业中，跳槽已经成为司空见惯的现象。一方面是许多领导者的满腹委屈：为什么即便提供了高薪和各种优厚待遇，还是不能让人才安下心来工作；另一方面，则是忍无可忍的员工宁可承受跳槽的高成本，也要另谋他就。领导者所要寻找的是有奉献精神和归属感的员工；而员工呢，则需要一份能够带来快乐的工作。这种现象是什么原因引起的呢？

调查发现，目前75%以上的员工跳槽并不是因为待遇问题，而是不快乐的"工作体验"。

为什么不快乐，员工们心中有数，就是没有受到领导者足够的重视，找不到工作中的自我价值。微软中国公司前总裁、现任上海盛大网络发展有限公司总裁的唐骏前不久在厦门大学做报告时说，在中国，人们追求更多的不仅是金钱，还有感觉。因此，企业的领导者要给员工提供这种感觉——让他们觉得在公司里是很重要的。

早在20世纪30年代，美国芝加哥西部一家电器公司就得出了这样的结论：工人不单是靠工资来调动积极性的经济人，还是需要获得别人尊重和友谊的社会人。这就表明要管理好员工，首先必须充分尊重他们。

韦尔奇在实践中进一步领悟了这个道理。他在一次部门经理会议上郑重其事地告诫他的下属："尊重每一位员工，让他们感到自己是公司里最重要的一员，这是一种激励员工的有效手段。"马克思认为，尊重是人类较高层次的需要。既然是较高层次的需要，自然不容易满足；一旦满足了，它所产生的重大作用也是不可估量的。

[案例] 美国加利福尼亚州一家钢铁公司，出现了令人头痛的员工蓄意怠工的问题。老板心急如焚，他又给员工加薪，又给员工授权，可没有产生丝毫激励效果。情急之下，公司老板请来一位管理专家帮忙解决这个棘手的问题。这位专家来到公司后，不到一个小时就找到了问题的根源。

当时，问题公司的老板对管理专家说道："好吧！让我们在厂里转一圈，你就会知道这些肮脏的懒种们出了什么毛病！"听了这话，专家立刻就知道毛病出在哪儿了。他开出的"药方"很简单："你们所需要做的，就是把每位男员工当作绅士一样对待，把每位女员工当作女士一样对待。这样做了，你的问题不消一夜就会解决。"

公司老板对专家的建议半信半疑，甚至不以为然。专家说："诚恳地试上一周吧。如果不见效果或不能使情况好转，你可以不付给我什么。"公司老板点点头同意了。10天以后，该专家收到一封信，上面写着："万分感谢，詹姆斯先生。你会认不出这个地方了，这儿有了奋发向上的激情，有了和睦共处的新鲜空气。"

韦尔奇总结自己几十年的管理经验认为，尊重别人是经理人的基本素质，要想成为一名成功的经理人，就必须从尊重你的员工开始。尊重是最有效的激励手段，尊重会使员工感受到自己的重要性，让员工们有一种满足感；尊重还是一种强大的精神力量，它有助于企业员工之间的和谐，有助于企业团队精神和凝聚力的形成。

IBM可能是最早积极实施以员工为重心的美国公司。IBM的历史就是一部强烈尊重和重视员工的历史。即使在最细微的地方，也反映着这一特色。当你走进纽约的 IBM 经销分处，第一眼就可以看到一大块从地面到天花板的大型布告栏，上面贴满了各部门员工的相片，下面写着："纽约最有特色的员工。"

"员工是我们最宝贵的财富"、我们要使员工与企业一起成长"类似的话被太多的企业写进自己公司的手册里、宣传刊物中或公司网站上，但也仅仅是标榜一下而已。然而沃森却真正地把"尊重员工"这个信念融入到了 IBM 的血液当中！

在 IBM 公司，人人都是最重要的，人人受到尊重。沃森这样做，清楚地表明他知道在现代企业中最重要的资产是什么——不是机器，不是资金，而是每位员工。正是有了备受重视的员工，才有了 IBM 的昨天和今天，也才能有 IBM 的明天。

尊重员工是人性化管理的必然要求，只有员工的私人身份受到了尊重，他们才会真正感到被重视、被激励，做事情才会真正发自内心，才愿意与领导者打成一片，才愿意站到领导者的立场，主动与管理层沟通想法、探讨工作，完成领导交办的任务，心甘情愿地为团队的荣誉而付出。

追求自我重要感是人较高的心理需求。领导者满足了员工这样的需求会让员工在企业中的工作更加踏实，心境更加平和，更有自信心和工作的能动性，在这样的前提下，积极的心态所能产生的正能量自然也是不可估量的。

第六章

永续沟通，确保团队的能量流持续不断

　　沟通很重要，缺乏沟通人与人之间就会出现隔阂。在企业团队中更是如此，上下级之间，同级之间都少不了沟通。领导者怎么做，才能让员工放下心理负担，愿意与其进行高质量的沟通？怎么做才能成为能听善听会听的管理者，才能受员工亲近和爱戴，广开言路？要想使团队的能量流不致因人员的相互猜疑、相互误解而受阻，让每一位员工都能带着开放通达的心态参与到日常工作之中去，领导者就要具备敏锐的觉察力，谦卑的心态，以及深入沟通的能力，只有这样，才能确保团队的能量流持续不断，使企业轻装向前。

沟通不畅对团队的危害不可估量

作为团队领导者，理解沟通的价值，并给予足够的重视十分必要。沟通对于团队的意义不可估量，这一点从自然界的"工蜂之舞"中就可见一斑。

世界上没有一种动物能够完全独立的生活，它们只有通过各种方式和同伴沟通，才能存活下去。动物们虽然没有自己的文字，但是它们也有相互交流的语言和载体。比如说，蜜蜂即以"跳舞"为信号，告诉同伴各种蜂蜜信息，沟通完毕后一起去采蜜。

奥地利生物学家弗里茨经过细心的研究，发现了蜜蜂"舞蹈"的秘密。蜜蜂的舞蹈主要有"圆舞"和"镰舞"两种形式。工蜂在四处侦探回来后，会跳一种有规律的飞舞，以此告诉同伴它侦查到的信息。如果工蜂跳圆舞，就是告诉同伴蜜源与蜂房相距不远，在100米左右。工蜂如果跳镰舞，则是通知同伴蜜源离蜂房较远。路程越远，工蜂跳的圈数越多，频率也越快。如果跳"8"字形舞，并摇摆其腹部，舞蹈的中轴线跟巢顶的夹角正好表示蜜源方向和太阳方向的夹角。而且蜜蜂跳舞时有时头朝上，有时头朝下，这也与蜜源的方向有关。

"工蜂之舞"带给管理学上的启示是：信息是主动性的源泉，加强沟通才能改善管理的效果。领导者要像蜜蜂采蜜一样，吸取各种沟通方式的特点，将"蜂舞"法则应用到自己的管理艺术之中。著名管理学家巴纳德说："沟通是一个把组织的成员联系在一起，以实现共同目标的手段。"有关研究表明，管理中70%的错误是由于不善沟通造成的。由此可见，加强沟通对企业来说十分必要。

面对当今激烈的市场竞争，领导者都希望自己能够打造出一支齐心协力、精诚团结的企业团队，从而塑造出良好的企业形象，作出良好的业绩。要想把这种理想变为现实，就必须拥有良好的沟通能力，这是最基本的前提条件。假若在一个团队或者在一个职能部门中，上下沟通不畅或者员工之间造成了沟通误解，就会严重影响工作的顺利进行。

[案例]　沟通不畅，对于一个团队而言，有时甚至可能引发惨剧。1990年1月25日，导致70多人遇难的一次美国空难就是因为沟通障碍造成的。

1月25日晚7点40分，阿维安卡52航班飞行在美国南新泽西海岸上空1.13万米的高空。机上的油量可以维持近两个小时的航程，在正常情况下，飞机降落到纽约肯尼迪机场仅需不到半小时的时间，所以两个小时的油量可以说十分安全。然而，此后因为沟通不畅引发了一系列耽搁。

首先，晚8点整，肯尼迪机场管理人员通知52航班机组，由于严重的空中交通堵塞，他们必须在机场上空盘旋待命。

晚8点45分，52航班的副驾驶员向肯尼迪机场报告他们的"燃油快用完了"。机场管理员收到了这一信息，但在晚9点24分之前，他们没有批准飞机降落。在此之间，52航班的机组成员再也没有向肯尼迪机场传递任何信息，没有将自己的危险情况告知对方，飞机就这样漫无目的地在空中转了1小时40分钟，此时机箱里的燃油已经所剩无几了。

晚9点24分，52航班第一次试降失败，因为飞行高度太低以及能见度太差，因而无法保证飞机安全着陆。几分钟后，当肯尼迪机场指示52航班进行第二次试降时，机组成员再次提到他们的燃料即将用尽，要求更换跑道，但是飞行员却告诉管理员新分配的飞行跑道"可行"。晚9点32分，飞机的两个引擎失灵，1分钟后，另外两个引擎也停止了工作，燃料耗尽了的飞机于晚9点34分坠毁于纽约附近的长岛，机上的73人丧生。

当调查人员聆听了飞机座舱中的磁带，并与当时的机场管理人员交谈之后，他们发现导致这场悲剧的最重要的原因是沟通障碍。为什么一个简单的信息既未被清楚地传递又未被充分地理解呢？下面我们针对这一事件作进一步的分析。

首先，52航班飞行员一直说他们"燃料不足"，交通管理员告诉调查者这是飞行员们经常使用的一句话。当被延误时，管理员认为每架飞机都存在燃料不足的问题。但是，如果飞行员发出"燃料危机"的呼声，管理员将有义务优先为其导航，并尽可能迅速地帮助其着陆。机场管理人员指出："如果飞行员告知我们情况十分危急，那么所有的规则、程序都可以不顾，我们会尽可能以最快的速度引导其降落。"遗憾的是，52航班的飞行员从未说过"情况紧急"几个字，所以肯尼迪机场的管理员一直未能理解52航班所面临的危险。

其次，52航班飞行员的语调也并未向管理员传递出燃料紧急的严重信息。许多管理员接受过专门的训练，可以在各种情境下捕捉到飞行员声音中极细微的语调变化。尽管52航班的机组成员相互之间表现出对燃料不足的极大忧虑，但他们向肯尼迪机场传达信息的语调却是非常平静的。

总之，沟通障碍是造成这次空难的主要原因，如果52航班飞行员能够多向机场进行几次呼叫，或者语气急促一些，让对方了解自己的危险处境，那么这场空难是完全可以避免的。

可见，沟通是多么重要。作为领导者，一定要构建畅通的沟通渠道，这一点至关重要。比如说，如果上级与下级之间的沟通存在障碍或堵塞的话，那么就是团队中的能量流出现了问题，决策就会得不到很好的执行，甚至被错误地执行，这样所造成的损失将是不可估量的；或者同事之间因为缺乏沟通而导致矛盾和积怨，这也同样非常不利于一个企业的发展。

虽如此，多数企业面临的实际情况却是这样的：领导者都能意识到沟通的重要性，但由于平时工作太忙而把这事给耽搁了，或者对于一些老员工的信任会使他们认为不通过沟通彼此也能达成理解，只对新员工简单沟通一下就好了。所有这些都是领导者对于沟通的疏忽和误解。无论是对新员工还是老员工，如果不是建立在一定沟通的基础上去做事，都会造成不同程度的理解偏差，其结果造成员工身心能量的阻塞，不仅抑制了员工的成长，对于领导者来说，也阻塞了上下级之间的言路，久而久之，整个团队必然失去了应有的活力。

引导下属将不满情绪表达出来

假如一个团队的领导者耳边听到的都是一片赞扬声和叫好声，看到的也是员工们围在身边忙来忙去的景象，那么可以断定这家公司的运营一定不是很好。领导者的能力就是如何让自己的员工说真话，敢于向上提建议、发牢骚。

"霍桑"一词不是人名，而是美国西部电气公司坐落于洛杉矶的一家工厂的名称。工人们由于对工厂的各项管理制度和方法有着诸多不满但却无处发泄，因而心情郁闷，无心工作，通过心理家的"谈话试验"，他们的这些不满都发泄了出来，从而改善了工人的情绪，提高了工作效率。社会心理学家们将这种奇妙的现象称为"霍桑效应"。

[案例]"霍桑效应"产生的具体情况是这样的。霍桑工厂是一家实力雄厚的企业，其专门制造电话交换机。这家企业为员工提供了优越的工资待遇和完善的福利，但是工人们仍然牢骚满腹，生产效率极为低下。这让企业领导很是烦恼：如果再加工资，企业也无法承受，而且问题也没有从根本上解决；如果不能拿出一个有效的方案，长期以往，将会严重束缚企业的发展。

为了找到效率低下的原因，1924年11月，美国国家研究委员会组织了一批心理学家进驻这个工厂进行试验研究。试验期间，这些心理学家主要是找工人们谈话。在两年时间里，心理学家和工人们进行了两万多次谈话。每次与工人谈话时，心理学家都会很耐心地倾听他们对工厂的不满，同时将他们的意见详细地记录下来。

两年后，这项长期的"谈话试验"收到了意想不到的效果，霍桑工厂的产量大幅攀升，工作效率明显提高。可见，人的情绪将会对工作效率产生严重影响。

在日常工作中，面对人才市场优胜劣汰的竞争压力，面对制度不健全带来的某些不公正、不公平的现象，不少员工压力过大，产生严重的失落感，甚至导致心理失衡，滋生灰心失望的情绪。对于这种情况，畅通宣泄渠道，让员工"放气"、"减压"，可以说是一项非常重要的工作。作为领导者，在管理工作中，要努力给员工营造一种有益于沟通的氛围，引导员工说出内心的压力和不满，畅通宣泄渠道，努力使员工以一种积极、平和、舒畅的情绪投身到工作中去。

然而现实情况往往是领导者言论之门大开，而说实话、讲真话的员工却寥寥无几。领导者的权力就像一道分水岭，将真相悄无声息地阻隔在外。于是员工们私下里怨声载道，见到领导却只字不提。对此，领导者到底应该如何是好呢？

在日本，很多企业都非常注重为员工提供发泄自己情绪的渠道，松下公司就是如此。

[案例] 在松下，所有分厂里都设有吸烟室，里面都摆放着一个松下幸之助的模型像，工人可以在这里用板子、鞭子、笤帚等东西随意抽打，以发泄自己心中的不满。等他打够了，停手了，喇叭里会自动响起松下幸之助的声音，这是他本人给工人写的一段话："这不是幻觉，我们生在一个国家，心心相通，手挽着手，我们可以一起去求得和平，让日本繁荣幸福。干事情可以有分歧，但请记住，日本人只有一个目标，即民族强盛、和睦。从今起，这绝不再是幻觉！"当然，这还不够，松下还会自我批评一番，说："厂主自己还得努力工作，要使每位职工感觉到：我们的厂主工作真辛苦，我们理应帮助他！"正是通过这种方式，使松下的员工始终保持着高度的工作热情，工作效率由此不断提高。

日本公司的这种做法被世界许多国家的企业所效仿。美国的很多企业，有一项叫 HopDay（发泄日）的制度。就是每个月都专门划出一天给员工发泄不满。在这天，员工可以对自己的同事和上级直抒胸臆，开玩笑、恶作剧甚至发脾气顶撞都可以，而领导不得就此迁怒于人。这种形式使得下属平时积郁的不满情绪都能得到宣泄，从而大大缓解了他们的工作压力。

"发泄日"提供了一种给所有人更好沟通的机会，起到了调节气氛的作用。所以，牢骚效应本质上是一种沟通效应，只是这种沟通更多是在员工有挫折感时发生而已。

还有的企业通过聚餐的形式来让员工发泄情绪。美国威斯康星州格林贝市的儿童保育中心总经理帕特·布普纳，每隔一个月请自己手下的 22 名员工出去吃一次比萨饼。就餐时先用一个小时的时间让员工们彼此随意发牢骚，也可以就管理问题提出自己的看法。随后，再用一个小时的时间发表积极的见解，并就新出现的问题提出改进的建议。举行这种"宣泄集会"的费用很低，但是效果很好。这家儿童保育中心医务人员的服务态度一直很好。

千万不要把员工当成生产环节的一台机器，他们是有情感的，并且他们的工作效率受到情感的支配。所以，在管理的过程中，一定不能忽视员工的情绪，要把这当作管理的一件大事来抓，及时帮助他们疏解心里的负能量，让他们以平静的心情投入到工作中去。只有这样，才能提高生产效率，最大限度地激发出员工的干劲。

消除位差效应所带来的沟通阻塞

位差效应指的是上级与下级在信息流通上的不对称性。美国加利福尼亚州立大学对企业内部的沟通问题进行研究后发现，来自上级领导层的信息只有 20%～25% 被下级知道并正确理解，而从下到上反馈的信息则不超过 10%，相比之下，平行交流的效率则可达到 90% 以上。进一步的研究发现，平行交流的效率之所以如此之高，是因为平行交流是一种以平等为基础的交流，这使得沟通更加顺畅。

为试验平等交流在企业内部实施的可行性，他们尝试着在整个企业内部建立一种平等沟通的机制。结果发现，与建立这种机制前相比，在企业内建立平等的沟通渠道，可以大大增加领导者与下属之间的协调沟通效率，使他们在价值观、道德观、经营哲学等方面很快地达成一致；可以使上下级之间、各个部门之间的信息形成较为对称的流动，使业务流、信息流、制度流更为通畅，使信息在执行过程中发生歪曲的情况大大减少。至此，研究者得出了一个结论：平等交流是企业有效沟通的保证。

我们在实际工作和交往中也常有这样的体验：在一个比自己地位高的人面前往往会表现失常，即便脑子里先打了一遍草稿，临场时也会紧张得乱了套，以至于出现许多尴尬的场面。也就是说，人们通常不敢向上级提出自己的意见和看法。这种情况很容易使管理陷入一种上下脱节的困境。

为了避免位差效应带来的沟通阻碍，1998年4月，摩托罗拉（中国）电子有限公司推出"沟通宣传周"活动，内容之一就是向员工介绍公司的12种沟通方式。比如员工可以用书面形式提出公司哪些方面需要改善；可以对真实的问题进行评论、建议或投诉；总经理应定期召开座谈会，当场答复员工提出的问题，并在7天之内对有关问题的处理结果告知员工；在《大家》、《移动之声》等内部刊物上及时报道公司的大事动态和员工动态；公司每年都要召开高级管理人员与员工沟通对话会，向广大员工代表介绍公司经营状况、重大政策等，并由总裁，人力资源总监等回答员工代表提出的各种问题。

通过这一系列举措，摩托罗拉公司让员工温暖地感受到了公司对自己的尊重和信任，由此他们对企业产生了极大的责任感、认同感和归属感，员工以这种状态去工作，效率毫无疑问会很高。

英特尔的成功也在很大程度上得益于领导者与员工之间建有完善和畅通的沟通体系。英特尔一直采取开放式的双向沟通模式，既有自上而下的交流，也有自下而上的反馈。公司的高层管理人员会经常通过英特尔内部网络，与员工进行互动沟通，回答员工提出的各种问题。

季度业务报告会也是英特尔公司进行双向沟通交流的重要方式。这是一种面对面的沟通。在季度业务报告会上，管理层不仅要向员工通报最新的业务发展情况，还要现场回答员工的提问。这样，领导者与员工之间就有了面对面的交流。为了保证沟通的质量，在季度业务报告会之前，管理层会预先了解员工的心声，了解员工所关注的问题与所忧虑的事情。

此外，英特尔公司每个季度还会定期出版员工简报，让员工了解公司的最新动向。在公司里，每周都会定期出版一期员工快报，把公司里最新最重要的信息，第一时间告知员工。

英特尔还经常召开员工会议来进行自下而上的沟通。由员工来制定会议的议程，以及决定会议探讨的内容，员工可以畅所欲言地表达自己对公司制度和经理人员的看法。经理层也会定期与所有的员工进行及时沟通，听取员工的建议与想法，传达公司的政策与各项业务决策。另外，在英特尔，每年都会进行一次全球员工关系调查，英特尔总部会派团队到全球各个国家与地区的分公司，对该公司的员工关系与沟通情况进行调查。

很多时候，有意见的员工会不愿意直接与自己的上司面谈。为了使这些员工的意见能够得以倾诉，英特尔就在人力资源部专门设置一名员工关系顾问。员工有什么想法，可以与这位顾问面谈，面谈之后，顾问会对所了解的信息展开独立调查，考察员工反映的情况是否属实，然后将调查结果递交公司有关部门，包括员工的经理。为避免经理人员对员工进行报复，英特尔还制定了一系列规则保护员工的权利。

通过这些措施的实施，英特尔公司内部形成了一种畅所欲言的沟通氛围，员工可以及时知晓公司的决策和计划，公司也全面了解了员工的想法和意见，管理层与员工之间可以说做到了推心置腹。由此英特尔公司建立起了一支精诚协作的团队，其创新精神和企业效益都位于行业前列。

在构建和谐的沟通机制方面，西门子公司也是我们学习的榜样。西门子每年至少召开一次"员工沟通信息会"，在公司政策、员工福利、职业发展等众多问题上听取员工的意见，与员工进行双向的沟通。此外，西门子为新员工开设了"新员工导入研讨会"，每一期研讨会公司 CEO 等高层领导都会参加，为新员工介绍企业文化、公司背景等信息，倾听新员工的想法。另外在所有的集体培训上，公司领导层也都会出席，与员工进行面对面的交流。

西门子公司还鼓励员工为提高公司业务与完善管理制度而出谋划策。被采纳的建议将迅速在公司中实施与推广，而提出了合理化建议的员工也将得到公司的奖励。

通过这些沟通机制，西门子公司营造出了非常活跃的沟通氛围，每位员工都充分发挥自己的聪明才智，积极为公司的发展献言献策。更为重要的是，不论员工的建议是否被公司所采纳，这种沟通都为每一位员工提供了"说话、参与"的机会，大大增强了员工的主人翁意识。

可见，推行双向交流是企业领导者避免位差效应的最好途径。在双向交流中，公司的各种情况，包括盈利情况、组织结构、面临的困境及最新战略，都能被所有的员工第一时间知晓，这样非常有助于建立互相信任的良好气氛，使公司上下团结一致，产生强大的凝聚力和向心力。此外，鼓励员工就公司的管理提建议、出谋划策，不但可以完善企业的管理制度和经营方案，而且可以让员工感到自己受重视，从而对企业产生归属感，把企业当作自己的家，进而认真履行好职责，为企业承担更多的责任，同时会千方百计提高自己的效率和能力。

可以说，一个推行双向交流、拥有平等沟通机制的企业，一定会是一个充满活力的企业。而沟通渠道的畅通也必然会使企业聚集正能量，拥有足以与市场相抗衡的足够的竞争力。但需要注意的一点是，在进行双向沟通时，现场的掌控很重要，要尽量探讨与企业和员工息息相关的内容，以解决问题为目的，不能止步于沟通，更不能使沟通程式化。

不要说伤害员工自尊心的话

俗话说得好："良言一句三冬暖，恶语伤人六月寒。"企业的领导者在与下属沟通时，不仅要注意自身的表情态度，而且更要注意自己的语言态度，不要言辞伤人。

领导者伤人的语言大体有以下几种。

1. "我对你太失望了"

当下属犯了重复性的错误或者多次做错了事情，你千万不要说"我对你太失望了。"诸如此类的话还有"你是无可救药了"、"你是瘸子崴了脚——没治了。"这是对人的根本否定，最伤人心。

2. "我真后悔交给你"

当你把事情交给下属去办而没办好，甚至办砸了，你千万不要说"我真后悔把事交给你来办"，或者说"当初我就觉得你不行"，"我真是有眼无珠，看走了眼。"千万不要谩骂你的下属，不要说"你的脑子进水啦?"或者"你的脑袋让驴踢了?"

3. "没我的话不能办"

类似的语言还有"没我的签字不行"、"我不在的时候，谁都别乱来"、"听我的还是听他的"、"一切依我说的为准"等等。这是一种典型的独裁式管理，它伤掉的是下属的积极主动性和职权意识。

4. "你怎么就这么笨"

当你的下属还未达到优秀和卓越的程度，往往办事不力或者不如你愿，这时候，你千万不要说他"笨"、"不灵光"、"不机敏"、"不善动脑子"。更不要说他"吃啥啥不剩，干啥啥不行。"这就叫作"一棍子打死人"，也叫作"一碗凉水看到底"。这样说只能使你的下属自暴自弃。

5. "我罚你这算轻的"

当下属违规犯错的时候，不要说"罚你是轻的"，更不要说"我不砸你的饭碗就是对得起你。"这样说不但会直接拉大与员工间的心理距离，还会加大员工的抵触情绪。

6. "这个我早就知道"

当下属向你汇报工作或是提出建议时，你千万不要说"你的想法和我一样，原来我也是这么想的"。更不要说"这个事情我早就知道了"。这么说的言外之意就是"你说的都是废话，都是过时的话，我才不领你的情呢！"

7. "你为什么不学好"

如果你的下属有什么不良的嗜好，你不要教训人家"你为什么不学好？"或者说"你为什么不向好人学习？"千万不要说"人比人得死，货比货得扔"。更不要说"你找个地缝钻进去得了！""狗改不了吃屎"……这样的恶语就像利剑穿心，在这个大家都很崇尚自我的时代，员工很可能一走了之。

8. "这是你的命不好"

假如你的下属遇到了很不开心的事情，或者失去了他很在意的东西，你不要说"这是你的命不好"。千万不要说"人的命天注定，你就这个命"。更不要说"认倒霉吧！"

9. "你不要自以为是"

当下属与上级共同研究工作时，上级要真诚聆听，千万不要表现出不耐烦的情绪，更不要否定下属的意见。千万不要说"你说得不对！"如果下属坚持自己的意见，你千万不要说"这么多人难道谁都不如你？""你不要自以为是"。如果你说了，下次开会的时候，你把刀架在他的脖子上，他都不会再开口了。

10. "是个娘们比你强"

如果你的下属总也不如你的意，或是经常办事不力，或者办事缺乏激情和魄力，你千万不要说"是个娘们都比你强"，更不要说"不如回家抱孩子"。

有些下属自尊心特强，性格敏感，多虑，这样的人特别在乎别人对他的评价，尤其是领导的评价。有时候哪怕是领导的一句玩笑，都会让他觉得领导对他不满意了，因而会导致焦虑，忧心忡忡，情绪低落。遇到这样的下属，要多给予理解，不要埋怨他心眼儿小，多帮助他。在帮助的过程中，多做事，少讲自己的意见，意见多了会让他觉得你不信任他，给他一些自主权，让他觉得自己能行，要经常给予他们鼓励。

要尊重敏感的下属的自尊心，讲话要谨慎一点，不要当众指责、批评他，因为这样的下属的心理承受能力差。同时也要注意不要当他的面说别的下属的毛病，这样他会怀疑你是不是也在背后挑他的毛病。要对他的才干和长处表示欣赏，逐渐弱化他的防御心理。

如果这样的员工工作出现了失误，领导者可以在下班后或私下约谈下属，让他先把做错的事做最大的补救，然后要他写书面检讨，写完后直接送上来。这样既可以照顾好下属的颜面，也可以让他知道自己错了，必须承担由此造成的后果，写检讨是让他以后不再犯错，也是让他自己对所做错事的一个反省。

总之，照顾员工自尊心就是不要说出伤害员工自尊心的话。只有这样才能确保团队成员在被尊重的前提下，在一个友善的工作环境中去进一步寻求自我价值感。这是一个领导者必须具备的职业技能，也是能让团队成员发挥最大潜能，努力奋斗的最好阶梯。

做个能听善听会听的沟通者

英国管理学家L.威尔德曾说，我认为有效的沟通始于倾听，人际沟通始于聆听，终于回答。通常，领导者在员工面前都会表现得比较强势，经常向员工发号施令，或者给员工上"政治课"，当员工哪个地方做得不好的时候，马上就会进行一番训斥。也就是说，领导者通常很少去倾听员工的内心想法。这种命令式的管理方法越来越不适应于当今的时代了。现在，最为有效的管理模式是"倾听"。管理学大师德鲁克说，领导者决策不是从众口一词中得来的，好的决策以互相冲突的意见为基础，从不同的观点和不同的判断中作出选择。领导者若能学会专注地倾听，对公司及管理的现状就会更加清楚，能提高自己的决策能力和领导力。

[案例] 著名企业家玫琳凯女士在《玫琳凯谈人的管理》一书中曾指出，我认为不能听取下属的意见，是管理人员最大的疏忽。

她是这么说的，也是这么做的。玫琳凯的企业之所以能够迅速发展为全球知名的化妆品公司，就在于她十分重视每一位员工的个人价值。1963年，玫琳凯创办了玫琳凯化妆品公司，当时只有9名雇员，而到了1983年，就发展为拥有雇员5000多人，美容顾问10万多人，年销售额达3亿多美元的大公司。在玫琳凯看来，一般人只发挥了能力的10%，能不能把人另外90%的潜能发挥出来，是一个企业能否成功的关键。而要发挥这90%的潜能，关键是要"使他感到重要"。玫琳凯说："你要是能使一个人感到他很重要，他就会欣喜若狂，就会发挥出冲天的干劲，小猫就会变成大老虎。"

玫琳凯是怎样"使员工感到重要"的呢？那就是倾听员工的内心想法。即便在员工犯了错误的时候，她也会尽量去倾听员工陈述自己犯错的原因，然后"在批评前，先设法表扬一番；在批评后，再设法表扬一番，力争以一种友好的气氛结束谈话。"玫琳凯说，员工需要的不仅仅是钱和地位，更多的是尊重，这就要求领导者能够"倾听"他们的意见，这可以提高对方的自信心和自尊心，加深彼此的感情，激发出他们的工作热情与负责精神。此外，倾听能够让领导者及时发现员工的优点，并创造条件让其发挥重要作用。

本田汽车公司的创始人本田宗一郎曾被誉为"20世纪最杰出的领导者"。回忆往事，他常向人们念叨一个令其终身难忘的故事。

有一次，一位来自美国的技术骨干罗伯特来找本田，当时本田正在办公室里休息。罗伯特高兴地把他花费了一年心血设计出来的一款新车型拿给本田看，说："董事长，您看，这个车型太棒了，上市后绝对会受到消费者的青睐……"

罗伯特看了看本田，停止了说话，并且收起设计图纸。此时正在闭目养神的本田觉得不对劲，急忙抬起头叫了声"罗伯特"，可是罗伯特头也没回就走出了他的办公室。

第二天，为了弄清楚昨天的事情，本田亲自去邀请罗伯特喝茶。罗伯特见到本田的第一句话就是："尊敬的总经理阁下，我已经买好了回美国的机票，谢谢您这两年来对我的关照。"

"啊？这是为什么？"本田感到很疑惑。

罗伯特看着本田的满脸真诚，便坦言相告："我离开您的原因是由于您自始至终没有听我讲话。就在我拿出我的设计前，我提到这个车型的设计很棒，而且还全面分析了车型上市后的前景。我是以它为荣的，但是你当时却没有任何反应，而且还闭着眼睛在休息，完全当我不存在。说实话，我对此感到恼怒。"

不管本田如何挽留，罗伯特也不愿留下来。后来，罗伯特拿着自己的设计到了福特汽车公司，受到了福特高层领导的关注，不久后就向市场推出了这款车型，这给本田公司带来了不小的冲击。

通过这件事，本田宗一郎深刻地领悟到了"听"的重要性，在以后的工作中，他在与任何一位下属和员工交谈时，都非常认真地聆听对方的讲话。

由此可见，倾听对于一位管理者来说是多么的重要。此外，在做决策的过程中，作为一名领导者，也应该有能够包容不同意见的胸怀，然后在不同的意见当中看到某种隐秘的信号，这个时候才能捕捉到真正对决策有用的东西。需要注意的是，这种包容不同意见的心态不是叫领导者和稀泥，或是变成一个意见的垃圾桶和传声筒。领导者需要在差异当中找到某种统一的东西，求同存异，最后才能作出优质决策。那么，领导者要想更好地倾听，实现倾听效果，到底先要从哪几个方面做起呢？

1. 全神贯注地听员工讲话

眼睛要注视着说话的人，在交谈时，不要东瞧瞧、西看看，这会让对方觉得你不尊重他。

2. 不要随意打断员工的话

不要因为对方的叙述平淡无味或者没有逻辑而流露出不耐烦和责怪的情绪，或者直接打断，这会严重伤害到对方的自尊心。

3. 倾听时要有适当的回应

在聆听时，脑子里要设法撇开其他的事情，将注意力始终集中在别人的谈话内容上，准确地理解对方的意思，并且通过点头、微笑、手势、体态等作出积极的回应，鼓励对方完整地说出他所要表达的意思。此外，有时候还应该提一些问题，这样的互动会使对方更愿意说出自己的想法。

4. 不要立即批判对方的观点

当对方的意见与自己不同时，不要立即进行反驳，要先听别人把话讲完，等对方讲完后，你再阐述自己的观点。孔子说："君子和而不同。"很多时候，真理是站在两边，没有哪个人是完全的正确，也没有哪个人是完全的错误。所以，当观点不同时，一定要包容。

可见，优秀的沟通者必是一名能听善听会听的人，他们基于对人性的理解，具备敏锐的觉察能力，能够使员工身心放松，并因领导者所散发出的人格魅力而对其寄予厚望，得以放下戒备，将内心的想法和建议，不快或委屈和盘托出，也唯有如此，员工身上的负能量才能得到正确的疏导，领导者才能很好地了解员工的心理状态以及工作情况，从而给出相对合理的可实行的建议。

尊重员工内心真正的需求

哈佛商学院教授罗莎贝斯·莫斯·坎特提出，尊重员工是人性化管理的必然要求，是回报率最高的感情投资。尊重员工是领导者应该具备的职业素养，而且尊重员工本身就是获得员工尊重的一种重要途径。

为什么有的企业的员工工作效率很高，且充满了创造力，而有的企业的员工则工作效率很低，缺乏创造性？

答案就是，前者给予了员工尊重，与他们进行了有效的沟通，了解了员工的心理需求，而后者没有去做这些。他们只知道按照自己的想法给员工安排工作，布置任务，而不考虑员工自身的想法和感受。

国内一项调查结果显示，对企业工作环境和领导者态度的不满，是导致很多员工选择离职的主要原因。而在离职的这些人当中，70%的人仍然会选择进入同行业的其他公司工作，这就说明很多离职问题不是他们不想干，而是干得不开心，心里觉得压抑。

那么，到底是什么原因引起了员工对企业的不满呢？

[案例] 管理学大师德鲁克说，在一个企业里实际上需要四种人：第一种是思想者，第二种是行动者，第三种是开拓者，第四种是交际者。多数领导者最大的悲哀是妄图将这四种角色集于一人身上。企图让所有员工兼具以上四种能力既要有思想又要有执行力；既要能开拓，又要善于交际。或是觉得自己什么都行，什么都要亲力亲为，结果造成了企业的缺项。

管理学家认为，员工对企业最大的不满之处，在于员工认为企业不尊重自己，不问一问他们喜欢干什么工作，喜欢以什么样的方式去工作，而是随意分配一项工作，并且布置很重的任务。

某个公司的职员向经理提出了辞职，经理对此觉得很奇怪：这名职员在公司工作了一年，一直很受器重，为什么会突然辞职呢？于是他就将这名职员叫到了他的办公室，询问其辞职的缘由。

"我认为这份工作不太适合我。"员工回答说。

经理更加奇怪了："可是你一直都干得很出色，不是吗？"

"我只是尽责地完成您交给我的工作任务，从工作中我并没有享受到一点儿乐趣，我的工作没有半点自由，完全像一台机器一样执行您的指令。我对您提出过很多的建议，这些我认为能够帮助公司发展，但是很遗憾，您都没有接受。更重要的是，我认为自己有能力、也会尽心地去做好我的本职工作，而不是每一个步骤都需要向您请示汇报，这让我感觉您对我不太信任。恕我直言，这样工作太痛苦了，我想要自由一点的工作环境，能让我自由地发挥我的能力。"说完，这名员工就如释重负地走出了经理的办公室。

领导者需要明白，管理的目的，是为了让下属更好的工作，而不是让他们对工作失去兴趣。

管理学家认为：人们只愿意干自己感兴趣的事情。因此当企业领导者将工作的相关事务交到下属手上时，下属会根据自身的兴趣来对这些事务进行重新分类。那些他们认为感兴趣的事情往往会完成得很好，而那些他们不太感兴趣、认为不值得去做的事情，工作的效率往往很低。

所以，为了增加下属和员工的工作热情，激发他们的干劲，使其发挥出最大的潜能，领导者所要做的一件很重要的事情就是：加强与他们的沟通，了解他们内心里对工作的需求，以及他们对什么工作最感兴趣。

[案例] 美国一家报业公司的老板在一天之内接到十几个读者的投诉电话，他们指出这家公司的报纸出现了多处字句上的低级错误。老板很生气地放下电话，然后去找负责校对的人员，当他走到校对员办公室的门口时，发现这名员工正在绘声绘色地向自己的同事讲述他今天在上班路上的见闻，虽然都是一些小事，但他讲得十分有趣，逗得大家哈哈大笑。老板敏锐地感觉到，这位校对员对于新闻事件有着很强的敏感性，于是他让这位校对员担任记者，专门负责新闻采访工作。这个工作调动的结果让大家很惊讶：这个小伙子很快成为报业著名的新闻记者，报纸的销量也因此而得到了极大的提升。

仅仅是换了一个工作岗位，这位校对员的表现就有了如此大的进步，可见，了解和尊重员工内心对工作的需求是多么重要。

[案例] 我们再来举一个例子。1982 年，日本著名的游戏制作公司科乐美（KONAMI）任命一个年轻的游戏制作人设计一款赛车游戏。然而这个初出茅庐的年轻人对此并没有多大的兴趣，而是在私下按照自己的想法制作了一款射击游戏。这种自作主张的做法，让科乐美高层勃然大怒，尽管这个射击游戏在市场上的销量不俗，但最终他还是被公司开除了。

离开科乐美后，这个年轻人加盟了一家刚刚成立的小游戏制作公司，并得到了自由发挥的平台，他的才华就像井喷一样，先后制作了一系列让游戏玩家们大呼过瘾的产品，广受市场好评，这个小公司也因为这些游戏产品的火爆销量一跃成为著名的游戏制作公司。这位年轻人就是被称为"街头霸王之父"的著名游戏制作人——冈本吉起。

科乐美的这一用人失败，可以看作是"坎特效应"的最佳注解。这足以说明，企业领导者加强与下属和员工的沟通是何等的重要。只有真正了解了他们对工作的需求，并且尽可能满足他们的需求，才能激发出他们的干劲，才能让企业获得最大的收益。

企业领导者用人的一个极大误区就是：他们往往根据公司业务的需要去给员工分配任务，而不是先与员工沟通，问一问他们的想法，完全忽视了员工自身的职业要求和兴趣。这样一来，所产生的后果可想而知——企业没能从员工的工作中获利，员工也无法在工作中发挥自己的知识和才干，而是每天用尽乎十倍的精力去做一件自己并不喜欢的事情，而结果还未必能让领导满意，长此以往，员工情绪上的负能量与失败工作中的负能量汇集起来，对同事甚至整个团队的坏影响都是巨大的，因此，领导者在分配工作时，一定要重视员工内心对工作的诉求。

领导间的横向沟通很重要

英国 BL 有限公司前总裁 M. 艾德华曾说：在一个组织内，如果领导之间的合作没有处理好的话，组织的命运就值得担忧了。有好的领导集体，才会有好的集体领导。在一个企业中，领导者间的横向沟通很重要。我们先来看下面一则故事。

[案例] 某个国家的森林内，住着一只双头鸟，名叫"共命"。这只鸟的

两个头"相依为命"。遇事两个"头"先讨论一番后才会采取行动，比如去哪里寻找食物，在哪儿筑巢栖息等。

有一天，一个"头"不知为何对另一个"头"产生了很大的误会，造成谁也不理谁的对立局面。其中一个"头"想尽办法和好，希望还和从前一样快乐地相处；而另一个"头"则是王八吃秤砣——铁了心，根本没有要和好的意思。

后来，这两个"头"为了食物开始争执，和善的"头"建议多吃健康的食物，以增进体力；但另一个"头"则坚持吃"毒草"，以便毒死对方，解除心中怒气！和谈无法继续，于是只有各吃各的。最后，那只两头鸟终因身体内积攒过多毒素中毒而死。

这个预言故事看上去或许很简单，却也给领导者们带来了某种启示：一个公司如果管理人员意见不能达到统一，沟通无法顺畅进行，那么上传下去就会遇到矛盾和冲突，长此以往这个公司也就难以为继了。

对此，有人打了一个很有趣的比方，领导之间闹矛盾，就像两只水牛在田里顶角打架，田里的庄稼（相当于公司财产）都被糟蹋了，那些青蛙、蝌蚪、泥鳅（相当于公司员工）等小动物也都受到了不同程度的伤害。对于一个企业来说，这将引起下属各种灾难性的遭遇，同时也导致企业运行中的各种矛盾和冲突。

那么，作为管理层的一员，怎么才能使领导间的沟通顺畅进行，以便更快更好地达成一致意见，避免因精力内耗而使企业止步不前呢？

1. 谦虚

领导间属于同一级别。不管是同一个部门的领导间，还是你与其他人分属于不同的职能部门。如果遇到问题同级之间能以一个谦虚的心态进行沟通，收起领导者的锋芒，那么就能更好地达成一致意见。

2. 信任

如果领导者之间，缺乏足够的信任，那么即使能够心平气和地坐下来沟通，或是表面上看起来沟通很"顺畅"，也不能达成有效沟通，产生不了多少实质性的沟通结果。因为没有信任，就没有真正的沟通。

3. 求同存异

不同人的想法很难能够完全一致，尤其是领导者之间，要本着求同存异的原则进行沟通，在以公司部门之间的整体利益为前提的原则指引下，力求沟通效果最大化，这才是沟通之道，相处之道。

可见，领导者要重视同一级别间的沟通。只有这样，才能使一个公司的和谐气氛自上而下地传递。所谓的正能量都是以身作则传递给大家的。上层之间的和谐会像温暖的和风，在不知不觉中给公司带来团结互助的良好工作氛围，从而更好地增进团队的凝聚力。

将幽默作为沟通的润滑剂

对于笑话，大家可能只是一笑而过，但美国科学家却通过很多笑话实验总结出了一个完美笑话的数学公式：$x = (fl + no) / p$，其中，x 表示笑话的完美程度；f 代表笑料的有趣程度；l 表示笑话的长度；n 表示听笑话者笑得前仰后合的次数；o 表示引起尴尬的程度；p 表示双关语的数量。

这个笑话公式是由一些心理学家和喜剧表演艺术家切磋后得出的。根据上列公式，科学家将完美笑话定义为"能在语句简练的叙述中，通过具有喜剧因素的妙语让人笑得前仰后合，但又不会引起社交场合的尴尬。"

这个公式的创作者之一、心理学家海伦·皮彻女士认为，人们完全可以根据这个公式"批量生产"笑话。我们可能只是觉得这一公式很有创意，但事实上它十分重要。其一经发表，就被管理学家引入企业管理之中，成为一条黄金定律——幽默效应。

幽默是人类心灵的润滑剂，是促成和谐的重要因素。在企业的管理过程中，人们难免会产生一些摩擦，此时，一个不经意的笑话，就可以瞬间去除隔阂，这就是幽默蕴涵的神奇力量。一个有幽默感的领导者往往比一个刻板、严肃的领导者更受员工的欢迎，他也更懂得如何通过幽默来润滑自己与员工间的关系。

[案例] 日本"经营之神"松下幸之助不仅很和蔼可亲，同时也很幽默诙谐。有一次，一位厂长做错了事，松下暴跳如雷，破口大骂。他一边痛骂，一边拿着火钳猛敲取暖的火炉，由于用力太猛，把火钳都敲弯了。因为骂得实在太凶，厂长因受不了而昏倒。

待把那位厂长唤醒后，松下把那根敲弯的火钳递给他说："这根火钳都是为了你才敲弯的。你可以回去了。不过在回去之前，要把火钳弄直。"厂长听了后，如释重负，笑着接过火钳，努力把它扳直。

当厂长扳直火钳后走出门时，松下的秘书已等候在那里，准备要送他回去。秘书说："老板怕你心情不好，特地要我送你回去。"

秘书把厂长送回家后，还私下交代厂长夫人："厂长先生因为工作可能心情不好，麻烦您多费心照顾了。"

次日一大早，松下就打电话给那位厂长："是厂长吗？你是否还在意昨天的事呢？没有吗，那太好了！"

第二天，那位厂长就带着愉悦的心情投入到工作中去了，似乎前一天被痛骂的事情完全没有发生过。

这就是幽默的作用，这可以让人们在面对沟通困境的时候，用简单的一句话轻松化解。此外，幽默还可以提高一个团队的工作效率。

据资料显示，一家充满了幽默气氛的企业，所创造的业绩远比那些工作刻板的企业高得多。很多企业的工作都是机械性的，或者比较紧张繁重，下属难免会产生枯燥乏味的感觉。因此，领导者适时地幽默，放松一下大家紧张、疲惫的神经，这一定能够大幅地提高员工的工作效率。

一直以来，著名的胶卷企业伊士曼·柯达公司都非常注重员工的情绪管理。为了能够创造一个和谐欢乐的工作环境，放松大家的心情，柯达公司在纽约总部为 2 万名员工建造了一座有 4 个活动场所的"幽默房"。

一个是图书室，内有各种笑话书、卡通书籍以及幽默光盘、录像带和录音带；一个是能容纳 200 多人的会议厅，厅内布满了幽默大师卓别林与笑星克罗麦克斯的诸多剧照；一个是玩具房，里面有各种各样的宣泄压力的器具；最后一个是高科技房，里面配备具有幽默功能的各种软件。

当柯达员工觉得工作枯燥无味和压力过大时，便会走进这些"幽默房"，来放松自己的郁闷心情和缓解压力；当他们觉得思维凌乱时，也会走进"幽默房"以此来调节自己的思维。员工往往都愁眉苦脸地进去，带着笑脸出来。很显然，这些设施可以帮助员工放松神经，增强快乐情绪，减轻工作压力，因此深受员工的喜爱。

柯达公司的这 4 间"幽默房"投资很小，但带来的经济效益却非常显著。据柯达公司的领导者们统计，自从"幽默房"开放以来，企业的生产效率直接提高了 25%，而员工请病假的人数也减少了一半。而美国健康科学研究中心的研究员，通过实验向柯达公司提供了另一组数据：员工在"幽默房"里放松一段时间，或参加幽默训练的活动之后，员工低落的情绪值减少了 30%，而他们对工作的满意程度则提高了 75%。在这种和谐欢乐的工作环境中，柯达员工为公司创造了一个又一个辉煌！

美国田纳西州大学心理学教授诃沃德·约利欧非常赞同幽默能提高生产效率这一观点。通过对幽默效应的研究，他发现幽默能够减轻疲劳，振奋精神，使那些从事重复性劳动的人在轻松愉快的气氛中工作时，能够更好地完成任务。

"幽默房"除了提高员工的工作效率之外，还能使他们开动脑筋，提出更好、更有利于工作的建议。如今，"幽默房"已为越来越多的企业管理所借鉴。

而今，越来越多的企业领导者开始具有幽默精神，一说一笑间就把问题解决了。既不伤和气，也不会让员工感到有压力，这样的沟通会更加顺畅自然，这样的领导与团队成员间会较少出现沟通及能量阻塞的问题。

技巧性地拒绝员工的不合理要求

在工作中，一些平时领导者有可能同意的要求，在某些场合下却不得不回绝。所有的人都想顺人意、讨人爱，但是领导者在工作中难免会拒绝员工的一些要求，有的要求合情合理，而另一些却可能是非分的要求。

作为企业领导者的你，如果遇到下面几种情况，你就必须坚决而又简单直接地说"不"。

1. 面对员工的请假要求

员工请假一般分两种情况：一种情况是你的下属没有按照安排休假计划的规定办事；另一种情况是这段时间已经安排给其他员工休假了。要是前一种情况，就应让下属知道他没有遵守制度。你可以这样说："很抱歉，我们打算在那周盘点存货，一个人手也不能缺。你知道，正因为这样我们才规定每年的一月份安排休假计划。"

有时，员工的请假要求与别人预先计划好的休假时间有冲突。遇到这种情况，你要让他明白，批假的原则是"先申请，先安排"，所以不能批准他的请求。不过，可以准许他与已安排休假的那个员工协商调换假期。

2. 面对员工的调任要求

如果是一个可有可无的员工请求调动，那就可以赶快批准。但要是最得力的员工要求调动，而且是在大忙时节，或在一时找不到合适人选顶替的情况下，千万不要断然拒绝，因为那样会使一个好员工自此消沉下去。

领导者可以跟他坐下来谈谈为什么要请调。你会发现促使他调动的原因可能与工作无关：可能是他与某位同事的关系紧张，也可能是一些只有通过调整工作才能解决的问题。通过你们的交谈会很快发现问题所在。如果沟通毫无结果，没有什么能使他改变调动的想法，你只有简单加以拒绝。但要尽可能减少给这名员工造成的消极影响，尽量地给他一些希望。比如你可以说："现在不能调动，过一两个月再看看有没有机会吧！"

这样做不仅为领导者赢来了考虑其他可能性的时间，而且在这段时间里，员工的想法也可能会发生变化。无论如何，对于员工的调动要求表现出关心，有助于减轻直接拒绝对员工所造成的伤害。

3. 面对员工的加薪或升职要求

遇到那些特别尽职尽责的员工请求加薪或升职时，要开口拒绝实在是一件很为难的事情。特别是有时员工的职位、薪酬早应该变了，但因预算紧缩，生意清淡，或其他因素使你无法对他们予以奖励，在这种情况下，要说"不行"更是难上加难。

这时，简单的处理方法是如实相告，向员工说清楚不能够提职或加薪的原因。处理这类问题时，切忌作出超出职权范围的承诺。有些领导者会承诺事情要视将来的情况而定，比如：等生意出现转机，预算松动之后等，这样空洞的语言员工仍有可能把它视为正式的承诺。

4. 领导者面对其他部门的借人请求

面对其他部门的借人请求，为了团结，只要能腾出人手，这类请求一般都应该予以满足。但要考虑下述问题：在你忙得一团糟时，他能否助你一臂之力？被借调过去的员工本人会有什么想法？其他员工会不会拒绝顶替由于把员工借出去所产生的空当？你的上司会不会认为，既然你能腾出人手，你的部门是不是编制太多了？答应了这一次，有多大可能还会有下次？如果出现了以上问题，你恐怕只有说"不"了，只是怎样拒绝对方依然至关重要，因为你不会希望别人认为你不合作，何况你将来也会有求于别人帮忙的时候。所以即使拒绝，也一定要让他知道你很想帮忙，只是由于客观情况所限，才爱莫能助的。

一个肯拒绝、能拒绝、会拒绝的领导才是一个完善的领导者。"肯拒绝"就是不做老好人,"能拒绝"就是拒绝得干净彻底,"会拒绝"就是让自己的拒绝不伤人。领导者的才能大都体现在这里。也只有这样的领导者才能立威,才能服众,才不致因为自己的拒绝而让员工没面子或意志消沉,从而损失能量、降低工作效率。这也是领导者管理能力的集中体现。

将批评的语言夹在赞美中

正确对待下属的过失行为。当下属有过失行为时,领导者既要留有情面,又要不失时机地予以处理,做到仁至义尽和赏罚分明并重。领导者即便是批评下属,也要讲求方法,在批评之前先进行几句赞美,或者在批评之中夹杂着赞美,这样能让被批评的人减少抵触情绪,从而更加乐于接受你的意见。

[案例] 美国钢铁大王卡内基在早期也是一个说话直来直去的人,在公共场合也比较喜欢表现自己。由此他对员工的批评也很直接,有错误直接指出来。但后来随着对心理学的钻研,他改变了交际和管理的方法。

卡内基的侄女约瑟芬·卡内基,19岁的时候来到纽约,成为卡内基的秘书。当时,她刚刚高中毕业,做事的经验几乎为零,所以,在工作中总是出现各种各样的差错。每次卡内基都会毫不客气地对其进行批评,这让约瑟芬感到了巨大的压力。

一天,约瑟芬的工作又出错了。卡内基刚想批评她,但转而一想:"等一等,你的年纪比约瑟芬大了一倍,你的生活经验几乎是她的一万倍,你怎么能希望她与你有一样的观点和判断能力呢?还有你19岁的时候又在干什么呢?还记得那些愚蠢的错误和举动吗?"

经过一番仔细的考虑,卡内基得出一点:约瑟芬19岁时的行为要比当年的自己优秀得多。而他却总是严厉地批评约瑟芬而很少赞美她,由此心里觉得很惭愧。从那以后，当约瑟芬犯了工作错误时，卡内基不再像以前那样当面批评她的错误。他总是微笑着对约瑟芬说："亲爱的，你犯了一个错误，但上帝知道，我所犯的许多错误比你更糟糕。你当然不能天生就万事精通，成功只有从经验中才能获得，而且你比我年轻时强多了。我自己曾经做过那么多的傻事，所以，我根本不想批评你。但是你不认为，如果这样改进的话，会更好一点吗？"听到卡内基这样热情的赞美的话，约瑟芬非常开心，虽然其中也夹杂着批评，但却一点也不令人反感。从此，她在工作不再感到有压力，而是充满了动力，后来她成为了一名很出色的秘书。

人人都有自尊心，即使犯了错的人也是如此。所以，领导者在批评时要顾及下属的情绪，切不可随便加以伤害，要力争做到心平气和、冷静处理。

特别是当下属在工作上已经很尽力，并且他自身对此感到满意的时候，你更要考虑到他的情绪，即便是没有达到要求，也尽量不要直接批评，不要朝他们热情的火焰上泼一盆冷水，否则会让他们的热度全部丧失。这时候，你应该赞美他们的工作态度和成就，然后再委婉地提出自己的建议。

[案例] 麦金利在1856年竞选总统时，共和党的一位重要党员绞尽脑汁撰写了一篇演讲稿，他觉得自己写得非常成功。他很高兴地在麦金利面前把这篇演讲稿朗诵了一遍——他认为这是他的不朽之作。这篇演讲稿虽然有精彩之处，但并不尽善尽美，麦金利听后感到并不合适，如果发表出去，可能会引起对手一场批评的飓风。然而麦金利不愿辜负他的一番热忱，可是他又不能将就采用这篇演讲稿。

于是麦金利这样说："我的朋友，这真是一篇鲜少见到且精彩绝伦的演讲稿，我相信再也不会有人比你写得更好了。就许多场合来讲，这确实是一篇非常适用的演讲稿，可是，如果在某种特殊场合，是不是也很适用呢？

从你的立场来讲，那是非常合适、慎重的；可是我必须从党的立场出发，来考虑这篇演讲稿发表后所产生的影响。现在你回家去，按照我所特别提出的那几点，再撰写一篇，并送一份给我。"

这位党员听到麦金利如此高的赞美感到十分高兴，虽然也提出来要他修改，但他没有一点愠色地接受了。之后麦金利用蓝笔把他写的第二篇演讲稿加以修改，后来这篇演讲稿引起了非常好的反响。并且那位党员在那次竞选活动中，成为麦金利最有力的助选员。

总之，对于有过错的下属，领导者如果处理得当，会使下属与领导者的关系更加亲近，否则会使下属疏远自己，离心离德，甚至会成为领导者的对立面。因此将批评的语言夹在赞美中，仍然可以使员工体会到领导者的用意，这样不但批评达到了应有的效果，员工也不会在领导的批评言辞中消耗能量，反而能够乐于修正自己，干劲倍增。

第七章

职责分明，让每个人都处在最适合的能量点上

　　管理的职能之一就是用人的学问。每位员工都有自己的长处，身为领导者，要能做到善察、善用，最终让每位员工都能在最适合的点上发光发热，这样整个团队的能量就能达到最大化，企业员工的职业幸福感也会相应的增强。领导者要有勇气和魄力，敢于起用能力超过自己的人，同时要有远见卓识，将培养接班人的重任提到日程上来。打个比方来说，领导者就好似团队的"操盘手"，既能将权力稳稳地抓在自己手中，又能自如地调兵遣将，让每一位员工都能朝气蓬勃，铆足了干劲往前冲。

尊重员工对工作的内心诉求

　　每位团队领导者都希望将合适的人放到合适的位置。领导者应该带着智慧心去尊重员工对本职工作的态度，因为只有员工个人了解自己的兴趣点在哪里，领导者要做的就是给员工这样的机会，让每位员工都能在合适的位置将个人的潜能发挥到极致。

　　爱因斯坦说过，每个人都身怀天赋，但如果用会不会爬树的能力来评判一条鱼，它会终其一生以为自己愚蠢。要想解决这种认知偏差，优秀的领导者都应对症下药。兴趣是人的第一老师，当人们对一件事情或者某个问题有了兴趣，就会努力去做，努力去想。员工的兴趣往往就表现在对于某个岗位的热忱，他们会对某些工作非常感兴趣，领导者不如就让他们试着做一做。他们如果在这个岗位上尽其所能，就会发挥自己的热情，努力工作，有所成就。

　　[案例] 杰克·韦尔奇刚进通用电气公司不久，就以其积极的工作态度和出色的科研创新能力，成为 PPO 材料研究领域的专家。但是，当时的通用电气公司的酬薪有着严重问题，管理层的官僚主义十分严重。这让韦尔奇非常压抑，因为这个公司给他的职位令他非常不满意，他更希望能近一步研究如何将他的科研成果应用到生活中去，而不是坐办公室。当时担任通用电气公司副总裁的鲁本·加托夫闻讯后，对杰克·韦尔奇许诺以高薪，并委以重任。

　　杰克·韦尔奇成了 PPO 工艺开发项目的领导人，他的任务是负责将 PPO 转变成具有商业价值的产品。这是个十分艰巨的任务，但是韦尔奇非常快乐，因为这是他朝思暮想的工作。这样艰难的任务在韦尔奇身上变成了意想不到的乐趣。他成功了，他研发出了该产品，并取名"诺瑞尔"。

　　1965 年，韦尔奇建议通用电气公司建造一座价值 1000 万美元的工厂生产诺瑞尔。到了指定一名负责人的时候，却没有人愿意接受这个工作，因为谁都不愿为一种商业价值未能证明的产品去冒险，只有韦尔奇渴望这个工作，他具有其他技术人员所缺乏的销售产品的能力。

杰克·韦尔奇不负众望，1968 年，到公司只有 8 年的他，就成为了公司历史上最年轻的一位总经理，负责整个塑胶事业部门。1981 年，韦尔奇成了公司的总裁，领导通用电气公司雄踞全球企业 500 强中的第一位。

做到"人尽其才"，让员工干他想干、能干的工作，这就是我们说的兴趣的作用。如果韦尔奇一直坚守在原来的岗位上，他就不会有这么大的兴趣，投入这么多精力到工作当中去，又怎么会有机会成就世界 500 强第一的企业呢？可见，做到人尽其才，企业才会越做越强。

每个人身上都有长处。作为领导者，就是要发现员工的这种长处，而且委以相应的职务，使得人尽其才，才尽其用，这样一个企业才能保持繁荣。

在这方面，索尼公司做得非常好，而且方法非常巧妙——不是每天盯着员工找他们的优点和长处，而是让他们自己去发掘自己的优点和长处。

索尼公司在每周出版一次的内部刊物上，都会有一个专门的版面用来刊登"求人广告"，每位在职员工都可以根据广告上的招聘要求，前去应聘。另外，这种应聘是以自由和秘密的方式进行的，员工可以根据自己的能力自由应聘任何职位，而不受上司的限制。

企业对员工进行重新招聘，这听起来似乎有悖于常理，但实际上它是由索尼创始人盛田昭夫推出的一种全新的管理理念——内部招聘。

盛田昭夫认为，实行内部招聘，使员工的工作经常换动，这可以避免他们在一个岗位上因待得时间过长而缺乏动力，并且可以激发员工不断地进行工作技能的改善与更新。更重要的是，实行内部招聘可以使员工找到真正适合自己的职位，从而全身心地投入到工作中去。

索尼公司为员工提供了非常多的工作机会，每位员工都可以自主寻找并从事自己喜欢的工作。盛田昭夫曾经对一位对自己的工作不满意的员工说："如果对自己现在所做的工作不满意，你为什么不去找一个能让你满意、感到轻松愉快的工作呢？在索尼公司你绝对有权利这样做。"

通过这种让员工自己挑选工作的管理方式，索尼公司的员工基本上都能找到最适合自己的工作，由此工作热情被充分激发，工作潜力被最大限度地挖掘。对于索尼公司来说，企业中的每项工作都找到了可用之人，且都是从事该工作的最佳人选。这既让员工从工作中获得了快乐，又提高了企业的效益，皆大欢喜。

用人所长、人尽其才的管理模式，使得索尼公司的效益不断提高，实力不断壮大，最终发展成为了一个横跨电子、机械、家电等领域的世界巨擘。

可见，作为企业领导者，要做到知人善任，要尊重员工的内心诉求。在这一点上，很多企业领导者的能力还有较大的欠缺。很多人抱怨下属没有工作能力，事实上，很多时候，不是下属没有能力，而是领导者缺少一双发现下属能力的慧眼。或者领导者不尊重员工的内心诉求，按照自己的意愿随意给员工安排一份工作，而不管他们是否擅长，就以命令式的语气告诉他们必须怎么做，必须完成多少任务……

梁冬与吴伯凡的文集《无畏》中写道："如果让人在自己擅长的事和喜欢的事当中选择，很多人会选择去做自己喜欢做的事，但是站在让自己卓有成效的维度上来说，应该去做那些自己擅长做的事情……做自己不擅长的事情，在表层和深层都会消耗大量的能量，尤其是这种内在能量，就是我们说的心力、心血，耗费是非常大的。"

可见，没有无用的人才，只有不会用人的领导者。优秀的领导者，不仅善于将人才放在合适的位置，而且知道如何发挥团队成员的特长。

提防先入为主的用人误区

首因效应，有时又称为第一印象的作用。具体说，就是初次与人或事接触时，在心理上产生对某人或某事带有认知定势，从而影响到今后对该人或该事的评价。领导者也是人，是人就有不完美的地方，那就是常会在不经意间受首因效应的影响，对员工作出偏离事实的判断。这种错误的认知，会严重影响到领导者用人的能力，进而影响到领导者与员工之间的关系，甚至会提高企业的离职率。

美国著名心理学家爱德华·桑戴克曾说，人们往往根据第一印象来评判一个人的好坏，然后再依据这个评定来确定这个人的其他品质。如果第一印象被认为是好的，这个人一切品质可能都会被贴上"好"的标签；如果第一印象被认为是坏的，这个人一切品质可能也都会被贴上"坏"的标签。

也就是说，人们根据最初获得的信息所形成的印象不易改变，甚至会左右或排斥对后来获得的新信息的解释。这种情况在我们很多人身上都存在，可以说是人的一个共性。但是作为领导者，必须要克服这一点，不要仅凭第一印象或者别人的只言片语来判断一位员工优秀还是糟糕，这不仅不公平，而且会造成一叶障目的恶果，企业很可能因此而错失优秀人才。

当诸葛亮去东吴吊丧周瑜回荆州的时候，在路上遇到庞统，经过一番交谈之后，给了庞统一封拜见刘备的推荐信，过了一段时间，庞统去见刘备，但未带推荐信，而此时诸葛亮也不在刘备身边，刘备觉得庞统这个人身材矮小、相貌丑陋，就以貌取人，认为此人无大才，然后就只给庞统一个县令的职位。庞统上任后，不理政务，适逢张飞巡查各地县令政绩，待张飞到达庞统辖地，看到公务案件积压得有几米高，狠狠地批评了一顿。然后庞统只花了一天时间就将三个月积累下来的案件完全处理干净了，张飞赞其才，向刘备推荐庞统，此时诸葛亮已在刘备身边，而庞统也拿出了推荐信，刘备这才意识到庞统就是传说中的"凤雏"，然后立即拜庞统为左军师。

连刘备这样知人善任、被曹操称为英雄的豪杰人物都会受首因效应所影响，一般的领导者就更应该注重首因效应所带来的后果了。

有一家电脑软件制作公司打算招聘软件工程师，一个小伙子前去面试。因为其穿着随意，给面试官留下了不好的印象，给他注上了一个"散漫、难以踏实工作"的标签。于是在简单询问了几个相关专业问题后，便将其淘汰了。半年后，这家公司的竞争对手抢先推出了一款软件，市场反响巨大。这家公司经过深入调查才发现，制作这款畅销软件的工程师，正是曾被他们的面试官淘汰的那个小伙子。更让他们惊讶的是，这个人曾经是国外一家计算机软件设计公司的主管工程师。而仅仅因为面试官们对他的第一印象较差，公司就失去了一位非常优秀的人才，使其成为对手刺向自己的一把利剑。

为了避免首因效应影响到人才招聘，当今很多的欧美企业都选择双重面试的人才招聘制度。双重面试的过程是，首先由企业的人力资源部对应聘者进行审查和考核，但无论应聘者是否通过这一面试，都会得到保留的机会，并且由其应聘的工作部门组织考官再进行一次审核。在第二次审核之前，人力资源部会将应聘者的第一次面试结果交给该部门的面试官，以供其参考。最终的面试结果由具体工作部门结合人力资源部的第一印象考察结果来决定。这对于避免优秀人才的流失可以起到重要的作用。

而在我国，目前实行这种人才选拔方式的企业还比较少。一份关于国内企业的调查报告表明：国内企业面试一名应聘者的平均时间约为 5 分钟，也就是说，应聘者只有 5 分钟的时间来表现自己，一旦他们在这段时间内的表现不能打动面试官，那么最终的结果只能是被淘汰出局。这样的招聘方式，可以说太过简单，很多企业因此而造成了优秀人才的流失。这样的例子，在现实中可谓是屡见不鲜。

所以，领导者必须了解的是，对于人才的第一印象绝对不能作为一种定论。一定要抛开首因效应带来的影响，对应聘者的才与德进行全方面的了解和考察，否则，就会把很多优秀人才漏掉。

事实上，从古至今，领导者在管理上所出现的问题，最基本的原因在于不能对自己的下属进行客观、全面的认识和了解，往往在不自觉间根据自己的第一印象进行判断，从而导致不能很好的知人善任。

对于企业领导者来说，要想做到知人善任，使自己手下人才济济，从而打造一个优秀的团队，首先要在识人上打破首因效应的影响。只有在对团队成员进行全面了解之后，才能实现对成员相对客观的判断，也只有在这样的前提下，才不会将人才放在错误的位置上，让员工从一开始就对工作甚至连带对公司产生抵触情绪，从而抑制自身潜能的发挥，甚至导致团队的正能量耗损。这对于一名优秀管理者来说，是最不应该出现的现象。

相信员工能做好， 让他们自由发挥

在前面我们提到过，领导者最容易犯的错误就是大包大揽，对员工不放心，凡事都要求员工按照领导者个人认为的完美标准来进行，这样做极大地限制了员工的创造力，挫败了员工的工作积极性，久而久之，公司的工作氛围必然死气沉沉。领导者要相信，员工是有能力的，要让他们放手去做，充分信任员工，让他们在你的权力范围内独立处理，使他们有职有权，这样团队成员才能更安心地做好工作。

中国对外经济贸易合作部原副部长龙永图就称得上是一位善于用人的领导。他在担任中国入世谈判首席代表时，曾选过一位秘书，当时很多人反对。在众人眼中，秘书都是勤勤恳恳，做事谨慎，工作细致，并且很会照顾人的人。但是龙永图选的这位秘书，处事完全不一样。他是一个大大咧咧的人，一点也不懂得照顾人。每次龙永图和他出国，都是龙永图走到他房间里说，起床吧，到点了。对于日程安排，他有时甚至不如龙永图清楚，原本9点的活动，他却说9点半，经过核查，十有八九是他的错。

但为什么龙永图会选他当秘书呢？因为他是世贸专家，而且对世贸问题简直像着迷一样！另外他还有一个特点，就是"耐骂"。这一点对于龙永图来说很重要。由于当时谈判的压力很大，龙永图的脾气也很大，经常和外国人拍桌子，谈判回来以后，一句话也不说。每次龙永图谈判回来，其他人都不愿意到他房间去，因为怕挨骂。唯有那位秘书，每次不敲门就进来了，而且一坐下就跷起二郎腿，说他今天听到什么了，还说龙永图某句话讲得不一定对，等等，而且他基本上不称龙永图为龙部长，都是叫"老龙"，或者直接叫"永图"。他还经常出一些馊主意，被龙永图骂得一塌糊涂，但他最大的优点就是耐骂。

无论怎么骂他，5分钟以后他又回来，"哎呀，永图，你刚才那个说法不太对"，然后与龙永图重新讨论先前的问题。

这位秘书精通专业又耐骂的特点，对于当时的龙永图来说特别可贵，可以使龙永图在盛怒之下仍能听到理性的声音。

世贸谈判成功以后，这位稀里糊涂的秘书被龙永图很快送走了。原因很简单，他做谈判专家助理很出色，但是在平时的工作中，他就不合适了。

可见，龙永图作为领导者在选人用人方面是有着独到之处的。他没有因为这位秘书不符合职业标准而放弃任用，而是让这位秘书在职务范围内自由发挥，从而使这位特别的助理秘书通过自己的才识，很好地协助领导者完成了重要的谈判任务。这就是不拘小节的用人能力。

麦当劳的总裁克罗克是一个自由的思想者，他不仅从不阻碍年轻领导者的发展，而且还对年轻的领导者采用启发、咨询和教导相结合的方式鼓励他们，从不独断独裁。他说："我喜欢授权，而且一向尊敬那些能想到我想不到的好主意的人。"虽然有些主意他也会去反对，去禁止，但是从大方向上来讲，克罗克还是喜欢去支持自己手下的员工们自己去解决问题，并热衷于将新想法付诸实践。他说："如果有人出了新主意，我会让他实验一阵子。有的时候，我会做错事；有的时候，他们会做错事，但是我们可以一起成长。"

麦当劳的每一位领导者都有自己的权力去决策，他们有独立自主的发展空间，他们很高兴这样去做，没有束缚。当然，这也要求他们承担相应的责任。

在分权管理的制度下，麦当劳的领导者表现出了相应的热情。麦当劳给所有想表现但是却没有机会的人相等的机会，然后让他们去利用这个机会作出一番事业。桑那本就是这样的一个例证。

桑那本与克罗克是两个性格完全不同的人。克罗克外向，开朗，而桑那本却内向、深沉。桑那本喜欢面对着密密麻麻的数字进行分析、理解、归纳、总结，然后给出结论和办法。桑那本在理财上是非常有独到之处的，他首先提出麦当劳要进入房地产行业，这对于速食业来说是有风险的，但克罗克却并没有阻止桑那本，而是让他放手去做。因为克罗克认为，桑那本可能会犯错，但是他会在错误中成长。可喜的是，桑那本取得了成功，并且使得麦当劳的股票能够在纽约证券交易所上市，自己也被提升为麦当劳的财务总经理。

克罗克重用桑那本，已经足以说明问题了。

对于一个从未面对过的行业，克罗克居然让桑那本一个人面对，可见克罗克对于新人的信任。还有：特纳因创造出一套成为速食工业楷模的营运制度，而成为麦当劳的新任总裁；史恩勤设计建筑、设备、标志，日后也成为业界的标准；马丁诺由于善于处理人际关系和发现人才，而成为公司的董事；康利则善于招募加盟者，为麦当劳奠定了壮大的基础。这些人，无一不是在麦当劳宽松的环境中求得发展的。而我们也能从这种宽松的权力环境中看到，人才总是喜欢更多的自由。

由此可见，这种让员工自由发挥的管理模式必须满足一个基本的前提，那就是领导者要充分信任自己的员工，相信员工能把工作做好，这本身就是对受命者最大的支持和鼓励，相信没有哪个员工在此情此景下，不会全力以赴地投身到新的有挑战性的工作任务中去。这也是激发员工潜能的最好办法。

对于优秀人才，要不惜重金聘请

让领导者最为头疼的就是企业里看似兢兢业业然而却无所事事的现象。有一个非正式的人力资源的定律：一半的员工，两倍的工资，三倍的效率。即一个公司砍掉一半的人，给每个人的工资增加一倍，剩下的人能发挥三倍的效率。现在总是说要保就业率，不让大家都失业。但是，站在企业的角度来说，假如可以把公司员工总数砍掉三分之一，那么生产率或许会大大提高。

美国苹果公司总裁史蒂夫·乔布斯说："一位出色的人才，抵得上50名普通的人才。"它旨在提醒人们：拥有一流的人才，才能成就一流的企业。乔布斯不但是这么说的，也是这么做的。由于苹果公司需要有创意的人才，他大约把1/4的时间用于招募人才。

通用公司的总裁杰克·韦尔奇也是如此。他说："我们所能做的是把赌注押在我们所选择的人身上。我的全部工作便是选择适当的人才。"与很多 CEO 把大部分的时间花在管理经营上所不同的是，韦尔奇把 50% 以上的工作时间花在人事管理上，他说自己最大的成就是发现、培养和关心人才。他至少能叫出 1000 名通用电气高级管理人员（通用共有员工约 17 万人）的名字，知道他们的职务和性格等，以及知道他们每天做些什么。

韦尔奇认为，挑选最好的人才是领导者首要的职责。他说："领导者的工作，就是每天把全世界各地最优秀的人才招揽过来。他们必须热爱自己的员工，拥抱自己的员工，激励自己的员工。"

毫无疑问，现代企业的竞争最主要的是人才的竞争，人才是一切竞争要素中最核心的要素。因此，如果一个企业缺乏人才的话，那么就将很难发展壮大。想想看，企业的设备需要人才去操作，技术需要人才去研发，市场需要人才去开拓，如果没有人才的话，能行吗？

瑞安集团董事长罗康瑞曾说，"一家企业最重要的资产就是人才。从我父亲给我 10 万元创业，到今天公司这个规模，主要就是靠我不断地引进和培训人才，为员工提供一个能发挥所长、与公司共同成长的环境。人力资源是我们最重要的资产，我们总是吸引、发展和维护具有卓越才能的员工，为力求上进的员工提供发展的机会。"

因此，企业在竞争激烈的人才市场上争夺优秀人才往往不惜重金。

我们先来算一笔账：按乔布斯的观点，一位一流的人才，抵得上 50 名普通的人才。假如一个普通人才的年薪是 5 万元的话，那么我们即便是给一流的人才 100 万元的年薪也不亏，因为他的价值起码值 250 万元。

森达集团总裁朱湘桂在这方面可谓是一个非常精明的人。森达原是位于江苏一个并不富裕地区的一家小企业，但为什么仅用十几年的时间就创造了一个庞大的"森达帝国"，击败了许多的大企业，成为中国皮鞋领域的第一品牌呢？这就是因为企业重视冒尖的人才。

有一次，朱湘桂偶然得知台湾著名的女鞋设计师蔡科钟先生来到上海并有在大陆谋求发展的意向，朱湘桂十分高兴，第二天即赶赴上海去面见蔡科钟。

经过促膝长谈，以及之前的多方了解，他确信蔡先生是个不可多得的人才，于是打算聘请他。但蔡科钟先生要求年薪不少于300万元。朱湘桂尽管有足够的思想准备，但听到这个数字后还是吃了一惊，这几乎相当于他的小企业好几个月的收入！但他最终还是决定聘用蔡先生。

聘用蔡先生的消息传到森达集团总部后，立即掀起轩然大波，上上下下都是反对声。有的说，他是有能力，但年薪太高，我们等于替他挣钱，东河取鱼西河放，不合算；有的说，蔡先生是台湾人，以前只是听说他很厉害，但到底怎么样，适不适合大陆的情况，还不好说，等他的本事显露出来再谈年薪也不迟。但朱湘桂认为，要想留住一名优秀的人才，必须给他提供较高的薪酬。他向股东们解释说，聘请蔡先生这样的国际设计大师，能够不断地推出领导消费潮流的新款式，从而占领更大的国内外市场，使森达品牌在国内、国际叫得更响。

蔡先生上任后，果然非同凡响。他以其深厚的技术功底、创新的思维方式和对世界鞋业流行趋势的敏锐察觉，把欧美、港台和中国内地女鞋的时尚元素融为一体，当年就开发出120多种新鞋款式。这些款式新颖的女鞋一投放市场，立刻成为消费者争相购买的"热货"。仅一年，蔡先生设计的女单鞋就为森达赚得了5000万元的利润。

那些最初议论蔡先生年薪太高的人，此时的评论完全转变了，他们说，300万元年薪请来蔡先生，真是值得。

福特公司在聘请高级人才方面也是绝不吝惜钱财的。有一次，福特公司的一台电机坏了，公司所有的工程技术人员努力了很多天，还是未能修好，于是只好另请高明。他们请来了一个叫斯坦因曼思的工程师。

斯坦因曼思来了后，在电机旁听了听，之后要了一架梯子，一会儿爬上去，一会儿爬下来，最后在电机的一个部位用粉笔画了一道线，写上几个字："这儿的线圈多了16圈。"果然，把这16圈线圈一去掉，电机马上运转正常了。

亨利·福特对斯坦因曼思非常欣赏，对他说，我想请你到福特公司来工作，年薪是你现在的双倍。但斯坦因曼思却说："我所在的公司对我很好，我从德国流落到美国后，是我现在的老板帮助了我，我不能见利忘义。"

福特马上说："我把你供职的公司买过来，这样你就可以来我们这里工作了。"后来，福特果然这样做了。他以 200 万美元的高价买下了斯坦因曼思所在的那家小公司，并且给他很高的年薪。

福特为了得到一个人才，竟不惜重金买下一个公司，实在是令人佩服。

后来，福特二世接管公司之后，也是一样。他不惜高价，聘请了号称"神童""蓝血十杰"的"桑顿小组"，后来他又不惜答应给对方股票特权的方式从通用汽车公司挖走了布里奇。而且，布里奇又给福特公司带来了通用汽车公司的几名高级技术人员。

这些人上任后进行了一系列改革，使福特公司重新焕发出了生机，利润连年上升。他们推出的美观又价格适中的"野马"轿车，创下了汽车行业销量的最高纪录，把"汽车王国"又一次推向了巅峰。

重视人才不是挂在嘴边的口号，不能像叶公好龙那样，说一套，做一套，而要以实际的行动让人才感觉到你对他们的重视，要给予他们优厚的待遇。其中对于冒尖的人才，一定要不惜重金聘请。

"重金买才"，这是最直接、最便利的求贤方法。对此，很多美国企业都将丰厚的报酬作为争夺人才的法宝。可以说，美国的企业拥有强大的科研开发能力，便与此有关。他们能够以重金吸引到世界各地的人才。这一点，很值得广大企业领导者学习，

当然，引进人才之前，一定要考虑清楚，公司需要哪方面的人才，所聘用的人员是否具备这方面的素质，以及公司的财力是否承担得起，自己是否有把握让他们发挥出最大潜能，创造出最大价值等。这些都是要在聘请人才前重点需要考虑的，否则就可能出现用人失误，给企业带来很大的损失。

敢于起用能力超过自己的人

任何一个企业都是由无数的人才组成的，企业需要多领域的精英们的加

盟，才能创造出最大的价值。这个道理听上去很简单，任何一个领导者都明了其中的含义。然而事实却并非如此，很多领导者往往做不到，或者做不好。下属比自己更有才能，在很多人看来，有一种无形的压迫感，担心有朝一日自己的地位会被取代，正是这种狭隘的心理制约了众多小企业的发展。

这里有这样一个故事。美国奥格尔维·马瑟公司总裁奥格尔维召开了一次董事会，在会议桌上，每个与会的董事面前都摆了一个相同的玩具娃娃。董事们面面相觑，不知何故。奥格尔维说："大家打开看看吧，那就是你们自己！"于是，他们——把娃娃打开来看，结果出现的是：大娃娃里有个中娃娃，中娃娃里有个小娃娃。他们继续打开，里面的娃娃一个比一个小。最后，当他们打开最里面的玩具娃娃时，看到了一张奥格尔维题了字的小纸条。纸条上写的是："如果你经常雇用比你弱小的人，将来我们就会变成矮人国，变成一家侏儒公司。相反，如果你每次都雇用比你高大的人，日后我们必定成为一家巨人公司。"这件事给每位董事留下很深的印象，从此以后，他们都尽力任用比自己更强的人才。

奥格尔维的话道出了一个企业生存最重要的理念。有时，这种思想甚至不是个别企业领导的想法，而是很多领导者的"共识"。很多企业口头上高喊"人才第一"的口号，但在招聘时却拒绝优秀人才的加盟，觉得这些人难以管理，或者把他们看成是自己未来的"取代者"。

[案例] 1970年，李·艾柯卡由于为福特公司的发展立下了汗马功劳，出任福特汽车公司的总裁。但他的才能为公司的所有者亨利·福特所嫉妒。有一次，100多个美国银行家和股票分析家聚会，艾柯卡应邀出席，他的发言受到了参会者的一致好评。没想到，这让福特发怒了，因为他认为艾柯卡抢了他的风头。

他对艾柯卡说："你跟太多的人讲了太多的话，他们还以为你是福特公司的主事者，这种情况让我太难受了。"于是，福特毫不理会艾柯卡的意见，而作出不再把小汽车推向市场的决定，结果导致公司巨亏。

后来，为了把艾柯卡踢出去，福特的手段一个接一个，先是到处散播谣言说艾柯卡早已和黑手党搅在一起了，后来发展到在董事会上直截了当地提出批评。1978 年 7 月 13 日，由于"功高盖主"，在福特工作了 32 年的艾柯卡被嫉妒之火烧昏了头脑的亨利·福特开除了。

不仅如此，亨利·福特还对艾柯卡的支持者进行整肃，谁要是继续保持与他的联系，自己也就有被开除的危险。艾柯卡被解雇一周后，负责公共关系的墨菲接到了亨利·福特打来的电话："你喜欢艾柯卡吗？""当然！"墨菲回答。"那你被开除了。"事情就是这么简单。

幸好艾柯卡当时已名声在外，许多汽车公司都向艾柯卡发出了邀请，他最终选择了克莱斯勒，出任总经理一职。

但是克莱斯勒公司的状况比他预料的还要糟。由于前任的无能，公司几乎处于无政府状态，纪律松弛，35 位副总裁搞内斗，互不通气；财务混乱，现金枯竭；产品粗制滥造，积压严重。就在艾柯卡上任的当天，该公司宣布连续 3 个季度的亏损达 1.6 亿美元。

为了拯救克莱斯勒，确保 65 万员工的工作和生活，艾柯卡没有简单地裁员，而是以紧缩开支为突破口，提出了"共同牺牲"的大政方针。艾柯卡从自己做起，把 36 万美元的年薪降为 1 美元，与此同时全体员工的年薪也减少了 125 倍。

艾柯卡把自己年薪减至 1 美元的做法在美国企业界没有先例，很自然地引起了轰动。克莱斯勒人长期以来一直很铺张浪费，讲究奢侈，他们开始时很不理解。然而榜样的力量是无穷的，老总的表率作用是最好的动员令。从各级领导到普通员工，大家渐渐地达成共识，心甘情愿地勒紧裤腰带。

经过艾柯卡的一系列改革，到 1983 年，克莱斯勒公司已经可以发行新股票了。本来计划出售 1250 万股，但是谁也没有料到，股民认购十分踊跃，最终的发行量超出一倍多，发行了 2600 万股，并且在一个小时内就全部卖光了，其总市值高达 432 亿美元。这是美国历史上位居第三位的股票上市额。这一年，克莱斯勒公司获得了 925 亿美元的实际利润，创公司历史新高。

1983 年 8 月 15 日，艾柯卡把他生平从未开过的面额高达 8.1348 亿美元的支票交到银行代表手里。至此，克莱斯勒还清了所有债务。而恰恰是 5 年前的这一天，亨利·福特开除了他。1984 年，克莱斯勒公司扭亏为盈，净利润达到24亿美元，同时也成为福特公司的一个强劲对手。

古语云："海纳百川，有容乃大。"从福特因为嫉妒而驱逐艾柯卡的事例可以看出，妒才是领导者的大忌。那些时常害怕下属超越自己、抢自己风头而对下属予以开除的领导者，是很难取得成功的。因为仅靠一个人的能力和智慧是不可能将企业做大、做强的。

对此，上海复星高科技集团董事长郭广昌曾说："领导者一定要学会任用比自己强的人，要学会用你的老师——每个比我强的人都是我的老师；要学会用在某个领域比自己强的人——这些人就是专家。企业家经营的过程，其实就是一个不断找老师的过程；而复星能够快速发展到今天，也就是老师找得多、找得准。"任用比自己优秀的人，这正是学哲学出身的郭广昌在商业领域取得成功的关键。

所以，领导者必须具有敢于和善于启用优秀人才的胆量和能力。只有这样，才能打造出一支强大的管理团队，让企业更加具有竞争力。一个嫉贤妒能的领导者心胸会越来越狭窄，既然领导者不能容人，企业无异于戴着枷锁前进。心有多大，舞台就有多大。只有敞开心胸，不惜重金用人才，拥有"三顾茅庐"的精神，才能让有才能的人为我所用，才能让有才华者能量的小宇宙爆发，让他们的光与热带动其他员工一起前进，这才是一个合格领导者所应该做的事情。

有挑战性的工作让年轻人发光发热

人的能量如果没有经过督导，没有一个目标的指引，就会做无结果、无目标的布朗运动，不知不觉地耗散，这就是许多无所事事的企业员工们每天上班时在做的事。这种现象给新一代的领导者们提出了很大的挑战。要怎么做才能调动起这些员工的积极性，改变他们懒散的工作状态？经验证明，我们过去由领导者来管理的思维是不对的，真正卓有成效的管理必须要由目标来管理。

日本管理学家秋尾森田提出：如果我们把很重要的职责搁在年轻人的肩头，即使没有什么头衔，他也会因为你委以重任而将会带来的光明前途努力工作。

梁启超先生说，少年智则国智，少年富则国富，少年强则国强，少年独立则国独立，少年自由则国自由，少年进步则国进步，少年胜于欧洲，则国胜于欧洲，少年雄于地球，则国雄于地球。

对于企业来说，也是如此，青年强则企业强，青年胜则企业胜。因为青年人的腰是硬的，扛得起大石头；青年人的梦是远的，愿意为之付出。一个有远大抱负的企业，他们的未来在年轻一代的领导者身上，他们把握时代脉搏的神经在年轻人身上。

所以如果你希望在未来的竞争中占据制高点，着手培养年轻的领导者一定不会错，他们会给你带来无穷的惊喜。

[案例] 1926年，松下电器总裁松下幸之助想在金泽开设一家办事处。令人意想不到的是，他将这项任务交给了一个年仅19岁的小伙子。松下把年轻人找来，对他说："这次公司决定在金泽设立一个办事处，我希望你去负责。现在你就立刻去金泽，找个合适的地方，租下房子，设立一个办事处。资金我已经准备好了，你拿去进行这项工作吧。"

听了松下这番话，这位年轻的业务员大吃一惊。他惊讶地说："这么重要的职务，我恐怕不能胜任。我进入公司还不到两年，是个新职员，并且我的年纪还不到20岁，真的是没有什么经验……"他脸上的表情既惊讶又不安。

可是松下对他很有信心，以几乎命令的口吻对他说："你没有做不到的事，你一定能够做到。放心，你可以做到的。"

看到总裁这么信任自己，给予这么高的评价，这位年轻人欣然同意。他一到金泽就立即展开活动，每天忘我地工作，并且都把进展情况一一写信告诉松下。没过多久，筹备工作就已经准备就绪了，于是松下又从大阪派去一些职员，顺利地开设了办事处。

松下幸之助第二年有事途经金泽，特地去这个办事处检查了工作。为了表示对年轻人的信任，松下幸之助拍着年轻人的肩膀说："我相信你，你只当面向我汇报就可以了。"那位年轻人十分感动，办事处的业绩自然越来越好，年轻人圆满地完成了任务，同时也获得了松下的提升。

松下幸之助回忆这件事时总结说："对人信任才能激励人。我的阵前指挥，不是真正站在最前线的阵前指挥，而是坐在社长室做阵前指挥。所以各战线要靠他们的力量去作战，因此反而激发起下属的士气，培养出许多尽职的优秀下属。特别是对年轻人，更要如此。"

年轻人精力充沛，并且富有挑战精神，当把一件重要的事情交给他们去做的时候，他们通常感到的不是压力，而是兴奋，由此他们通常会以加倍的热情投身到工作中去，有时甚至会废寝忘食。

然而，领导者也不能随便把一个企业重担放在一个年轻人的肩上，那可能比赌博更危险。所以，作为领导者，不能随便允诺年轻人，如果说了，但却没有重用他们，非但不能激励他们努力去工作，反而会让他们产生厌恶和逆反的态度。

对此，日本管理学家秋尾森田警告说："不守信用的领导如同酩酊大醉的酒鬼，满嘴都是胡言乱语。这样的人最后只能引来怀疑和嘲笑。即使他清醒过来，也不会有太大的改变。"

对此，领导者要多对年轻的下属进行观察和考察，只有在真正确认了他们有能力之后才能把重要的担子交给他们去挑。

当然，还应该多给年轻人锻炼的机会，平时做好沟通，和他们一起做好职业规划，让年轻人职责分明地了解自己应该做什么，想做什么，能做什么，什么才是自己做得最好的。这是至为重要的一点。在现实生活中，一般人都很难拥有一双慧眼，不可能一眼就看出谁是可造之材。这样的话，就要多给下属锻炼的机会。可以说，实践是最好的试金石，谁是优秀人才，谁不是，通过领导者这种期许式的任务安排，对年轻人职业热忱的调动可想而知，自此整个团队的正能量自然也就调动起来了。

选好接班人是最重要的事情

接班人管理也是企业人才培养的重中之重。一个团队领导者如果没有接班人意识，刚愎自用，那么这支团队经营得再好，也只能是昙花一现，就好似有限的能量消耗完毕，能源却没有了，那么这样的企业何谈发展呢?

英国宇宙航行组织前总裁奥斯汀·皮尔斯提出：要追寻有效的企业经营发展前途，企业的未来后继接任人选实在是件相当重要的事，公司执行主管应该将此提到与企业财务收支同样重要的层面上，即要完善培养接班人的制度。这一观点得到了企业界的广泛认同，由此被称为"皮尔斯定律"。

对此，美国通用公司前总裁杰克·韦尔奇也持相同的看法，他说："高效的领导者都意识到，对领导能力最后的考验就是看能否获得持久的成功，而这需要不断地培养接班人才能完成。"

韦尔奇并不是只是说说而已，在通用做了 20 年的 CEO 后，他认为该是自己交接权力棒的时候了。他选择伊梅尔特作为自己的继承人，很平静地完成了职位交接仪式。很多人都认为，韦尔奇才 65 岁，正值职业生涯的巅峰状态，既经验丰富，又精力旺盛，退休未免太可惜了。但在韦尔奇自己看来，作为一个 CEO，在这个位置上做的时间太长了未必是件好事。

对自己的退休，他说："我并不是因为觉得自己老了或是累了才决定退休的，而是我为我在这个位置上已经呆了 20 年了，这个时间太久了，公司应该来一个新人给它一个重新的开始。我的成功，要是确实有的话，要由我的继任者在未来的日子里来决定。"

在通用公司，一向非常注重接班人的培养和挑选。韦尔奇的前任雷吉·琼斯花了 7 年的时间才最终选定韦尔奇出任通用新的 CEO，这被人们视为通用发展史上最为成功的一项决策。韦尔奇很好地继续了这种决策，为此，他花了大力气来选择自己的继承人，这是对他领导力的又一次重要考验。

通用公司有一套严格的接班人选拔制度——提前几年拟出一个候选人名单，这个名单是保密的，一般连候选人自身都不知道自己被纳入了候选名单。这之后，公司会密切注意候选人的一切动向，所有董事都会对候选人员进行考察和打分。正是通过这种方式，韦尔奇2001年选择了伊梅尔特作为自己的接班人，而这个选择过程早在1994年时就开始了，前后共考核了7年，时间不可谓不长。由于通用坚持一种系统、严密的选人方式，从而使公司内部人才云集。韦尔奇经常不无自豪地说："这是一家由众多杰出人物管理的公司，而我的功劳，就是为公司物色到了这些杰出人士。"

此外，摩托罗拉公司也以善于培养接班人而著称。摩托罗拉制定了一套公司主动、员工积极参与，旨在发挥每位员工所长的职业规划和发展机制，这使得员工的职业能力得到了良好的发展，公司也人才辈出。

在摩托罗拉，每一个职位一般有三个接班人：第一个是直接接班的；第二个计划在3~5年内接班；第三个要么是少数民族，要么是女性。第三个接班人涉及该公司目前实施的员工多样性发展计划，也就是需要形成多民族、多种族和性别平衡的人员发展结构。正是有了这样的制度，使摩托罗拉形成了一个人才的发展梯队，从而能使人才进行正常的新陈代谢，保证公司业务持续、长久的发展。

是否注意培养自己的接班人，对于企业未来的发展来说极为重要，可以说是企业一件最重要的事情。在知识经济时代，人力资本已经超出了其他一切资源，成为决定企业经营成败的最关键因素。一个企业要想保持健康、持续的发展，可以说必须完善培养接班人制度。

对于这一点，我们比较一下世界饮料业的两大巨头——可口可乐公司和百事可乐公司的发展历史就能看出来。

此前，可口可乐是世界饮料业的龙头老大，发展势头比百事可乐要强劲得多，但是，现在可口可乐开始走下坡路了，为什么呢？

可口可乐以前的古巴籍老板是位著名的管理专家。他在位期间，可口可乐的价值极速攀升，但是他疏忽了一点，那就是培养接班人。于是当他突然去世时，可口可乐匆忙地换了一个财务总监接任总裁的位置，结果他在任的两年里，可口可乐到处出事，他就像是一个消防队员，四处救火。

与此不同的是，从 20 世纪 90 年代开始，百事可乐公司的 CEO 就要花 1/3 的时间去培养人。当百事可乐想在韩国投资时，它把这个投资行为当成培养接班人的机会，在公司内部选拔了 10 位有潜力的人，作为培养对象派到韩国去做调查分析。这 10 位精英要告诉他们的 CEO：去韩国投资到底可行不可行？风险有多大？效益的空间又有多大？继而副董事长会亲自带队，告诉他们应该怎么去做？怎么分析？通过这位副董事长，总部的文化、理念、经营思维都传递给了这 10 人。最终，百事可乐既把投资项目做了，又考核和培养了接班人。

百事可乐每个季度都会做一次类似的培养。正是对培养继任者的不同态度，导致了"两乐"的不同发展结果。

可见，培养接班人对一个企业的发展作用重大，它能保证企业拥有源源不断的后备人才，使企业的正常经营不至于因为人才出现突发情况而发生断裂；它能有效地降低，甚至消除员工辞职或离职对企业经营活动造成的损失。同时，制定一个完善的培养接班人制度，可以让公司的员工感到自己会有公平的提拔、升迁机会，这对提高员工士气、激励员工努力工作、增加员工对企业的凝聚力和向心力都具有明显的作用，从而为企业长远和健康的发展提供人才。

接班人的重要性不言而喻，一个合适的接班人可以让一个企业脱离困境，如 IBM 的郭士纳、通用公司的韦尔奇、西屋电气的伯纳姆等；一个差的接班人则很可能让一个企业陷入危机，如王安电脑公司的王烈（王安的儿子）、摩托罗拉公司的高尔文等。接班人对一个公司的影响可以上至经营决策，下至日常管理，也就是说，无论是低层还是高层，都不免受到公司"换班"的影响。

可见，接班人意识是管理能力中重要的一环。企业领导者能否选好接班人在很大程度上决定了整个企业团队的走向，乃至整个企业未来的发展。其中包括团队的凝聚力、爆发力、竞争力，等等。实践证明，一位有领导潜质的员工，必定具备超乎一切的感召力，敏锐的觉察力，以及强大的心态，能够引领团队不断进行自我的能量更新，以适应不断变化的市场需求。

不能拿职位来给员工做奖励

很多时候，企业领导者为了调动员工的积极性，创建了一种晋升回报的企业文化。事实上，这种做法会给企业的发展带来了很大的负面影响。管理学家劳伦·彼得曾经提出过一个令人惊诧的理论：在一个等级制度中，每个职工趋向于被上升到他所不能胜任的职位。这一结论，是他通过对一些企业失败案例的分析得出的。如果这一理论成立，那么现代企业的晋升制度可能存在很大问题。

现代企业的晋升机制，通常都是按照员工的贡献来决定的，如果一位员工在工作中表现出色，就会得到晋升以作为奖励。这种形式表面上看十分公平，实际上却存在着很大的隐患。奖励式晋升的最大问题在于，它很少会考虑到晋升的职位是否适合这位员工，如果不适合，这就会造成企业和员工的双重损失。

当下中国的很多企业专业技术类人才缺乏，就是因为许多高级技术人员工作至一定年限后直接提升到了无任何经验的管理层，结果造成了企业资源的空耗。在一些以销售业绩作为晋升标准的行业中，比如房地产业、保险业等，这种情况最为常见，员工所带来的经济效益，被强化到了一个无以复加的地步，他们晋升的唯一渠道，就是取得最好的业绩。然而这种奖励机制从本质上说，是没有多少建设性的。因为只看重经济效益的结果，却忽略了员工本身的能动性和个人品质，因此晋升的结果往往是事与愿违。

根据彼得原理，晋升显然不适合当作一种奖励手段来应用到日常管理当中。晋升员工，领导者首先要考虑的是这位员工是否适合这个职位，而不是其他原因。

事实上，决定一个人能否当领导，不是他有多强的业务能力，而是他的性格，做事有没有魄力，在人们心目中有没有威望。就这几点来说，有些人天生就是当领导的材料，而有的人则可能天生就不适合。

[案例] 小张是一家公司的老员工，平时工作认真努力，因此一直得到部门主管的夸赞，同事们也都视他为主管的接班人。有一天，部门主管升迁到了另一个领导岗位，小张认为自己理所当然接替这个位置，成为新的主管。可是结果却出乎他的意料：一个经验比他少很多的年轻员工被管理层选做了新的主管。小张感到很委屈，就跑去向自己的老上司诉苦。谁知道和老上司一聊天他才吃惊地发现，新任主管就是自己的这位老上司推荐的。老上司见小张很委屈，就对他说："我之所以推荐那个年轻人，是因为他更适合做部门主管。你要明白，企业的职位不是拿来做奖励用的。你对待工作的确很努力，效率也很高，但是从管理能力上来说，你的性格不太适合做一个领导者。"

由此可见，对一个组织而言，一旦有相当部分的人被推到了并不适合的领导岗位上，就会造成组织的人浮于事，效率低下，导致平庸者出人头地，使企业的发展停滞。因此，这就要求改变单纯的"根据贡献决定晋升"的企业员工晋升机制，不能因某个人在某一个岗位级别上干得很出色，就推断此人一定能够胜任更高一级的职务。要建立科学、合理的人员选聘机制，客观地评价每一位职工的能力和水平，将职工安排到其可以胜任的岗位。不要把岗位晋升当成对职工的主要奖励方式，应建立更有效的奖励机制，比如更多地以加薪、休假等方式作为奖励手段。

有时将一名职工晋升到一个其无法很好发挥才能的岗位，不仅不是对职工的奖励，反而是扼杀或限制了其潜能的发挥，这将是企业和员工的双向损失。

让下属明白不努力就会出局

对于一名团队领导者来说，不仅要认真考量如何让每一个团队成员在适合的"能量点"上发光发热，更需要出台一些立竿见影的鞭策措施，来趋动员工成长，让他们的小宇宙爆发。

素有"全球第一 CEO"之称的杰克·韦尔奇，在总结了自己多年的管理经验之后，提出了末位淘汰法则：通过竞争淘汰来发挥人的潜能。这条管理界的黄金定律已成为企业绩效管理的重要组成部分。人都是有惰性的，只要一有机会，懒惰、消极的苗头就会适时地破土而出，仅靠自觉通常无法克服这一本性，除了上文讲的适时引用监督机制来驱除员工的惰性外，管理学家还提出了以"优胜劣汰"的方式来制约下属们的内在惰性。

具体来说，末位淘汰制是指企业根据自己的总体目标和具体目标，结合各个岗位的实际情况，设定一定的考核指标体系，以此指标体系为标准来对员工进行考核，根据考核的结果对得分靠后的员工进行淘汰的绩效管理制度。

通常，很多企业都采用这种末位淘汰制度，这是激励大家往前跑的一个好办法。就像一头牛，有时候，在前面牵着牛走，牛是不会走的，而在后面赶它走的时候，它会飞速地往前奔。也就是说，要实行"末位淘汰制"。这是促进员工集体进步的一个很好的激励制度。

杰克·韦尔奇在担任通用电气公司的总裁期间，曾在公司内部推广了"活力曲线"的 10% 淘汰法则，即通用公司每年都会对各事业单位的中层领导者进行严格的评估与考核，从而产生 20% 的 A 类明星员工和 70% 的 B 类活力员工，以及 10% 的 C 类落后员工。考评之后，通用公司会根据员工们的不同表现进行相应的奖惩，多次得"C"类者会被淘汰。

韦尔奇认为，10% 淘汰制不是一种"残酷"的规则，恰恰相反，这是对员工的"仁慈"，让员工原地踏步甚至倒退，受伤害最大的将是员工自己。要知道，随着员工年龄的增加，其就业的机会越来越少，但他们的生活支出会越来越大，要供养孩子上学，要支付住房贷款，等等，到那时再告诉他"你走吧，这里不适合你"，这才是真正的残酷！所以，韦尔奇要通过残酷的竞争淘汰，来激发他们的极限能力，进而更适应市场的生存环境，不用再惧怕年龄的劣势！

应该说，末位淘汰制是带领团队前进的一个卓有成效的方法。对此，很多中国企业正在积极地实行这一管理制度，并且取得了非常好的成效，不少企业由此晋升为行业的巨头。

比如华为集团，公司管理人员每年都要进行严格的年度述职考核，通过年度考核，对排名靠后的人员实行强制竞争淘汰，淘汰率为5%至10%，被淘汰的人员在接受了一段时间的培训后会被重新分配。在新岗位上的业绩如果仍然排名靠后，就将到一线去当工人。正是这样的一套激烈的内部竞争制度，使得华为集团在短短20多年的时间里成长为世界上最大的通信设备制造商。在2011年11月8日公布的2011年中国民营500强企业榜单中，华为公司名列第一。

在深圳三九集团（全国大型医药企业）内，更是实行一种"非升即走"的制度：不同管理职务的任职都有一定的期限，工作人员超过其任职期限仍未晋升高一级职务者，就要按规定离开本公司。这就从制度上保证了人才流动的常态化，能够不断地腾出空缺职位，不断补充新人，长久保持企业的竞争力。

山西南风化工集团则实行一种全员竞争上岗制度，对未担任领导职务的人员实行全员竞争上岗。全员竞争上岗使企业的人才成了富有活力的"流水"，所谓"流水不腐"。在南风集团职工中叫得最响亮的口号是"今天工作不努力，明天努力找工作"。

孙子兵法曰：不尽知用兵之害者，则不能尽知其利也。

需要说明的是：末位淘汰制也有一些缺点，它是一种典型的强势管理，主张通过内部员工的竞争来提高整体工作效率。在这种情境下，员工的心理压力很大，由此可能造成同事之间关系紧张，团队的合作精神差。所以，末位淘汰制的应用需要具备一定的基础条件。

1. 沟通渠道要畅通

杰克·韦尔奇对活力曲线有一段精彩的阐述："我们的活力曲线之所以能够发挥作用，是因为我们花了10年时间在通用电气公司建立起一种绩效文化。在这种文化里，人们可以在任何层次上进行坦率沟通与回馈，而坦率和公开是这种文化的基石，我不会在一个并不具备这种文化基础的企业组织里，强行使用这种活力曲线。"就末位淘汰制而言，它是有损人格尊严的，会让人感到不舒服，如果没有坦率和公开的企业文化，就无法排解员工心中的不满，这势必会影响到他们的工作效率，甚至得不偿失。所以，唯有建立起坦率公开的企业绩效文化，才能保证末位淘汰法则的顺利实施。

2. 公平公正地实行处罚

任何一家企业都有很多内部职能部门，而各部门的工作性质都各有不同，所以实施末位淘汰制的时候要具体问题具体分析，要有多种绩效考核办法，不能简单地用统一的标准去衡量所有人，这样会造成不公平。此外，领导者在对员工进行奖惩时，要一视同仁，否则也会造成不公平。而如果不能做到公平公正，所谓末位淘汰制也就失去其根本意义。

3. 多样化用人机制的建立

如交警贴罚单的目的不仅在于罚款一样，末位淘汰制的目的也并不在"淘汰"，而是通过淘汰机制使员工树立危机意识，激发他们的工作潜能。在企业确定末位淘汰的对象时，不能只评价他们目前工作业绩的好坏，还要考察他们其他方面的工作能力，以进一步确认他们未来的潜力如何。领导者应根据下属的业绩表现与未来的发展能力，逐步建立起有益于企业发展的人才矩阵，从而形成有效的企业绩效管理体系。

现代企业都提倡人性化管理。对企业来说，人性化也许就是在尊重人的前提下，以提高员工个人竞争力、培养其生存能力为主要内容，以职责范围内的发挥其主观能动性为主要形式，最终达到团队协调、配合默契、步伐整齐，整个企业蓬勃向上的目的。

团队的多数人认同并正在执行的规则不容随意更改。所谓正规化就是一个组织依靠规则（尤其是程序）指导员工行为的程度。因此对少数人违规的容忍是对多数遵守规则者的打击，这从根本上说是非人性化的。早年严复翻译《自由论》时还没有"自由"一词，于是译为"群己权界论"，认为自由就是群体和个人的权力界限。在企业中，华为的任正非强调对待规则需要"僵化、优化、固化"，这很值得我们参考，所以张扬个性应在职责和岗位标准范围内。

领导者要努力使整体大于各部分之和，还要使今天与明天相适应，相平衡。员工想要在企业工作，为企业发展服务，首先要承认企业的规范制度，员工在企业内的一切行为都是在这样的规范制度下进行的，离开了制度的约束作用，员工不可能激发出真正符合企业发展的正能量。从这个角度来说，对员工进行适当的约束，是对员工自身能量的一个引导和规范，无此不成方圆，无此也就不能称之为企业。

充分利用员工的特长优化组合

企业人才为企业创造的价值是无穷的。而现如今国内很多企业在人才市场大肆招兵买马，盲目地重复引进大量人才，借此储备人才。然而却并没有立足于企业实际的人才需要，起到的效果自然是适得其反。很多人才得不到充分利用，增加了企业人力资本的投入，使人才成为了企业的沉重包袱。

还有一些企业的做法恰恰相反。他们并不知道自己到底需要什么样的人才，或者吝啬于花高成本去招聘人才，这样做将直接导致企业在市场竞争中出现长短腿现象，无法成为一个全面发展的健康型企业。这样的企业很难有所作为，最终会淹没在市场竞争的滚滚洪流之中。

三国演义中曹操是一个用人天才。在其兴师出征得陇望蜀之际，孙权受诸葛亮的鼓动，乘虚而入，亲率大军突袭曹操的后方，夺得皖城后，直逼曹操的东征根据地——合肥。合肥的守将张辽忧心忡忡，这时忽然收到曹操派人送来的一个木匣，上书："贼来乃发"。当孙权率10万大军逼近合肥时，张辽便打开木匣，上书："若孙权至，张李二将军战，乐将军守。"曹操极会调兵遣将，这样做会不会脱离实际，导致指挥上的混乱呢？

事实证明，曹操确有知人之明，对其三位战将的性格特点、用兵特点及作战能力都了如指掌，并且对这三位间平时的隔阂洞若观火。正是因为曹操能够从实际出发，在大敌当前，紧急调兵遣将，促成了张辽、李典、乐进三位将军的优势互补、精诚合作，最终取得了率兵御敌的最佳效果。

借古喻今，作为企业领导者，经营一个团队就好比打一场战役，需要根据企业的发展方向和实际需要，进行人才的优势互补和合理组合。企业的发展需要对各个岗位或职位的人员进行合理配置、优势互补，这样在每个环节上都能正常运作，发挥所有人员组合后的协同效应，在市场竞争中方能拥有有利地位。

企业要想搞好人才的优势互补和合理组合，需要从人才的年龄、个性和能力结构这三个方面来考虑。

1. 年龄优势互补

年龄优势互补要求按照老年、中年、青年的一定比例，合理组织人才队伍，取长补短，发挥各自作用，从而使企业既能继承优良传统，又能不断创新，稳步发展。一般来说，大部分上了年纪的员工阅历广、经验多、威信高、办事稳，但体力不足，记忆力和对新事物的敏感度不高，还有一些乐知天命，缺乏进取精神。中年人知识经验积累较多，创造力、判断力较强，但体力已不如年轻人。青年人正值当年，精力旺盛，记忆力、想象力及创新能力较强，接受新事物快，有闯劲，但缺乏实际经验。

为了发挥整体优势，企业领导者可以让老年人从事参谋、顾问、咨询等方面的工作，指导决策，进行传、帮、带。年轻人从事一线工作，如重大谈判、项目指挥或工程监理等领导工作。年轻人则可从事开拓性、突击性和攻坚性的工作，如市场开拓、方案编制、规划设计等。

2. 个性优势互补

现代企业既要尊重员工个性，使其创造性得到最大限度的发挥，又要强调团队协作精神，使每个人每个部门协同作业，发挥最好的整体功能。这就要求领导者在考虑员工的人才队伍配制时，一定要考虑到员工的个性互补，尽量减少内耗，增强合力。

不可否认每个人都有自己的缺点，但如果一个人的缺点能够寻找到一个守护神，完全交付于他，而且他还能帮你把缺点转变成强项，那么这个人简直就是你的另一半。20 世纪有一段结盟的佳话。索尼公司创始人井深和盛田有着全然不同的性格、志趣和视野，而彼此间却强烈地需要、依赖和互补，共同经营索尼公司走过种种困境，经历 51 年的合作，最终步入事业的辉煌，这是互补式商业结盟的典范，两个人强大的互补性是他们想象力永不枯竭的源泉。

3. 能力优势互补

寸有所短、尺有所长。企业中的人才都有一技之长，知识、技能都各有不同。现代企业的决策、经营管理、市场开拓等工作是一项复杂的系统工程，需要多种知识和技能的横向联合，而在当今多元化时代，需要与不同专业技能的员工通力合作，一个充满活力的企业需要八仙过海、各显其能。

企业的决策层中需要经济师、会计师、工程师，还需要市场研究人员。管理层中需要行政经理、人力资源部经理、财务部经理、技术部经理和工程部经理等。此外还不能缺少掌握不同知识和技能的员工。

人才队伍整体结构的残缺，会影响组织机构的正常运转。整体能量的过剩和不协调也会增加组织内的摩擦和内耗。合理的人才结构不但可以实现能力的简单相加和集中表现，还能形成众志成城的力量，给企业内部的员工和广大用户以足够的信心和希望。更重要的是可以使人才互补，使企业从最初的量变到最终的质变，产生质的飞跃，诞生一种超越每个人所拥有能力总和的新的实力及迅速赶上或超过竞争对手的实力。可见，通过合理的人力组合可以为企业带来巨大的财富。

第八章

授权与合作，打造1+1>2的能量盘

　　授权与合作，这是管理的要义之一。每个领导者都要具备有意识地提高员工协作精神的能力。现代企业，员工间分工与合作的联系愈发紧密，那些合作意识不强的员工势必被企业所淘汰。领导者不但要关注员工间的协作，还要懂得授权之道。既要给予授权员工充分的信任，又要在关键的节点上对员工进行适时的监督，将大方向把握好，协助授权员工将工作做到最好。此外，现代企业的竞争已不仅仅局限于综合实力的竞争，企业可以适当地拉长自身"长板"，然后倾斜木桶，也就是说充分发挥企业的强项，让自身强项成为市场竞争中不可替代的亮点。

授权从来就与责任并存

领导者要学会授权。授权授的就是信任，授权也是培养员工，使员工独立成长的好机会。只有懂得授权的领导者才能激活团队成员的个人潜能，激发他们的积极性，让员工和公司抱成团一起成长。然而授权也是一门艺术。授权不光是权力下放，权力和责任从来都是捆绑在一起的。无责任的授权事实上是一种放任，盲目的施加压力又会遏制员工成长，使授权功亏一篑。作为团队领导者，只有拿捏好其中的尺度，才能使授权恰到好处地发挥预期的作用。

越庞大的企业其决定授权的组织就越重要。因为各人有各人的工作职责及工作职权，充分的授权使每一位成员都感觉到自己能够独立判断，对自己的工作负责，而绝不是任人指使。但在下放权力的同时，领导者也要注意在扩大自主权与加强控制之间取得平衡，既能使员工打破成规陋习，把自己的潜能最大限度地发挥出来，同时又感激于企业的大胆任用，无不尽自己的最大努力，自觉为公司出力。

在 Oracle 公司，所有层次的员工都会享有必要的自主权，让他们对自己的岗位承担责任。公司的一位产品整合部经理说，刚进 Oracle 公司的前半年，简直就像"处在毫无头绪的一团乱麻里"，所有的事情都需要自己去做，没有人来指挥自己，但若出了问题，也只有自己负责，也必须负责。但是等她适应了环境之后，就能够控制整个局面了，她需要去决策：如何掌握客户，进行产品开发，以及管理研发人员；还有怎样建立起与她有关的各种事物的流程。公司希望她做的不只是生产出一些产品，而是能够形成一整套快速有效的运营机制。

她在不到一年的时间里物色了一位贴心的助手，并在新产品团队建立的过程中扮演起领导者的角色。Oracle 不会偏袒保护任何人，公司只为她准备了一个可以施展才干的空间，要设计、建立良好的运行机制的方法，要在一无所有中建立起有序的工作规范。所有的这些，都需要员工自己去创造，需要他们为自己负责任。

对于 Oracle 公司的新员工来说，他们从当基层员工的第一天起，就不用总是对着上司报告自己的工作、看领导者的眼色行事，相反，他们都拥有很高的自主性，同时他们必须对自己的工作负责。对公司来说，尽管基层员工有很高的自主权，但是经理的权力还是比他们高，这样在必要的时候，经理可以通过各种流程来改变工作进程，从而保证整个工作过程的一体化。

此外还要注意，有权无责或者是有责无权，都是授权的误区。有效的授权，必定是在授予权力的同时也赋予其相应的责任。作为领导者，一定要教会你的员工切实负起责任。

1. 信任员工有能力承担责任

理论虽然是伟大的，但是实际的执行却是出人意料的艰难。把决策权推给一线的员工，需要在信任度上有一个大的飞跃。作为领导者，以前都是由自己来作出决定，现在要由员工来作决策了，所以，领导者必须充分地信任员工具有这种能力。

2. 让员工对自己的决策承担责任

承担责任指的是对某一项决策负责，是对决策的结果给予答复，是指在作出决策之前就已经估计到所有可能出现的风险，并要确保有效的咨询和决策后有清晰的交流。当出现失利时，要爽快地接受，并承认作出了不好的决策。

3. 不干预，肯放手

个别领导者总是插手干预，告诉员工在工作中应该怎么做，这恰恰扼杀了员工的责任感，导致他们在以后的工作中不愿负责任。让员工负责任是要清晰他们应该达成什么目标，然后放手让他们去做，去达到目标，并且要为结果负责。

总之，充分的授权使每一个成员都感觉到自己能够独立判断，但在下放权力的同时，领导者也要注意在扩大自主权与加强控制之间取得平衡，要让员工对自己的工作负责，而绝不是为所欲为。只有授权与责任并存，才能保证员工不会滥用权力，并规范自己在工作中的行为。

遵行抓大放小的授权原则

抓大放小是授权时需要遵循的原则。这里的"抓大放小"，并不是说让领导者抓着大权力，放弃小权力，而是要去注意那些使用权力的人，把真正的权力放在那些有能力者身上，他们就是大，而那些能力有限的人，就因人而异地给他们适当的权力，这就是小。

宏基的前任总裁施振荣谈管理心得，很重要的一点就是相信员工，把权力授给有能力的人。他常说："企业要想做到代代相传，必定要建立在授权的基础上。再强势的领导人，也总有照顾不到的角落，也会有离开的一天，但是在一个授权的企业，各主管已经充分了解公司文化，能够随时随地自主诠释企业文化，这样的企业才有生命力。"

对于公司员工，施振荣的原则是给予充分信任、充分授权，即使他们工作做得很慢，与自己事先想得不一样，也绝对不插手。他说："要忍受过错，并把它看成是成长中所必须付出的代价。只要员工犯的是无心之过，只要最终员工赚的钱多于学费，你就没有任何理由吝啬于为他缴学费。如果员工失去了机会和舞台，怎么能成长呢？"

权力自古以来就具有极强的诱惑力，何况是君臣之道素占商业管理主流的中国企业家，更是鲜有与人分担权力者。施振荣却不贪，他将权力交给有能力的人，并且深谙与人分享权力，是开创企业并发掘增长潜力的最佳途径。

有些领导者的做法是：一方面授权于员工，另一方面又不放心；一怕他不能胜任，二怕他会犯错误；对于有才干的人，他还害怕以后会不好管理，不服从管理，于是越俎代庖，包办了员工的工作；不懂某方面的专业知识，却干涉员工的具体业务，甚至听信谗言，公开怀疑员工；越权指挥，给中层领导者造成被动等，凡此种种，都会挫伤员工的积极性，不利于员工进行创造性的工作。

在企业的实际管理中，当员工决定的事情，并且已经有了新进展的时候，他的主管忽然跳出来进行干涉，结果一切都需要等管理人员裁决才能运作，这事实上等于是干扰了员工的正常工作，而且领导者也并没有真正把权力下放给他的员工。

所以，领导者要深谙授权之道，不能说好"都交给你"，但是实际上却总是横加干涉，让员工失去工作的动力。如果领导者对员工没有足够的信心，最好再等一等，或者先由自己全权处理。授权与信任密切相关。一个企业领导者如果不相信员工，那么就很难全权授权于员工，即使下放权力也会形同虚设。

领导者想充分发挥员工的积极性和创造性，一方面要放权给员工，让他们能有自己的决策权，另一方面要设身处地为员工着想，勇于承担员工工作中的失误，不要有了成绩就是领导者英明，而出了差错就是员工无能；要言而有信，决不能出尔反尔，交出权力，过了一段时间又莫名把权力收回来，这样的做法员工会感到非常沮丧，领导者也会因此而丧失威信。

因此，领导者授权给员工，一定要注意，既然他有能力，就要让他大胆使用手中的权力，努力工作，而不要把权力抓得太紧，限制了员工发挥自身的潜能，这样的授权和没有授权没有什么区别。领导者要让那些有能力的员工渐渐走上正轨，能够游刃有余地使用自己的权力，并且在权力的使用过程中融入自己的决断方式，只有这样才能使企业发展融合每个员工的潜能和智慧，使员工得以在有序健全的体制下更好地发挥工作的能动性。

重视每一位团队成员的力量

团队是由不同的人才组成的，唯有发挥出每一个人才的优势，才能形成一个强大的整体。

就好比组成人体蛋白的八种氨基酸，只要有一种含量不足，其他七种就无法合成蛋白质，也就是说，当缺一不可时，"一"往往就决定一切。

但凡优秀的团队，都有着一个共同的特点，那就是它们均重视每位成员的才能和智慧。

对此，我们来举一个孟尝君的例子。众所周知，孟尝君是我国古代战国时期著名的"四君子"之一，齐国人。

齐愍王二十五年（公元前 299 年），孟尝君被派往秦国，秦昭王立即让孟尝君担任秦国宰相。秦国臣僚中有的人劝诫秦王说："孟尝君的确贤能，可他是齐王的同宗，现在任秦国宰相，谋划事情必定是先替齐国打算，而后才考虑秦国，秦国可要危险了。"于是秦昭王就罢免了孟尝君的宰相职务。他把孟尝君囚禁起来，还图谋杀掉孟尝君。

孟尝君知道情况危急，就派人冒昧地去见昭王的宠妾，请求解救。那个宠妾提出条件说："我希望得到孟尝君的白色狐皮裘。"孟尝君来的时候，带有一件白色狐皮裘，价值千金，天下没有第二件，到秦国后献给了昭王，再也没有别的皮裘了。孟尝君为这件事发愁，问遍了宾客，谁也想不出办法。最后一位能力差但会披狗皮盗东西的宾客说："我能拿到那件白色狐皮裘。"于是当夜化装成狗，钻入了秦宫中的仓库，取出献给昭王的那件白狐裘衣，拿回来献给了昭王的宠妾。宠妾得到后，替孟尝君向昭王说情，昭王便释放了孟尝君。

孟尝君获释后，立即乘快车逃离，更换了出境证件，改了姓名逃出城关。夜半时分到了函谷关。昭王后悔放了孟尝君，再寻找时，他已经逃走了，于是立即派人驾车飞奔而去追捕。孟尝君一行到了函谷关，按照关法规定鸡叫时才能放来往客人出关，孟尝君恐怕追兵赶到万分着急，宾客中有个能力较差的人会学鸡叫，他一学鸡叫，附近的鸡随着一齐叫了起来，于是关门打开，一行人逃出了函谷关。出关后约摸一顿饭的工夫，秦国追兵果然到了函谷关，但已落在孟尝君的后面，就只好回去了。当初，孟尝君把这两个人纳为宾客的时候，其他宾客无不感到羞耻，觉得脸上无光，等孟尝君在秦国遭到劫难时，就是靠着这两个人解救了，而其他人却只能干着急，一点用场也派不上。自此以后，宾客们都十分佩服孟尝君广招宾客、不分人等的做法。

　　孟尝君的这个故事，可以作为本节话题的最佳注解。那就是身为团队领导者，永远都不要忽视团队中每一位成员的力量。事实上，一个团队的强大，一方面在于这个团队有极强的凝聚力，另一方面也说明组成这个团队的成员足够有能力，并且能够在团队中充分将有利于团队的特长发挥到极致。

　　我们再来看日本丰田汽车公司的管理理念，它就是高度重视每一位团队成员的力量的典型，它的很多政策都是来源于普通员工的智慧。

　　丰田公司在行业内素以"小气"闻名，提出"毛巾干了还要挤"，殊不知，这却是其管理哲学中的点睛之笔，曾帮助它很好地渡过了亚洲金融危机。

　　我们来看看丰田公司有多"小气"。丰田每年都要举办一次盛大的运动会。在运动会召开期间，丰田所属企业的几千名运动员会从各地云集而来，参加各个项目的比赛。对此，一位油漆工人提出：运动场上的所有白线可以由我们自己来划，这样可以节约一大笔开支。丰田公司很快同意了这个意见，因为如果交给承包商的话，至少要花费170万日元。

　　除此之外，在丰田公司的日常办公中也处处体现着"毛巾干了还要挤"的节约精神。丰田公司员工在内部通信时，使用的都是旧信封，通常他们会在信封上贴一张白纸，然后只填写收件人的姓名和地址，以便可以继续使用。几乎所有的部门都这样做，从不铺张浪费。

　　一个偶然的机会，丰田公司的一位普通员工在寄信时发现，信封上贴的白纸都是用没有使用过的纸，于是他想，公司有如此多的信函往来，也许用一张纸没什么，可是加起来一年就会浪费掉不少张纸了，那么，有没有节约用纸的好办法呢？他去打印室打印材料时，忽然灵机一动，找到了更为节俭的方法。

原来，丰田公司每天都要处理大量用过的打印纸，而这些打印纸的反面很多都是没有使用过的。这位员工意识到，如果将打字的纸都裁成纸条，在这些纸的反面填写收件人的地址和姓名，既不会影响信函的外观，又节约了纸张，岂不是一个两全其美的好办法！于是，这名员工将这个想法上报给了公司上层，很快，丰田公司便因此嘉奖了他。当他的这条建议被采纳以后，一年间，便为公司节约了近 10 万日元。

所以，领导者在带领团队的过程中，要重视发挥每一位团队成员的力量，要制定科学、合理的管理制度，激发出每一位员工的潜能，做到集思广益、群策群力，只有这样，才能打造出一支精诚团结的优秀团队。领导者如果把自己看成一个全能的领导，凡事不敢相信，不敢放手，忽视其他成员的智慧和力量，那么必然因刚愎自用，最后走向失败。

团队的分工协作需精细化

在企业管理中，很多领导者通常会犯一个错误：认为一支由优秀人才组成的团队，就一定是顶级的。其实，团队实力并不是个人能力的简单相加，个人能力强的团队，未必就比个人能力差的团队优秀，这在现实中可谓屡见不鲜。

我们都知道一个哲学道理：量变可以引起质变。其实，结构的变化也能引起质变。比如金刚石和石墨都是由碳（C）原子组成的，但是金刚石坚硬无比，石墨则柔软细腻。导致这种巨大差异的原因在于碳原子的空间排列不同，由此导致了其物理性质的截然不同。

其实，因结构的变化而引起质变的例子在现实生活中还有很多，而不只是存在于化学领域。

当年苏联研制生产的米格－25 喷气式战斗机，以其优越的性能而广受世界各国青睐，然而，很多飞机制造专家却惊奇地发现：米格－25 所使用的众多零部件与美国战机相比要落后得多，而其整体作战性能却达到甚至超过了美国等其他国家同期生产的战斗机。造成这种现象的原因是，米格公司在设计时从整体考虑，对各零部件进行了更为协调的组合设计，使该机在升降、速度、高空旋转等诸多方面反超美国战机而成为当时世界一流的战斗机。这一因组合协调而产生的意想不到的效果被称为"米格－25 效应"。

"米格－25 效应"给我们带来了一个重要启示：某一事物的内部结构是否合理，对其整体功能的发挥关系重大。结构合理，会产生"整体大于部分之和"的功效；而结构不合理，整体功能就会小于结构各部分功能相加之和，甚至出现负值。

恩格斯曾讲过一个法国骑兵与马木留克骑兵作战的例子：骑术不精但纪律严明的法国兵，与善于格斗但纪律涣散的马木留克兵作战，若分散而战，3 个"法兵"敌不过 2 个"马兵"；若百人相对，则势均力敌；而如果是 1000 名法兵，则必能击败 1500 名马兵。这说明法兵在大规模协同作战时发挥出了协调作战的整体功能，从而能够战胜马兵。

可见，组合的力量如此巨大。而在管理领域也是如此，衡量一个企业团队的实力，不在于其人多人少，也不在于其人才优劣，而关键要看它内部的组织和分工结构是否科学合理，员工在工作中的配合是否默契。如果一个团队的分工协作能够像蜜蜂一样精细，那么其 10 个人组成的团队会比 20 个人组成的团队更有力量。

比如说 2010 年的南非世界杯，人们在谈到阿根廷队和德国的比赛结果时，都是大跌眼镜。夺冠热门阿根廷队拥有梅西、伊瓜因、阿圭罗等众多明星球员，而德国队几乎没有耀眼的球星，而最后的比赛结果却是德国队以 4：0 的大比分击败阿根廷队，这简直令人匪夷所思。

再比如，狼群和犀牛群的较量。一位猎人曾经亲眼目睹过狼群的群体威力。狼群盯上了一群在山坡下啃草的犀牛，但犀牛的数量太多，即便是几百匹狼，也没有十足的获胜把握。于是狼群开始部署周密的作战计划。先是由 4 匹狼趁为数不多的几头犀牛落单时拼命追赶，迫使它们向山坡上跑。而当惊恐的犀牛跑上山坡时，发现那里早已埋伏了更多的狼。惊慌失措的犀牛开始四处逃窜，然而，这只是徒劳。狼群早已经形成了一个包围圈，将它们围在中间。当包围圈缩小到一定范围时，几匹健壮的公狼冲了上去，分别咬住犀牛身体的要害，而其他狼则继续缩小包围圈，防止猎物逃跑。当犀牛在如此缜密的捕杀行动中完全失去抵抗能力的时候，群狼就可以分享美食了。

团队的力量在这次捕杀行动中体现得淋漓尽致。如果只有 1 匹狼，绝不可能战胜 1 头犀牛，但是当 10 匹狼对阵 10 头犀牛的时候，群狼却可以战胜犀牛。这也充分说明：团队的整体实力绝对不是个体力量的简单相加。

从某种意义上讲，团队和个人根本就是两码事。一位能力出众的员工，如果不与团队进行整体协作的话，那么他的力量就几乎为零。相反，一个能力稍弱的员工，如果能够与团队成员进行密切合作的话，那么他的能力就会被放大。如果所有的成员都能做到这一点，那么一个团队就能发挥出最大的能量。

在这一过程中，团队成员的分工协作务必要做到精细化，因为只有一个精细化、专业化的团队才能产生压倒一切的力量，现代企业间的竞争也是精细化和专业化的竞争，只有每一位员工能把自己的工作做细做精，企业的运转能让每一位员工在各自的能量点上发光发热，团队成员间的协作关系又能紧密有序地进行，那么这个团队必将是无往而不胜的。

把员工当成你的合伙人

企业管理最凝聚人心的方式是什么呢？对此，美国的一家家庭用品公司这样回答：把员工当成企业的合伙人。这家公司 90% 以上的职位都是由公司创业初期的职员担任的，公司管理层的 400 多名管理人员中，只有 17 人是后来招聘来的。这在员工跳槽如同吃快餐一样方便的今天，可以说是很少见的。究竟这家公司是怎么做到这一点的呢？

在公司创业初期，老板就提出了将员工视为"同仁"的方案，让所有的员工都成为和公司利益紧密挂钩的一份子。该公司规定，所有员工在任何时候都可以以低于市场 15% 的价格购买公司的股票。由此员工成为公司的股东，他们和公司有了共同的目标，自然就会刻苦努力地工作。由于采用这种方法，这家公司人才流失的比例比同行业的其他公司低了 20%。

由此可见，把员工当成公司的一份子来看待，分给他们股权，把他们的利益与公司的利益捆绑在一起，这种效果十分不错，既可以提高团队成员的稳定性，也可以促发他们工作的积极性。

星巴克的成功也是如此。星巴克咖啡的历史很短，1971 年才成立，最初只卖咖啡豆，而不是卖咖啡。经营咖啡是 1986 年才开始的。但是在短短十几年的时间里，星巴克就取得了飞速的发展，在 2001 年美国《商业周刊》的全球著名品牌排行榜上，麦当劳名列第 9 位，星巴克名列第 88 位。2003 年 2 月，《财富》杂志评选全美最受赞赏的公司，星巴克名列第 9 位。

[案例] 在华尔街，星巴克早已成为股民心目中的安全港。收益之高超过了微软、IBM、通用电气、百事可乐以及可口可乐等大公司。

是什么创造了"星巴克奇迹"呢？答案是：把员工当作伙伴。星巴克是北美第一个向其员工提供两项特殊福利的私人企业——从 1987 年开始，兼职员工也享有全部的健康福利；从 1991 年开始，符合条件的全职和兼职员工都可以通过公司股期权的形式持有公司的股份，被称为"咖啡豆股票"。星巴克董事长霍华德·舒尔茨说："我们的最大优势就是与员工相互信任和帮助，这是我们成功的关键。"

舒尔茨的这种管理理念与他的经历有关，他的父亲是货车司机，家境贫寒。舒尔茨说："我 7 岁那年的冬天，父亲接了他一生当中最差的一份工作——作为卡车司机运送尿布。他去送货，不幸在冰上滑倒了，将腿摔断了，胯骨也摔断了。那时候的蓝领工人没有任何保险，父亲只能眼睁睁地看着自己失去了劳动能力，然后被解雇，从此我们的家庭没有了任何收入。"所以他理解和同情生活在社会底层的人们。他从小就有一个抱负——如果有一天他能说了算，他将不会遗弃任何人。他说："生活在那样的窘境中我开始有了梦想，我的梦想，就是建立一个能够将公司的成功和财富与公司里每一个人一起分享的企业，建立一个我父亲没有机会工作过的公司。"舒尔茨的这种仁爱思想直接影响了星巴克的股权结构和企业文化，这种股权结构和企业文化又直接促进了星巴克在商业上的成功。舒尔茨坚信，把员工利益放在第一位，尊重他们所做出的贡献，将会带来一流的服务水平，会创造出很高的企业效益。

如今，企业与员工的关系已经不再是以前的强权式压迫与被压迫的不平等关系，而是变成了相对平等的利益共同体。在越来越多的企业采用股权激励的方式进行管理的时候，如果某个公司继续采取利益独占、强权压迫的方式管理员工，员工自然会纷纷跳槽。

可能有人会认为，企业解雇一名员工，重新找一名新的员工来替代就是了。对，很简单。但是这也意味着企业对员工要重新进行培养，使其熟悉公司的环境和运作，这必然需要一定的时间和经费，企业在这一过程中必然会造成一定的损失。更重要的是，员工的不断解雇和重新招聘，将导致企业很难形成一个有凝聚力的团体。因此，要实现团队成员的稳定性，与其建立良好的合作关系，用利益共同体把团队成员牢牢拴在一起是个好办法。

这种良好的合作关系如何建立呢？可以说，最好的办法就是采取股权激励的同时为员工提供充分的成长空间，给予员工充分的信任，让他们既能够获得物质上的利益，又能够获得工作上的快乐。这可以说是留住员工、建立稳固合作关系的关键条件，也是根本所在。

"把员工当成合伙人"这一点说起来容易，但在当下的中国，真正能够做到的企业却很少，这也是很多公司人员流动频繁的原因。目前在我国众多的中小企业中，对于企业和员工之间的平等关系，很多领导者认识得并不深刻，他们对于员工的尊重和关怀通常很少，甚至一年到头也不怎么与员工沟通。通常这些领导者只是擅长埋头苦干，或者坐在办公室里发号施令，自视甚高，不肯对员工放手，更不愿让员工参与到管理中来。

这种落后的管理理念，在劳动力日益紧缺的中国，为企业的长远发展考虑，可以说亟待转变，否则企业在人才的竞争上就会处于很被动的地位。把员工当成合伙人，从能量学的角度来说，就是让员工以主人翁的身份投身到工作之中去，有了这种精神面貌，员工与企业间的隔阂就会自行消失，员工自然会全力以赴，员工的潜能自然也会得到最大程度的发挥，这样的企业自然也会是铜墙铁壁，没有任何竞争企业可以将其摧垮。

及时清除团队中的 "烂苹果"

一位老总向自己的朋友抱怨说：他的公司里有一个员工，像个长舌妇，很爱挑拨是非，弄得公司里的气氛十分紧张。很想开除这名员工，但是他又比较有才干，一时拿不定主意。朋友听完他的话之后，在他的面前放了两个桶：一个桶里放的是浑浊的污水，另一个桶里放的则是飘着香气的美酒。朋友首先在污水桶里倒入一勺酒，然后笑着问他说："你看这桶污水有什么变化吗？"老总看着依旧浑浊的污水，摇了摇头。接着，朋友又在美酒桶里倒入了一勺污水说："你再看看这一桶。"他伸头一看，原本香气四溢的美酒，已经被那勺污水全部污染了。看到这两桶水的变化后，这位老总笑着说：我知道该怎么做了。

这个简单的实验，其中的含义是：决定一个企业好坏的重要因素，并不在于你有多少美酒，而在于你有多少污水。

在现实生活中，一勺污水污染一坛美酒的例子可谓举不胜举。在黑龙江边境的对俄贸易中，中方一直以来都占据着绝对优势。但是，个别不诚实的中国商人开始贩假卖假，并且真的赚到了不少实惠。其他人见此情形，蜂拥而上，一时间，假冒伪劣产品充斥在各种贸易活动中。俄罗斯人发现事情不妙，也多了心眼，有了防范之心。可是，当俄罗斯人觉得防不胜防的时候，干脆就放弃了与中国人的交易。中国人从俄罗斯身上获得的实惠也就到此为止了。

可见一勺污水的危害有多大，有时会把整个团队的利益都损失掉。

即使是一支合作精神浓厚的团队，只要掺入了一两个不守纪律、调皮捣蛋的员工，就足以使整个团队的合作链条断裂。所以，作为企业领导者，绝对不能纵容那些不守纪律、不热爱工作的员工，因为这样的行为一旦蔓延开来，将会给整个团队带来毁灭性的打击。

[案例] 据《三国演义》记载，公元231年，诸葛亮率军第四次北伐曹魏，当时作为托孤大臣之一的李严负责后勤补给。夏末之时，李严因不能筹够粮草，故写信给诸葛亮，称由于连天大雨，运粮不继，希望诸葛亮撤军，诸葛亮听取了他的意见。但是，当诸葛亮退军时，李严又表示"军粮饶足，何以便归"，想以此推卸自己运粮不力之责。并且李严还上表蜀汉后主刘禅，说"军伪退，欲以诱贼与战"。于是，刘禅命人前往汉中问诸葛亮突然班师之故，诸葛亮被问得不知就里。经过一番调查，才知道是李严在中间捣鬼，气得诸葛亮大骂李严："匹夫为一己之故，废国家大事！"盛怒之下，准备对李严问斩，以震军纪，在众将的求情之下，才免了李严的死罪，将其贬为庶人，流放到梓潼郡。

清除"害群之马"的道理似乎大家都懂，但是做起来却差别极大。很多企业都会犯这样的错误：他们或者出于对现实成本的考虑，或者是管理的不擅长，导致他们对员工的一些违规行为置若罔闻、听之任之，什么措施也不采取。最终带来的结果是：一支散漫的团队，在激烈的市场竞争中解体了。

素质差的员工就像是箱子中的烂苹果，如果不及时处理，那么最终将会导致整个箱子中的苹果都烂掉。所以，领导者很重要的一项工作，就是在发现烂苹果后及时对其进行处理，避免危害的扩大。

某房产公司一向以纪律严明著称。在一次例行汇报中总监发现当日一笔房产交易成功了，但经纪人没有录入房源。于是总监与该经纪人直接上司区经理进行了沟通。该区经理工作一向十分出色，所属区域业绩也一直突出，深受领导器重。针对此事，区经理向总监的解释是，经纪人和业主联系时就已是当天下午了，由于业主报价不高而且有点着急，当天晚上就带着客户去看房，凌晨12点签的合同，所以就一直没来得及录入房源。

对此，该公司总监表示，即便如此，也有私藏房源之嫌。公司这么大，如果每个人都为一己私利找借口私藏房源，那公司的秩序何在？公司的文化将不再稳定，企业势必动荡不安。这件事无论是有意也好，无心也罢，公司虽然觉得惋惜，但也不能为区经理开这个先河，定会按规定处理。这件事的结果是：区经理降为经纪人，经纪人被开除工职。在这个事件中，所有员工都受到了教育，公司的秩序更加严明了。

由此可见，对于领导者来说，在对待"烂苹果"的问题上，应该发现一个处理一个，做到赏罚分明。只有这样，才能规范团队的组织纪律性，才能使团队成员的潜能在公平公正的工作环境中得以顺利激发。可以说，现代企业管理的一项带有根本性的任务，就是对团队中的人才加以引导和筛选，剔除具有污染性和破坏力的"烂苹果"，使合格者的力量导向企业的同一目标。

优势互补是团队强势的根本

比尔·盖茨曾说："越是拥有大量聪明人的公司，越容易退化成一个由傲慢、极端独立的个人和小组组成的混乱集体。"也就是说，一个团队的实力有多强，主要取决于成员之间的相互配合。法国著名企业家皮尔·卡丹提出：在用人上一加一不等于二，搞不好等于零。就一个团队而言，只有有效搭配，方能显出威力。

可见，团队的总体实力并不是个人力量的简单相加，纵使一个团队有很多的优秀人才，也并不能代表这个团队的实力就很强。

在《新唐书》中，有这样一个记载：唐太宗李世民曾请善于鉴别人才的大臣王珪评价一下房玄龄、李靖、温彦博、戴胄、魏征等人的特点。王珪回答说："论孜孜不倦，一心为国，凡是知道的都无不尽力去做，吾不如房玄龄；论文武兼备，出能带兵打仗，入能辅佐朝政，吾不如李靖；论做到详细准确地上传下达，坚持公平公正，吾不如温彦博；论办理繁重、急难的事情，吾不如戴胄；论直言善谏，吾不如魏征。但论打击腐败、倡导廉洁、嫉恶如仇、乐善好施，这就是我的特长了。"对此，唐太宗表示很赞同。

可见，在唐太宗的团队中，并不是每个人都无所不能，而是每个人都有特长，而李世民的成功之处，就在于用他们之所长，组成一个人才济济的团队，由此才成就了历史上著名的"贞观之治"。

就现在的企业团队建设来说，同样也需要人才的合理搭配。

[案例] 对于那些熟悉 SUN 的人来说，将这个公司的名字和斯科特·迈克尼利联系在一起是一件理所应当的事情，不过，这位 CEO 自己最反对强调他个人的作用。其同事劳瑞·艾力森说："斯科特所做的事情之一就是用一些极佳的人选来弥补他的领导缺陷，围绕在他身边的不是一群唯唯诺诺之辈。"

与任何一个非常成功的 CEO 一样，迈克尼利非常重视人才队伍的建设。在 SUN，两位完全不同类型的人为公司作出了不可或缺的贡献：一位是总经理爱德·扎德；另一位是首席技术专家比尔·乔伊。

扎德是一位充满了活力、智慧和竞争意识的人。这些特点是他和迈克尼利所共有的。正因为如此，迈克尼利不惜花 6 年时间将扎德从阿波罗公司挖来。但是在许多方面，他又和迈克尼利很不一样，对此，《福布斯》杂志的主编丹尼尔曾说："他（扎德）保持低调、精心策划、有节制，而迈克尼利则好张扬、透明和毫无规律。"

迈克尼利定下目标后，由扎德去具体实施，这简直是一个天衣无缝的组合。SUN 的首席财政官麦免·莱曼评价说："斯科特有远见，有领导才能，他很善谈。扎德则比较实际，谈得较多的是客户、市场和机遇。"对此，迈克尼利自己也有一个简要的总结："我更关注长期，扎德更关注短期。"

而比尔·乔伊更是一位反传统的哲学家，他可以把一切事情抛开，而不断地追求技术的创新，为了避开硅谷的交通和 SUN 的会议，他选择在科罗拉多州的洛基山脉滑雪城爱斯本工作。

乔伊在加州大学取得了硕士学位，是四个创始人中唯一没有获得斯坦福大学 MBA 学位的人，但他却是为 SUN 今天的成就贡献最大的人。他所编码的 JAVA，这种语言不用修改就可在不同的平台上运行，因此我们能够随心所欲地开发和利用因特网。迈克尼利很庆幸自己发现了乔伊这样的人才——是他的工作维持了 SUN 的利润。

近年的研究表明，一个领导班子中，最好是有一个直觉型的人做军师，有一个思考型的人搞科研，有一个情感型的人搞管理，并且最好还有一名执行型的人实施具体的任务。这种互补定律得到的结果是整体大于部分之和，从而实现团队力量的最优化。领导者用人时一定要明白其中的道理。

美国著名运动生产商耐克公司的成功，也是因为在进行团队组合时，进行了合理的人才搭配。

耐克引进霍华德·斯鲁谢尔的举措，提供了一个在人才搭配上一加一大于二的经典案例。

[案例] 霍华德·斯鲁谢尔在运动界向来名声在外，人称"铁齿霍华德"或"橘子经纪"（他的头发是橘色的）。许多运动员经纪公司都认为，霍华德开创了现代运动员代理人的新纪元。在担任代理人的岁月里，霍华德最为人们所津津乐道的是 1970 年，当时他代表匹兹堡钢铁人队 19 名队员与以强硬出名的球队老板谈判。在他的努力下，球员向球队争取到了在合约内附加"不减薪"的子条款，而他也因此一役，数度被称为"体育界最强悍"的人。

20 世纪 70 年代，耐克公司已经渐渐露出了要赶超阿迪达斯公司，成为运动服装界老大的势头。由于市场需求的不断扩大，耐克公司迫切需要一个对运动有激情，懂策划并极富谈判天赋的人掌舵护航。耐克的老板菲尔·奈特在这方面显然并不擅长。他需要引进人才，而在他看来，霍华德绝对是最佳人选。霍华德的最可贵之处在于"将讨价还价的谈判升华为一种艺术"。而这正是奈特最缺少的东西。

奈特颇费周折后才使霍华德同意到耐克服务，而且霍华德还只同意做兼职。霍华德说，他需要为很多人服务，而且自己也并不适合全职的工作。对此，奈特爽快地答应了。

在他们的合作生涯里，有这样一个故事：有一次，霍华德被委派去解决一些亚洲工厂的事情。回来后向奈特报告说他直觉认为有耐克的人在其中两件案子里"捞了油水"。奈特不以为然，相信霍华德怀疑的两人都是不错的人。可后来的事实证明，霍华德是对的。事后，奈特感慨道："这家伙有成千上万种情绪，让人捉摸不透。他极不信任别人，但正是这种不信任别人的特点，使他懂得看穿不轨之人的小动作。而这些正是我所缺少的。"

在霍华德看来，菲尔·奈特对钱并不精明，他本来可以更富有，但他与别的运动界企业领袖不同。他热爱运动员，也热爱比赛。他重视运动员甚于重视他们所属的队伍，而这些往往会对他造成很大的经济损失。霍华德精打细算的特点，很大程度上弥补了奈特的这一缺点。

奈特做事善于从大处着眼，而霍华德则精于"锱铢必较"，一粗一细，构成了一个完整的耐克的主体。在业界同行的眼中，霍华德成为了奈特的另一半自我，他与奈特虽然不相像，却具有神奇的互补作用。正是这种神奇的互补作用，终于成就了耐克的巨大成功：20世纪70年代末80年代初，耐克就超越了阿迪达斯公司，成为世界体育行业当之无愧的老大。

人才结构中的平衡互补原则，在现代企业的经营管理中，起着越来越重要的作用，只有充分了解人才结构的互补定律，才可能使一个团队全面而强大。

就人才互补而言，除了要才能互补外，还要注意性格互补、年龄互补、性别互补等。

个性互补，对于做好工作来说很有利，人才都有着自己鲜明的个性特性，如果抹杀了他们的个性，也就等于抹杀了他们的才能。相反，如果把他们组织在一个具有互补作用的人才结构中，就能充分发挥他们的作用。

此外，还要注意年龄互补。老年人、中年人、青年人在性格、阅历、能力等方面各有长短。因此，一个科学的人才结构，需要在年龄上注重合理搭配。明朝开国皇帝朱元璋登基后，其用人方针就是"老少参用"。对此，他是这样认为的："10年之后，老者休致，而少者已熟于事。如此则人才不乏，而官吏使得人。"朱元璋的这一用人方针很好地保证了人才的延续性，不至于出现断层情况。

性别互补也非常重要。俗话说，男女搭配，干活不累。在同一个办公室里，如果男女比例合适，彼此的性情会在不知不觉中调和许多，而且工作的气氛也会好很多，会觉得比较轻松。如果一个办公室里都是同一性别的人的话，会经常有人发牢骚甚至闹矛盾。

　　总之，平衡互补的用人之道在现代企业管理中的作用越来越凸显。规模越大的企业，越需要注意将这一原则运用到自己的人才结构管理中。优势互补从能量学的角度来讲，也是能量的互补，两个互补的能量融合到一起，与两个相斥的能量碰撞到一起所能产生的效果是可想而知的，因此，身为领导者在日常管理中要给予优势互补的原理以极大的重视。

杜绝 "和尚多了没水喝" 的现象

　　在现代企业中，经常出现"和尚多了没水喝"的现象。对于领导者而言，如何及时杜绝这种企业内耗现象，让每个"和尚"都能各司其职，保持公司整饬的文化，达到合作后最优化的能量值，以推动公司发展，这是一个令人头疼的话题。

　　"华盛顿合作定律"说的是：一个人敷衍了事，两个人互相推诿，三个人则永无成事之日。

　　［案例］1964 年 3 月，美国纽约市克尤公园发生一起震惊全美的谋杀案。凌晨 3 点，一位年轻的酒吧女经理遭到凶手追杀，在长达半个多小时的作案过程中，受害者不停地呼救奔跑，有 38 户居民听到或看到了，但却没有一个人出来阻止，甚至连一个举手之劳的报警电话也没人打。

　　事后，美国媒体同声谴责纽约人的异化与冷漠。然而，巴利和拉塔内这两位年轻的心理学家认为，对于旁观者们的无动于衷，还有更好的解释。为此，他们专门进行了一项试验。在试验中，他们邀请 72 名不知真相的参与者，另外安排一个人假扮成癫痫病患者，让他以一对一和一对四两种方式，与那 72 名参与者相互间使用对讲机通话，保持远距离联系。结果表明，在交谈过程中，当假病人大呼救命时，一对一通话的那组有 85% 的人冲出工作间，去报告有人发病；而在四个人同时听到假病人呼救的那组，只有31%的人采取了行动。

这就是"华盛顿合作定律"所带来的负面影响，即"和尚多了没水喝"，大家相互指望，最终谁也没有采取行动。

其实，这种情况在团队管理中普遍存在。比如在一个团队中，很多人都想搭便车，都不想付出太多。很多时候，把一件事情交给一个人去做，能够完成得很好；而如果把它交给几个人去做的时候，却会出现相互推诿的情况，完成得很不好。或者当一个团队人数较少的时候，工作能够有条不紊地按计划进行；而在人多的时候反而会弄得一团糟。

[案例] 美国的迈克斯纳公司是一家规模不很大的工业公司。公司在创建之初只有两个人：迈克和他的妻子。由于策略灵活，以及两人的刻苦努力，公司很快发展起来。随着公司的发展，公司的业务增多，夫妻俩经营起来有些吃力，于是招聘了两个人：一个人帮迈克处理公司业务方面的事宜；另一个人协助迈克妻子管理日常办公等方面的事宜。两年过去了，公司一步步发展壮大，业务相比以前有了巨大的提升。

随着业务的不断发展，公司的效益越来越好，迈克夫妻俩买了一栋楼作为办公室，并设立了很多部门，公司的优秀人才也越来越多。但是，迈克却感觉工作效率不如以前那样高了。以前只要一周就能完成的工作，现在却需要半个月的时间才能完成；以前大家在一起工作的时候互相帮助、相互配合，现在却勾心斗角，各干各的，谁也不会主动帮助别人。在他的团队里，每一个人都认为别人没有为公司付出，而只有自己付出了，为了不让别人分享自己的劳动果实，便不好好工作。由于没有意识到问题的严重性，没有采取有效的方法化解问题，导致团队的问题越来越严重，部门与部门之间难以协调，甚至出现客户掉换产品需要等3个月的事件，可想而知，最终迈克斯纳公司的利润大幅下滑。

所以，在带领团队时，一定要做到分工明确、权责清晰，清晰地界定员工的工作任务和工作责任，然后对每位员工的努力程度和工作业绩进行单独考核，并将考核结果公开，让大家知道所有员工的努力程度，知道谁在敷衍了事，从而督促员工们各负其责、各司其职，防止团体中出现"南郭先生"式的旁观者。如果没有这样一套精细、明确的分工制度，工作中大家就会相互推诿，造成效率的低下，甚至出现勾心斗角、相互拆台的现象，引起严重的内耗，造成企业效益的下滑。

当今的企业竞争，就像端午节上的龙舟竞赛一样。要想在龙舟竞赛中取胜，所有的船员就必须朝一个方向使劲，并且还应该讲究动作的协调统一，这样才能最快地到达终点，赢得胜利。一个企业也是一样，领导者不仅是要将人才拉拢到自己身边，还要懂得把他们团结起来，使大家的思想和行为高度一致，把力量拧成一股绳，发挥出每一个人的优势，这样才能形成一个强大的团队，才能在激烈的市场竞争中胜出。

就团队合作而言，不能靠命令来维持，而是要通过有效的沟通机制，来消除隔阂、打通能量受阻的节点，从而增进了解，使合作变成一种心甘情愿的行为。俗话说，人心齐，泰山移。合作的关键，是要大家从思想观念和价值观上相互认同。如果用强制手段把大家捆绑在一起，员工劲不往一处使，大家体内的能量互相干扰，这样的合作自然收不到好的效果。

以团队协作增强企业的凝聚力

在其他因素保持不变的情况下，企业团队成员越有凝聚力，生产效率就会越高，企业文化就会越有活力。可见，团队凝聚力是维持团队存在的必要条件。如果一个团队丧失凝聚力，就会像一盘散沙，难以维持下去，并呈现出低效率状态；而团队凝聚力较强的团队，其成员工作热情高，做事认真，并会有创新的渴望，可见，团队的凝聚力是实现企业发展目标的重要条件。

可以说，任何一家成功的企业都是在强大的凝聚力中逐渐成长起来的。这就像战场上的军队一样，只有具有强大的凝聚力和向心力，才能战无不胜、攻无不克。所以，作为优秀的企业领导者，必须明白凝聚效应的重要性。领导者必须将增强团队的凝聚力作为管理的重点，这样才能为企业注入强大的动力！

就提高企业的凝聚力而言，需要建立起以较强的团队协作精神为基点的优秀的企业文化，这是产生凝聚力的重要源泉。传统企业向现代化企业演变，就必须走上高层次的管理楼台——团队协作管理。

美国西南航空公司的巨大成功，也是得益于其较强的团队协作精神。西南航空最初只是一个仅有3架飞机的小航空公司，但是后来却发展成为美国第五大航空公司，总资产达40多亿美元，员工近3万人。不仅击败了联合航空与大陆航空两个强大的劲敌，还进一步向Delta与US Air等实力更加强大的航空公司挑战。

西南航空制胜的法宝，就是将成本维持在业界最低水准，比行业的平均成本要低15%～40%，由此创下了26年连续获利的纪录。

而且在追求低成本的同时，西南航空并没有以降低服务品质为代价——无论从航班起降是否准时、旅客的抱怨申诉情况，还是从托运行李遗失率的评比结果来看，西南航空的服务品质均是第一。

那么，是什么力量铸就了西南航空公司如此强劲的竞争优势呢？

答案就是：团队协作精神。

西南航空的团队协作精神，产生出了惊人的速度：西南航空班机从抵达目标机场，开放登机门上下乘客，至关上登机门再度准备起飞，这一整套作业程序的时间，平均仅为15分钟。在这短短的15分钟内，还要更换全部的机组人员，卸下近百袋邮件，再装上数量相近的邮件，并为飞机加满4500磅的燃油。对于同样的作业内容，大陆航空与联合航空则平均需要35分钟才能完成。

西南航空公司为何能在短时间内完成换班归航工作？其中的缘由是西南的机组成员，不论是空中服务人员还是飞行员，都会一起协助清理、打扫飞机，或是在登机口协助旅客上下飞机。正因为此，1998年西南航空每位员工服务的旅客数超过2500人次，而联合航空与美国航空则与业界平均水准相当，约1000人次，所以它们被西南航空超越了。

然而更令人称奇的是，西南航空飞行员平均每月飞行70个小时，年薪10

万美元，其他航公公司，如联合、大陆、Delta 等，其飞行员也是平均每月飞行 70 个小时，年薪却是 20 万美元，为西南飞行的 2 倍。

比如有一位西南航空主管，曾经在 EDS 公司任过职。他说，在当初准备跳槽时，EDS 曾竭力挽留他，还为此开出比他刚进公司时高出 2.5 倍的薪水条件，但他最后还是毅然决然地来到了西南航空。

那么，在工作量一样多，薪水却比其他公司低了一倍的情况下，西南航空为什么还能维持良好的服务品质，还能吸引着世界各地的英才呢？

公司强调"员工第一"的企业文化，对于激发员工的工作积极性起了至关重要的作用。公司董事长赫伯·凯莱赫认为，信奉顾客第一的企业是老板可能对雇员作出的最大背叛之一。西南航空努力强调对员工个人的认同，比如将员工的名字雕刻在特别设计的波音 737 上，以表彰员工所做的突出贡献；将员工的突出业绩刊登在公司的内部刊物上；访问员工。通过这些具体的做法，让员工认为公司以拥有他们为荣。不仅是泛泛地强调重视员工整体，更有对每个员工个人的关注。美西南航认为公司所拥有的最大财富就是公司的员工和他们所创造的文化，人是管理中第一位的因素。让员工享受快乐，使其成为热爱和关心工作的"真正"的雇员。

对此，西南航空董事长赫伯·凯勒赫曾说过一句发人深省的话："无形资产是竞争对手最难剽窃的东西，因此我最关心的就是员工的团队精神、企业的文化与价值，因为一旦丧失了这些无形资产，也就断送了可贵的竞争优势。"

团队合作精神是形成企业凝聚力的重要保证，能够给企业的发展提供核心竞争力，这一点已经被众多的事实所证明。而强大的企业凝聚力所能产生的能量远远超出每位成员的能量之和，它所能带给企业的爆发力和影响力是巨大的，它是企业发展的核心动力。

授权的关键在于合理地统筹安排

在知识经济时代，信息量剧增导致领导者工作量的倍增。领导者想要更有效地完成决策、指挥、协调和监督等基本职能，就需要通过科学授权的方式，从繁琐的事务性工作中解脱出来，用更多的时间和精力去考虑、解决带有全局性的重大问题。

但在实际工作中，有的领导者把权力当成了身份，喜欢享受权力；有的领导不相信下属的能力，喜欢把所有的权力都牢牢地掌握在自己手里，于是出现了集权。美国管理学家史蒂文·希朗指出，一个成功的领导应该懂得"领导权力的应用在于让下属们拥有权力"。可见，领导者学会放权任人有着极其重要的意义。如果领导者事事必躬，权力无论大小全都由自己一人掌握，恐怕即使有三头六臂也忙不过来。

领导者的亲力亲为还会给团队成员造成很强的惰性和依赖性，造成领导自己从早忙到晚，而员工无所事事或者机械地去执行任务的尴尬局面。还有的领导者对每件事情都力求完美，对自己的高要求造成对团队成员的工作结果始终不满意，这看似"完美"的结果最后往往不得不由领导者自己来补充和收尾。长久下去，导致领导者对团队成员工作能力的怀疑，同时员工的积极性和创造性也日趋下降。这两种情况所造成的最终结果就是员工不能充分发挥出团队作战的全部潜能。

可见，一个人的力量是有限的，如何充分发挥出团队的力量，才是一个企业发展壮大的关键；就我们目前实际情况而言，合理分工同时又充分授权对于领导者来说未尝不是一个好办法。

1. 学会把握授权的时机

一个有着远大理想的领导者，如果发现自己总是在重复地做着某些无关紧要的事情，或总是吃力地做一些自己不擅长的事情，而有关组织竞争力与发展状态的重大事项却总被耽误时，就应该认真考虑是否需要授权了。

2. 制订清晰而又有所取舍的详细计划

授权作为一种管理方式，体现着领导者的管理、指挥与社交艺术，它需要领导者首先能较好地安排自己的工作，对工作有严密的计划，能够清楚地知道自己该做什么不该做什么，从而了解什么样的事情该授权他人完成，什么样的事情必须亲自去做。

3. 具备敏锐的洞察力

即善于发现人才，善于了解下属的特长与能力，从而为需要授权之事找到合适的人选。

由于每位员工的成长过程、生活环境、知识素养、性格脾气等方面的差异，导致每个人都有自己的个性、思维习惯、处事方式、业务能力、安全素养等。所以领导者平时要对员工多观察，在安排和分配工作的时候，要综合考虑作业风险、员工素质、思维模式等因素，合理地进行分工，避免安排不能胜任该项工作的人去负责此项工作。合理分工同时也应该是一个渐变的过程，平时领导者要多观察员工完成工作的情况，根据观察结果，不断修正，从而使分工日趋合理。

4. 配合以良好的协调沟通能力

领导者必须能得到下属的信任，善于激励下属的工作热情，擅长协调各部门及各员工之间的利益，合理安排各种资源和信息，从而使下属能与自己配合好，有完成任务的激情与信心。这是一种处理人际关系的艺术，是领导者必须在实践中去揣摩的。

5. 对于什么样的事情可以授权要有充分的把握

应该将什么样的事情进行授权，对于肩负不同责任的领导者来说，是大不相同的。但有一点值得所有领导者注意，那就是领导者的主要任务是制订计划、作出决策、沟通协调及领导与指导和过程控制。以这五项职能为重心，那些属于日常杂项的事情，如日常行政事务、生活后勤性事务以及一些简单的程序性事务就可以安排他人执行；对于决定的执行和操作，一般都具有专业性和技术性，这也不是专职的领导者应该亲自去做的，哪怕自己懂得这种专业和技术，领导者也只应负起监督和检查的责任，并对执行过程中的疑问作出解释或决定。

当员工做得不好时，我们应该告诉他怎么做才好，也可以进行再培训或示范，最好不要每次都接下"山芋"自己去做。试想一下，如果我们每次都接下来自己做，会让员工不断地否定自己，时间久了就会使他们丧失自信心，出于怕受批评的想法，员工就很可能再也不愿意接受新任务了，这显然不是我们想要的结果。

总之，领导者应该在授权之后对员工的工作进行跟踪和监督，特别是发现员工做得不够好时要立刻指出来，并要求他们及时改进，以激发员工做得更好。要相信员工，充分授权，这样才能激发员工的积极性和创造性，使团队的正能量得以合理的发挥。

第九章

去除臃肿会议，让团队轻装前进

　　会议是企业运营的一个重要组成部分。它具有决策性、讨论性、协商性，乃至谈判性、动员性等功能。抛开各种性质的会议不谈，员工在正常情况下，每天至少会参加一两次公司例会，可见，会议已成为员工工作中不可或缺的一部分。那么，身为领导者，如何才能让会议高效进行，既能达到开会的预期目的，又不占用员工过多的时间呢？本章将告诉你怎样开一个高效会议，如何调动员工的参会热情，如何冷静处理会议中可能出现的状况，怎样掌握开会的节奏……有了这一系列的方式方法，并且灵活地加以应用，就会最大程度地清除会议中的负能量，壮员工士气，长员工参会的心气，实现会议作为激发团队活力的重要作用。

从开会看一个团队的凝聚力

随着时代的发展，单打独斗的个人英雄主义的时代已经结束，团队分工协作成为制胜的关键因素。从某种意义上讲，一个企业的团队是否优秀，直接决定了这个企业在行业内的地位和发展水平。那么，如何判断一个团队是否优秀？事实上，从会议这个企业运营最重要的组成部分就可看出些许端倪，它像企业团队的透视镜，能看清一个企业是否在良性运转，以及这个企业团队是否有着强大的凝聚力。

团队协作离不开沟通，沟通就离不开会议。有经验的经理人从一个不起眼的会议上就能看出这个团队凝聚力是否强大。

情况1：如果一个团队开会，会议大半都是领导意气风发、豪迈激昂地发表动员性讲话，下面员工也看似热情澎湃，齐声赞叹，没有人提出任何异议，那么这个团队几乎无望。因为这是一个充斥着欺骗与被欺骗的团队，大家都在假装成功，假装肯定，假装服从。这种假象看似凝聚力很强，实则不堪一击。

情况2：在会议上领导者不停指爹骂娘或者挑剔刁难，下属则唯唯诺诺，那么这个团队也没有任何竞争力，领导长期的淫威已经磨灭了团队成员的斗志，甚至早已给员工埋下了嫉恨的种子，使得他们根本无法用心工作。

情况3：一个团队原定3点开会，但总有那么几个人习惯晚几分钟再到，在会议渐入高潮的时候闪亮登场，甚至干脆以各种理由不参加会议。那么，这个团队也没有什么凝聚力。规章制度对他们来说熟视无睹，指望这样的成员按照原定流程来完成工作，无异于白日做梦，更重要的是从中我们可以看出这个企业的执行力较差。

情况4：还有一些团队开会，成员在汇报工作时，抱着"事不关己"的态度，习惯性地推卸责任；或者在接受新任务时本能地排斥，挑三拣四，总想拣容易的事去做，抱着"功劳都是自己的，责任都是别人的"心理状态，去接受工作，这样的团队必然无法担负重任。

情况5：通常，还有这样的团队，原本是一件工作上的小事，领导者却兴师动众，花费一两个小时来开会，即便如此，有时也得不到任何结论。这样的团队里，员工一旦听到开会立刻条件反射般地产生厌恶情绪，认为领导在浪费自己的时间，而领导者也会觉得员工无用，不能很好地理解他的意思。

真正团结的团队，开会必然是简洁而又高效的。

这些团队开会，讨论一般性事务不会超过10分钟，重要事务不会超过半个小时，即使是作出某项重大决策，也不会耗费一天的时间来作决定，而是提前做好讨论研究，开会时则严格控制时间。

在会议中，领导多半扮演的是主持人的角色，他会将自己的意思言简意赅地说出之后，征求全体成员的意见，即使对方的观点和意见再可笑，他也会认真听取并考虑，而不是毫不犹豫地否决或打击。要知道有时候，一些伟大的发明和创造就是从在别人看来虚妄而可笑的点子中诞生的。而平等与尊重，是任何一个团队得以维持的最基本条件。领导如果不尊重别人的意见，认为自己天下第一，那么团队对他来说等同无用，这在个人英雄主义思想的驱使下，很容易走偏道路。

真正高效的会议，也是权、责、利划分十分明晰的，每个人都有具体的分工和职责，没有重叠的部分，也不容易形成推诿的局面。此外，团队成员能够明确告诉对方彼此的目标、压力和需要的帮助。就像足球比赛一样，前锋需要人传球，守门员需要后卫帮助防守。只有彼此紧密配合，才能取得最终的胜利。

此外，会议是否高效，也是团队执行力强弱的有力证明，是团队能够取得成功的关键因素。设想得再好，执行不到位也是空谈。你的团队成员可以不聪明，但一定要勤奋，要执行力强，对于拟定好的战略要迅速地、不折不扣地贯彻执行下去，对于每一个细节和每一个流程都要落到实处。

可见，一个小会议，能够看出团队建设中存在的不少问题。那么对比一下，你的团队如何呢？有则改之无则加勉吧，毕竟若想真正为企业打造一支狼一样的团队，员工不光要有"狼"的强大的团队精神和自律性，还要有狼体内极强的爆发力，这些爆发力来自于哪呢？自然来自于每个员工潜能的开发，因此，领导者要将会议注意力集中到提高员工凝聚力，壮大员工士气，激发员工潜能的轨道上来，使会议真正做到为企业的发展服务。

有效地调动与会者的情绪

对于一个公司来说，会议是工作很重要的组成部分，或者说企业运营的一个重要环节。成功的会议能够激活企业活力，提升企业凝聚力；高效的会议也能在最短的时间内提出问题、发现问题、解决问题，向员工传递满满的正能量。

要想使会议达到以上效果，就需要会议的组织者具备极强的感染力和决断力，其中运用情绪效应向员工传递积极的信息就是一个很好的方法。

情绪效应的核心在于"感染"。据美国《华盛顿邮报》报道，美国夏威夷大学的心理系教授埃莱妮·哈特菲尔德及她的同事日前经过研究发现，包括喜怒哀乐在内的所有情绪都可以在极短的时间内从一个人身上"感染"给另一个人，这种感染力速度之快甚至超过一眨眼的工夫，而当事人也许并未察觉到这种情绪的蔓延。

芝加哥大学社会神经科学中心的心理学教授约翰·卡西奥普也解释说，"一个人的面部表情越真诚，他的表达能力越强，就会越吸引他人去效仿。人类面部及体内的肌肉纤维可以在人无意识的情况下被激活，你还没有察觉到的时候就已经开始去效仿别人的情绪了，而这种效仿的能力要比你去率先流露出这种情绪更容易。"

研究人员请一些志愿者在30毫秒的时间内观看一些有欢乐或愤怒表情的

图片，在看完前者之后立即让他们看表情中立的图片，结果显示：志愿者开始明显表现出刚才看过的图片上的情绪。哈特菲尔德说，图片中的表情可以刺激志愿者大脑中相同的神经元，就好像志愿者也体会到了相同的情绪一样。一般情况下，当一个人感到高兴时，他的大脑就会向嘴发出笑的信息，而实际上逆向的活动也存在，即当一个人和一个快乐的伙伴在一起时，促使其发出笑容的面部肌肉也会向大脑传达信息，让他感觉快乐。

研究人员称，上述发现对提高工作效率是有帮助的。例如，如果一个团队的领导者心情不错，团队的成员也会被感染，大家的默契程度会提高，做起事情来也更得心应手。这种以情绪感染他人的方法，我们就可以运用到开会的过程中，以便有效地调动与会者的情绪和心理状态。微软总裁鲍尔默就是一个在开会的时候很会运用"情绪效应"的领导者。

[案例] 鲍尔默就是微软的啦啦队队长。每次开会讲话的时候，他总要时不时地把一只攥紧的拳头在另一只手上不停地击打，并总以一种高昂的语调（如连声高喊Windows！Windows！！Windows！！！）爆破出来，很像是奔赴战场前司令员的动员令。以至于在1991年的一次公司会议上因叫得太猛太响亮，喊坏了嗓子，不得不住进医院动了手术。

一位曾经在微软做过6年的产品推销的经理说："鲍尔默富于感染力，充满激情。除非你是死人，不然每次与他共同开会，你不可能不被他所感染。"

其实，在开会的过程中，比较常见的往往是领导者不停地说，而员工沉默不语。这是非常糟糕的状况，开会的效果自然也会很差。这时，假如领导者运用"情绪效应"，想方设法去调动员工的情绪，那效果就不一样了。

1. 领导者自己要情绪高涨

在开会的时候，如果领导者都死气沉沉，无精打采，那下面的员工必然会消沉不语。如果领导者能像鲍尔默一样充满激情，那下面的员工必然是信心满怀。

2. 鼓励和引导员工

在开会的过程中，如果领导者能多说一些鼓励的话，那么员工就会充满信心，积极踊跃地表达自己的意见和看法，参与到会议的讨论中来，为企业的发展建言献策。

3. 避免"一言堂"，给员工表现的机会

有些领导口才非常好，一开会就滔滔不绝，从会头讲到会尾，根本没给其他人发言讲话的机会。这种"一言堂"的行为是对员工积极性的重大打击。因此，领导者不但要给员工留出充足的时间讨论发言，还要懂得如何引导员工发言。

总之，要想使会议变得有意义，组织者运用自己的感召力，也可以称为个人魅力去感染员工，无形中将会议成员带到和自己相同的能量点上来，在同频率下产生共振，同时组织者（或领导者）也要收放自如地把控会议局面，这样会议的效率自然会得到提高。

领导者的开场白要抓住人心

要想使会议效率更高，领导者的开场白也很重要。你的开场白能不能吸引与会者的注意力，会议的主题是不是大家一直以来所关注的问题，是否和与会者的工作息息相关，无论是公司的发展动向抑或是与个人利益职位晋升等息息相关，能否在会议开场时就把大家的情绪调动起来，对于领导者来说，是很重要的能力。

首因效应指的是人与人之间第一次交往时所留下的印象，在对方的头脑中形成并占据着主导地位的效应。首因效应也叫首次效应、优先效应或第一印象效应。它是指当人们第一次与某物或某人相接触时会留下深刻印象，个体在社会认知过程中，通过"第一印象"最先输入的信息对客体以后的认知产生的影响作用。第一印象作用最强，持续的时间也长，比以后得到的信息对于事物

整个印象产生的作用都强。

因此，领导者在开会的时候，就完全可以利用首因效应来吸引与会者的注意，抓住他们的心，给他们留下深刻的印象。具体的方法就是巧妙地设计开场白。在开会前，一段精彩的开场白有三种作用：第一，吸引与会者的注意力，激发他们的好奇心；第二，概述会议的主要意图和内容；第三，向与会者阐明开会的必要性。通常而言，领导者会议开场白可以采用以下几种方法。

1. 自我介绍式

自我介绍式开场白通常是领导者外出开会发言时采用的方式。在与会者都不认识你的情况下就很有必要做一下自我介绍。听众有一个共同的心理，就是想知道自己在听谁发言。知道了发言人的基本情况，心里会踏实许多，可以专心致志地听会。不知道发言人的基本情况，在听的过程中，心里老是不踏实，好像缺了点什么似的，时不时会自言自语地在心里问"这是谁？"有的人还会停止听会，向周围的人打探发言人的基本情况，分散注意力，降低听会的效果。

领导者在自我介绍时还需要讲究技巧。因自我介绍的内容简单，很容易说得平铺直叙，所以自我介绍作为发言的开始，不仅是向听众介绍自己的基本情况，而且还负有激发听众兴趣的任务。如果只是简单地说自己叫什么，那就太乏味了！难以达到调动听众情绪的目的。应该把自我介绍文学化，借助文学的魅力，激起听众的情绪，还要强调关键性词语，以吸引听众的注意力。

2. 谦虚式

在正式发言前，结合发言的内容说一通谦虚、客套话，这样的开场白，我们叫它谦虚式开场白。例如，在某县"八荣八耻"教育经验交流会上，有一所学校的领导这样说："上一周，县教育局的刘局长到我们学校视察工作，看了我们学校'荣辱'教育的部分工作，就安排我们写一个'荣辱'教育的经验材料，准备在这次会议上发言，以此来推动我县的荣辱教育。我们只是按照县教育局的安排做了一点工作，很不到位，还有一些漏洞，与某些兄弟学校相比较，可能还不如他们，确实没有什么可炫耀的。但为了推动我们县的荣辱教育，与大家互相学习，共同提高，那我就当抛砖引玉啦！"

人们最反感的是高傲的发言。有些领导者一开会发言就大谈自己的成绩，而且在态度上盛气凌人，这很容易让与会者反感，产生抵触情绪。而谦虚的开场白，则可以化解矛盾，拉近发言人与听众之间的距离，使与会者以良好的心态听取发言。当然，过度的谦虚就是骄傲。在会议发言上，谦虚的话要说，但是，不能过分，必须控制住谦虚的尺度。

3. 强调式

在正式发言前，有人站起来对发言内容做简单的介绍，重点强调发言内容的重要性，和听取发言的必要性，这样的开场白叫做强调式开场白。比如，企业的一把手马上要在会议上发言讲话了，这时候他的副手就可以先强调一下，简单说明一把手发言的重要性，以引起与会者的注意和重视。再如，邀请外边的专家或领导来企业指导工作，在他们讲话前，企业的领导者就可以进行强调式发言，以起到推荐和强调的作用。

4. 谅解式

在正式发言之前，讲一些主观或者客观的理由，为自己发言可能出现的问题、不妥，甚至错误，求得与会者的谅解。这样的开场白叫做谅解式开场白。比如，在全国 CAI 教学经验交流会上，有一位代表这样说："这次会议，本来是让我们学校的张科长参加的，因为他有别的事情不能够出席，就让我来了。因为是临时决定，张科长也没有把发言稿和相关的材料转交给我，我也没有发言的思想准备，两个小时前才慌慌张张地写出这个发言材料，很不成熟！刚才我看了一眼，竟然日期都写错啦。今天是 2006 年 5 月 5 日星期五，可是，发言材料上写的是 2005 年 5 月 5 日星期五。可能还有其他问题和不妥的地方，如果真有其他问题和不妥之处，还要请诸位批评指正，多多包涵。"这种开场白既打了预防针，减轻了自己的压力，也可以吸引与会者的注意力，有利于增强会议发言的效果。

事实上，会议开场白的方式比较灵活，不限于上述几种，只要有益于开会的效果，根据具体情况，也根据开会领导的个人魅力，因人而异，因时因事而异，方便灵活地使用融入个人特色的开场白才是最重要的。

总之，如果领导者能开一个好头，在会议初始就抓住与会者的心，然后在开场白所奠定的会议基调下，抛砖引玉，可想而知，会议的全程也必定是活跃的，会激发大家的潜能，碰撞出更多思想的火花，从而达到简单、高效的开会目的。相信成功而有意义的会议是公司的指挥棒，也是企业团队的催化剂和黏合剂，掌握了开会技巧和精髓，才能游刃有余地协调好公司各部门之间的关系，才能更准确地把握公司发展的脉搏，最终打造出一个契合公司发展，有极强爆发力和正能量聚集的好团队。

将会议的节奏掌握在自己手里

领导者开会最忌讳的就是无法掌控会议局面。无论是自己说到兴起，口若悬河，滔滔不绝，严重跑题，还是被会议的舆论牵扯着，以致忘记了开会的初衷。凡此种种，都提醒领导者在开会的时候要时刻记住一点，那就是随时掌控会议节奏，要使会议的线无论是抛出去还是收回来，都始终掌握在自己手里。会议的节奏掌握好了，比如忽然留白式的沉默，攒紧的拳头，激情的表白，叹息，激情演绎，等等，所有这些，都能使会议的效果倍增，有效地调动起与会者的情绪，最终达到开会的目的。

心理实验表明，在演讲的过程中，适当地留一些空白，会取得良好的演讲效果，这种方法完全可以用在开会的过程中，用以控制会议的节奏，引导会议的气氛。比如，在会议发言讲话的过程中，下面的与会者窃窃私语、交头接耳，这时有经验的讲话者就会采用突然停顿、沉默等方式，以引起人们的注意，把大家的注意力引导到会议主题上来。

林肯经常在讲话途中停顿。当他说到一项要点，而且希望他的听众在脑中留下极为深刻的印象时，他会倾身向前，直接望着对方的眼睛，足足有一分钟之久，但却一句话也不说。

这种突如其来的沉默，与突然而来的嘈杂声有相同的效果：能够吸引人们的注意力。这样做，可以使每个人提高注意力，警觉起来，注意倾听对方下一句将说些什么。

例如，在众所周知的林肯和著名法官道格拉斯的辩论会议接近尾声之际，所有的迹象都表明他会失败，他因此感到很沮丧，他那痛苦的老病不时地折磨着他，可也为他的演说增添了不少感人的气氛。在林肯的最后一次辩说辞中，他突然停顿下来，默默站了一分钟，望着他面前那些一半是朋友、一半是旁观者的群众的面孔，他那深陷下去的忧郁的眼睛像平常一样，似乎满含着未曾流下来的眼泪。他把自己的双手紧紧握在一起，仿佛它们已经太疲劳了，已无力应付眼前这场无助的战斗。然后，他以他那独特的单调声音说道："朋友们，不管是道格拉斯法官或我自己被选入美国参议院，都是无关紧要的，一点关系也没有；但是我们今天向你提出的这个重大问题才是最重要的，远胜过任何个人的利益和任何人的政治前途。朋友们……"说到这，他又停了下来，听众屏息等待，唯恐漏掉了一个字，"即使在道格拉斯法官和我自己的那根可怜、脆弱、无用的舌头已经安息在坟墓中时，这个问题仍将继续存在、呼吸及燃烧。"

替林肯写传记的一位作者指出："这些简单的话，以及他当时的演说态度，深深地打动了每个人的内心。"

在会议讲话的过程中适时"停顿"，是一种需要好好掌握的技巧。有意识的停顿不仅使讲话层次分明，还能重点突出，吸引听者的注意力。适当的停顿，能前后互相照应。只有条理清楚的讲话，才具有说服力并表现出较强的逻辑性，使听者佩服你讲话的老练和娴熟。如果不懂得适时的停顿，滔滔不绝地一直讲下去，就会使听者有种急促感，显露不出说话者的感情和力度。

那么，到底该什么时候需要进行适当的停顿或沉默呢？当我们转换语言，承上启下，或提出重点，总结中心思想，概括主要内容时就需要适时地停顿，而静默的时间一般不超出 10 秒钟。特别需要停顿的地方，也以不超出 1 分钟为宜。

此外，如果你想表达出蕴藏在内心的激情，讲话就应该抑扬顿挫，所以停顿不只是声音的静止，而是一种无声的心灵之语，它往往配合动作手势。如：低头沉思；双手握拳，作激动状；说到关键处，双目凝视；深深叹息，皱紧双眉作痛苦状；抬头仰望天空等。

注意做以上动作手势时，一定要自然、逼真，切莫让听者以为你故作姿态，反而失去了"停顿和沉默"所特有的效果。同时也要注意这些方式方法只能在恰当的时候偶一为之，不能频繁地使用在一次会议的全程，这样会使人觉得你是一个华而不实的领导者，只知道使用一些花拳绣腿，不是一个能办实事的领导者。

总之，领导者作为会议的主持者，无论是使用肢体语言也好，还是直接用语言控制也罢，一定不能因为一时走神而将会议的指挥棒扔掉。如果不能控制会议的节奏，那么就会出现混乱状态：参会者间能量散漫，各自神游，大家各怀心事，或者议论一些与主题无关的事，无法将大家的能量聚焦到一个点上来，这样的会议必然会以失败告终。

消除冷眼旁观者的参会心理

在会议中，有一个现象我们都很熟悉，那就是每次开会总有那么一些人抱着事不关己或者冷眼旁观的心态，或者双臂抱肩，表现出心不在焉的样子来。这些人有的是受一种习惯心理的支配，对会议怀有与生俱来的敌意或偏见，或者对领导者本人失去了信心，等等。因此，在主持会议的过程中，一项重要的挑战就是解除这些冷眼旁观者的心理魔咒，让他们改变心态，积极参与到会议中来。领导者要想做到这一点，首先要做好会前功课。那就是：了解这种旁观者心态产生的根源及几个重要的影响因素。

旁观者现象是一种社会心理学现象，指在紧急情况时由于有他人在场而没有对受害者提供帮助的情况。救助行为出现的可能与在场旁观人数呈反比，即旁观人数越多，救助行为出现的可能性就越小。

"旁观者效应"是一种不良的社会心理，也是一种普遍存在的社会心理。"旁观者效应"其实差不多是一种"从众心理"。"路见不平"你不吼，那么我也不吼，他也不吼，最后大家都不吼；"该出手时"你不出手，那么我也不出手，他也不出手，最后大家都不出手。

旁观者效应的出现，主要受以下几个因素的影响。

（1）社会抑制作用（社会比较理论）。社会上每一个人对所发生的的事情都有着一定的看法并选择采取相应的行动。但每当有其他人在场时，个体在行动前就比无人在场时更加小心地评估自己的行为，把自己准备作出的行为与他人进行比较，以防出现尴尬难堪的局面。比较后的结果是，当他人都不采取行动时，就会产生对个体利他行为的社会抑制作用。

（2）社会影响结果（从众心理）。一个人不仅会以他人看法来评估某一情境，而且在行为举止方面也倾向于模仿他人的行动。这种情况在特殊情境下更为突出。个体在紧急情境下，即使意识到有责任上前帮助，但若其他人没有采取行动，个体往往会遵从大家一致的表现。

（3）多数人忽略。他人的在场和出现影响了个体对整体情境的认知、判断和解释，尤其是在紧急情况下对个人所陌生的情况进行判断。人们既缺乏对行为采取措施的心理准备，也缺乏对行为的信息进行自我辨认的能力。因此每个人都试图在观察场上其他人的行为资料以澄清事情的真实性，更正自己的模糊认识，也就是说从他人行为动作中找出自己行为的线索和依据。

（4）责任扩散。在紧急情况下，当有他人在场时，个体不去救助受难者的（社会）代价会减少。见死不救产生的罪恶感和羞愧感、责任感会扩散到其他人身上，个体责任会相对减少。

旁观者效应存在于社会的方方面面，企业领导者更需要认识并运用这种心理学效应。比如公司开会时，这种旁观者效应就十分普遍，为何每次领导让大家发言时都没有人说话呢？因为没有人第一个起头，大家都用一种旁观的心态在等待。

这样的例子在工作中的其他场合也比较常见。比如为了方便大家反馈意见，公司专门制作了一个"意见簿"，为了怕大家使用不便，还在上面挂了一支笔。结果，一段时间过去了，上面还是没有只言片语。莫非他们都没意见，都很满意公司的状况？那为何大家在私下里却是一片抱怨声呢？事实并非如此，只是还没人愿意开这个头而已，大家都在冷眼旁观地等待着。那么，领导者如何才能消除员工这种冷眼旁观的心态，让大家积极参与到会议的讨论中来呢？以下两种方法可供大家借鉴。

1. 抛砖引玉

在会议中员工若都在旁观、沉默不语。这时候，领导者可以采用抛砖引玉的方式：首先谈一下自己的观点，或者提出一些启发性的问题，引导员工发言，参与会议的讨论；也可以指定一名员工，让他先谈一下自己的想法和观点，从而带动其他人员发言的积极性。

2. 学会倾听

只有领导者在会议上愿意倾听，善于倾听，员工才会积极发表自己的观点。因为他们觉得自己受到重视，被关注的心理得到了满足。

除此之外，领导者要想消除旁观者心理，还要适当地放低姿态，不要表现出一种高高在上的样子，更不能使用发派、指令性语言，让与会者觉得会议只是领导者一个人的宣导，或者是毫无意义的演讲。领导者要以会议目的为根本出发点，带着解决问题的态度，耐心倾听、询问与会者的意见，尽量将理论性、概念性内容落实为一种可执行的计划，或者员工每一步的当下的工作行为。

领导者只有具备足够的经验，才能最大程度地调动参会者的积极性，让那些冷眼旁观的参会者放下心理戒备，带着兴趣与热情投入到会议议题上来。也只有这样，才能使参会者释放出自身积极的能量，高效率地解决问题同时把工作任务合理地分配下去，使会议所产生的结论更大程度地代表参会者的共同心意。

重视开会时员工所反馈的信息

很多领导者常会犯这样的错误，那就是在开会的过程中虽然也能掌控会议的节奏，员工的积极性也能调动得很好，并且员工在会议中积极地反馈信息，表达意见，领导者貌似也在认真听取，可会议最终却不了了之地结束了。这就是领导者的草率之处，能够发现问题，收集信息，却没能及时地反馈给员工，形成可执行的解决意见，因此，这样的会议往往虎头蛇尾，看似轰轰烈烈，实际上却没能解决实质性问题，久而久之，员工也懒得再提意见了。

要想改善这种状况，领导者就要学会在会议中对员工所反馈的信息予以充分的重视，并对意见进行适当的积极的反馈和指导，尽量将会议内容落到实处。要想做到这一点，领导者首先要对反馈意见的重要性予以充分的重视。下面是心理学家赫洛克做过的一个著名反馈效应的心理实验。

赫洛克把被试者分成四个等组，在四个不同诱因的情况下完成任务。第一组为激励组，每次工作后予以鼓励和表扬；第二组为受训组，每次工作后对存在的问题都要严加批语和训斥；第三组为被忽视组，每次工作后不给予任何评价，只让其静静地听其他两组受表扬或挨批评；第四组为控制组，让他们与前三组隔离，且每次工作后也不给予任何评价。

实验结果表明：成绩最差者为第四组（控制组），激励组和受训组的成绩则明显优于被忽视组，而激励组的成绩不断上升，学习积极性高于受训组，受训组的成绩有一定波动。这个实验表明：及时对学习和活动结果进行评价，能强化学习和活动动机，对工作起促进作用。适当激励的效果明显优于批评，而批语的效果比不闻不问的效果好。

由此可见，作为领导者，一定要重视管理工作中的反馈。这种反馈一般来说包括以下两个方面。

（1）重视员工的反馈。尤其是在会议上，员工反馈的一些信息更需要重视。会议上反馈的信息有别于私下里反馈的信息。对员工来说，能在会议这种正式的场合提出反馈意见，就说明这个意见很重要，领导者必须给予充分重视。

（2）重视对员工的反馈。也就是领导者要把员工的工作情况及时反馈给员工，以促进员工的进一步工作。例如，领导者可以在工作会议上对员工做的较好的方面进行积极的评价和指导，对员工的工作进行认可和鼓励；也可以对员工做的不适当的地方进行修正，让员工认识到哪些地方存在问题，哪些地方有欠缺，从而进行改正。

一般来说，领导者在会议中的反馈方式有三种：积极的反馈、消极的反馈和纠正性的反馈。

1. 积极的反馈

积极的反馈是对别人良好表现的肯定。如果这种类型的反馈是及时的、注重结果的，那么，它也是最有效的。例如："关于这些报告，你已经做得非常好了，我上周五收到的包括我们每月的财务数字在内的报告是我所见过的最清晰的报告。我刚才从管理部门听说他们正采用的管理方式也是你在整个部门会议上提出的，我对你出色地完成工作表示感谢。"这种类型的反馈是很容易给予的，因为这是一个积极的信息，而且员工也会因为你的认可和满意的赞美而在今后的工作中表现出更加积极的态度。

2. 消极的反馈

消极的反馈主要是以一种没有建设性的目的的方式指出可能出现的问题。这种类型的反馈会让人感到不安、混乱、愤怒和心情糟糕。消极的反馈应该尽量避免。例如："你又一次晚交了报告！此外，报告内容不是很清晰。我不知道该怎么做才能让你更好地了解这项工作的重要性。你是失败的！"

收到这样的反馈信息，员工会感到非常不安和不满。虽然从短期来看，提出一个负面的反馈信息会发挥一定的作用，但从长期来讲，它并不会激励员工来提升绩效。相反，它会让员工产生恐惧感。为了下一次不再听到这样消极的反馈信息，也许员工可以做得更好，但他们将不再喜欢这份工作。如果这种情况经常发生，员工很可能会离开他们的工作岗位。

3. 纠正性的反馈

纠正性的反馈是以一种建设性的方式提供反馈信息或评价。这种反馈的目的不是谴责，而是要帮助员工提高绩效。这样做最好的方式是描述需要予以纠正的行动，给出最近的一个例子，请教一些可以改变这些行为或提升绩效的意见，并共同商定下一步措施。建设性的反馈意见是促进员工发展的绝好工具。

例如："准时完成每周报告，对你而言似乎是有些困难。比如，上周五直到下午 5 点我都没有收到报告，而且这是最近 4 周中你第三次延迟提交报告了。所以，我不能及时为我的上司提交报告了。在接下来的工作中，我们应该如何来改善这种情况呢？你有什么建议？你认为我们需要怎样做才能纠正这个问题？"

在这种情况下，尽管这类信息与负面反馈类似，但却更为客观而且没有负面情绪。员工收到这样的信息，不会像收到消极反馈那样感觉不安。

对于领导者而言，在会议中要尽量多用积极的反馈和纠正性的反馈，而少用或者不用消极的反馈，因为消极的反馈很容易打消发言者的积极性，同时也打击了其他参会者发言的决心，参会者内在积极的能量被平复下去，解决问题的兴致也就淡下来，这样的会议很可能造成虎头蛇尾的结局。因此，无论如何，领导者一定要鼓励与会者尽可能多发言，给予发言者足够的重视，并以相对积极的语言进行反馈。

提前 15 分钟进入自我沟通状态

工作离不开沟通，会议则是沟通环节的重要方式。在会议中经常出现这样的沟通情境：员工花了一段时间把思维调整到会议议题上来的时候才发现，最重要的内容已经讲过了；为了这次会议做了很久的准备，但在会议现场却错过了表现的大好时机，让努力付诸东流；员工的思维没有办法跟上对方，明明知道对方的提议存在问题却很难作出迅速、准确的反驳；由于思维没跟上，就没办法清晰地表述自己的意见，还使领导认为是你不够用心。

产生这些问题的原因在于，大脑从繁忙的工作状态切换到开会状态时需要一定的转换时间。如果没有提前准备，开会时就容易出现以上问题。所以，提前进入状态，减少在准备过程中花费更多时间，能让会议沟通更高效，提高职场中的工作效率。同时，也就能够避免以上情况的发生。

提前进入会议状态，不是让员工在别人还没到场之前就坐在会议室里自言自语，而是要求员工在会议开始之前把自己的神经频率调动起来，进入活跃兴奋状态，与会议所需的紧张、快速波段保持一致，让大脑有足够的时间调兵遣将。这个时间大约需要 15 分钟，分为以下 6 个阶段。

1. 会议开始前 15 分钟

这时候要求员工马上中断手头的工作，让大脑从繁杂的工作状态中解脱出来，同时也让员工自己好好休息一下。

2. 会议开始前 10 分钟

这是需要员工思考的时候。包括你要参加的会议主题是什么，都有哪些议程，员工所扮演的角色是什么，需要达成什么目的，是否还有需要取得的附加值，参加会议的都有哪些人员，领导者对这次会议的重视程度如何，同事对会议的重视程度如何，会议的结果对你的工作有什么影响……可以让员工把这些问题在便笺纸上一一列出来，然后逐个作答，这样可以帮助员工整理散乱的思维。

3. 会议开始前 8 分钟

这时的员工已经做好了对这次会议的说明和定位，也明确了自己应该做的事情，现在就应该根据这些事情来整理会议上需要用到的资料了：包括 PPT、文档文件、各类数据、资料、样品、移动存储设备、数据线、纸张，笔等。然后将这些东西放在一起，用一个文件袋或者方便携带的文件盒装好。

4. 会议开始前 5 分钟

可以让员工在这个时候考虑：如果在会议上需要发言的话，这个时候就应该在心里酝酿一下要说的内容了。在白纸上列出一个发言的备忘录是很有必要的。如果有在会上需要解决的问题，也要赶紧把这些问题和其衍生矛盾写出来做个备忘，以便在会议上提出求解。如果员工需要得到更多的信息，那么可以根据之前列出来的会议主题和议程，仔细想一想自己还需要了解什么，同样别忘了做好记录。

5. 会议开始前 2 分钟

这时候的员工可以在大脑中飞速想象一下整个会议过程，最后整理一下资料，看看有没有遗漏或者需要补充的内容。

6. 会议开始前 1 分钟

会议马上就要开始，喝点水润润喉咙，并相信会议有一个完美的效果。

别小看了这提前的 15 分钟，对于员工来说它是一个自我能量聚集的过程。有了这 15 分钟，员工才能以更积极的状态投入到会议议题中去，员工有了参与的信心和对会议的整体驾驭感，会议的效率自然能够提高。

因此，作为团队的领导者，一定要提倡员工提前进入会议准备状态，并把此次会议的相关信息，比如：会议的内容，讨论事项，相关资料等发放到员工手中，让员工在自我准备的过程中有的放矢，只有这样才能将会议质量从根本上提高上来。

从能量学的角度来说，领导者提前 15 分钟进入准备状态，还有利于开会时自身处于一个正能量循环的状态，这样领导者才能产生比较积极的气场，才能以更好的觉察力来捕捉会议进程中一些对开会积极的有利的信息流，吸引参会者以最佳的正能量状态集中精力于会议的主题。

学会应对冷场和离题发言

即使准备得再充分，在实际会议的进行过程中，也会出现一些意料之外的事情，面对这些突发状况，领导者不能慌了神儿，一定要沉着冷静地应对，而且要恰当地加以处理。

1. 应对会议开始的冷场

在会议活动的一开始，冷场往往是最为常见而又使领导者最头疼的事情，但是任何问题都不能一概而论，冷场的原因也有很多，要真正解决冷场问题，我们就应针对不同的原因来采取措施。

一是与会者准备不够充分。任何发言都应该留有一定的思考时间，如果事先没有打招呼，与会者就会感到不知从何说起。这种情况最可能出现在临时召开的会议上。领导者一开始就应该避免这种没有准备的会议发生，若是形势所迫不得不举行临时会议的话，则可以鼓励大家先谈一谈不成熟的意见。想法总是在思维的碰撞中产生的，即使是不成熟的意见也能起到抛砖引玉的作用，领导者也可以首先发言，以便大家有时间做短暂的准备。

二是与会者对会议所讨论的议题不理解、不明白。会议前的准备工作做得不够细致是产生这种情况的原因，会前没有说清楚的事就需要在会议上说明白，宁可稍微耽误一点时间重做说明，也不能稀里糊涂地进行会议。

三是会议议题太犀利，直接涉及与会者多数人的利益，大家因为有顾虑，谁都不愿意作"出头鸟"。这个时候，领导者应先引导与议题利益关系不大的与会者发言，从中立者的角度定下讨论方向，然后再逐步深入。只要有人开了头，会议气氛就会逐渐变得热烈。

四是会议议题存在一定的复杂性，大家对发言感到困难，无法提出明确意见。解决任何问题都有一个顺序，领导者要由浅入深地加以引导，剥茧抽丝，逐步接触问题的实质。还有一种方法，就是选择分析能力强、见解敏锐的人率先发言，打开突破口再引导大家讨论发言。

2. 打破部分人的沉默

会议本该是人人发言，每个人都应表达自己对于议题的见解，但是总有一部分人在会议上沉默。领导者不能放任他们，不发言就无法知道他们是否进行了思考。毕竟，组织需要的不是只会执行任务的机器，而是懂得思考的、活生生的人。

因害羞而沉默的人，领导者要寻找机会鼓励这些人发言，并表示出对他们的发言很感兴趣，有了几次成功发言的经历，他们就会主动地参与进来；当会上大多数人同意某种意见，呈现一边倒的情况时，就会出现持少数意见的沉默者，这时候，领导者不宜表态同意多数人的意见，而是应该耐心地、热情地鼓励有异议的人讲出自己的见解；无所谓的沉默，是会议中最不可容忍的事情，当一个人表现出无所谓的态度时，他不是懒得思考，就是与会议议题处于对立状态，对于这些人，领导者就有必要私下找他谈一谈了。

当然，沉默的原因还有很多，只要领导者能够找出原因、因势利导，对于那些表示同意或者没有其他意见的沉默，也不必太在意。

3. 控制离题发言

离题发言导致会场的气氛与冷场时恰恰相反，往往是"热烈"得过了头。控制离题发言的同时又不能挫伤与会者们发言的积极性，领导者要把握好一个度。

出现离题发言主要有两种情况：一种是闲话式的离题；另一种是发挥式的离题。不管是与会者对会议内容不感兴趣或沉湎于题外话，还是发言者为了表现自己的才能，不自觉地讲过多与会议无关的话题，领导者处理的时候都不能简单粗暴，应尽可能采取不影响情绪和气氛的方式，用礼貌的形式提醒发言者，切不可惹恼员工，更不能发生"员工恼羞成怒愤然离去"的局面。假使这样，你苦心经营的会议就要泡汤了。因为一但有员工愤然离场，与会者的情绪必会受到影响，中断的话题也不容易再衔接上，会议现场的气氛必是松散的，员工的思想一时半会也集中不起来，会议自然失败了。因此，领导者在处理问题时一定要注意掌握分寸，切不可兴师动众。

保持镇静，应对感情用事的与会者

会议给大家提供了一个面对面地讨论与解决问题的机会，但是正面交流很容易使与会者们将意见上的不合迅速演变成针锋相对的冲突，情绪难以控制的状况时有发生。而作为会议的主持者，领导者除非是有意为之，最好不要给与会者情绪失控的机会，更不要与任何一个参加会议的人发生冲突。

对领导者来说，当会议成员们激烈争论甚至是发火时，采取中立而正确的态度是最重要的。否则，随着争吵双方的脾气变得越来越大，作出调解的机会就越来越小了。因为怒气会使他们丧失理智，敢于公然蔑视第三方的劝解，尽管调停者没有任何偏见，但是善意的插话也可能使情况更糟。此时领导者就应该拖延讨论，直到双方火气平息——这可能难以做到，但是领导者有必要发出命令，先让大家安静下来，然后暂停讨论，加上耐心与坚韧，情况肯定会有所好转。

下面所列出的一些方法，会为领导者解决会议上的冲突有所帮助。

（1）领导者要保持冷静，一定不要介入参与争吵的任何一方。这倒不是说领导者不能有自己的立场，坚持立场要选择时机，一味地坚持会使矛盾激化。再者说，作为会议的主持者，一旦和与会者产生摩擦，情况会变得更糟，更不用说达成共识了。

换一个角度来说，有争吵反而是好事。交流就是要有话就说，虽然表达方式有些过激，但是总比沉默不语要好得多。经过争吵才能发现问题，领导者要控制局面，也要利用好这次机会，让大家把心里的想法都痛快地说出来。这并不是煽风点火，而是出于对事实和原因的探究和兴趣。

（2）如果大家的情绪过于激烈，领导者也要学会灵活处理，暂时休会也是一个缓解冲突的好方法。如通过提供饮料转移大家的注意力，平复争吵者的情绪，使之得到进一步的放松。冷静的时间越长，怒火就越容易平息，给与会者独处的时间，能让他们趋于理智。

短暂的休会是了解事实真相的一个机会，要抓紧时间对事实作出调查。休会的目的是使考虑问题的时间更加充分，而不是扼杀问题。

（3）领导者要特别注意反对观点，不要马上表态，即使迫于压力需要作出决定，也要避免形成先例。另一方面，对决定的临时性作出强调，说明事实还有待作最后的澄清和批准。若是临时决定还需要执行，一定要指定执行的时间期限，便于对此时的决定作出调整。

会议中发生冲突是很正常的事，领导者不应该回避所有争吵，因为这也是发现新问题和寻求解决办法的机会，甚至有的时候，领导者可以利用与会者之间的利益冲突来实现组织所要达到的目标，"鹬蚌相争，渔翁得利"，如果做得好，你就是一个成功的"渔翁"。

总之，领导者一旦在会议中遇到这种感情用事的员工，一定要保持镇静，要有控场的能力，如果引发员工激动的内容已明显离题，可以巧妙地拉回正题。你可以首先对情绪激动的员工表示理解，表达一下对这个内容的重视，然后请这名员工冷静一下，希望协商后可以在下一次会议中专门讨论这个议题；假如引发员工激动的内容与此次议题正相关，可以适当控制场面，以解决问题为目的，切忌让会议仅仅成为员工负能量的聚集地，要引导和规范参会者，使参会者尽快平复心情，也能借此机会使大家最终心平气和地找到解决问题的办法，以达到解决问题，提升正能量的目的。

开会时需要注意的细节

领导者要想打造出一支具有高效执行力的团队，首先要从会议这个枢纽性的企业运营元素做起。企业会议承载了企业发展的太多信息，高效的会议是企业发展的助推器，是沟通的重要场所，也是领导者为团队成员传递正能量的最好方式。然而，要想达到这样的会议效果，领导者一定要注意会议进行的细节，掌握开会的节奏，能够调动起与会成员的积极性才行。

开会是高层领导者的主要工作形式之一，身为领导者，开会时一般需要注意三点：第一，尽可能靠后发言，其他时间大多是引导大家放开说；第二，提出观点多以建议、商讨的口吻，多数人认同了，再改为坚定的语气；第三，发言多以"第二附和者"的形式出现，如"我同意某人提出的某某意见"。

开会大多是议事，如果领导者一上来就"亮剑"了，别人只有去附和你，如果被指责就只会挖空心思找理由分辩，议事就很难议下去。美国人罗伯特写过一本《议事规则》，说的就是怎么开会，具有很好的借鉴意义。

然而，许多领导者不能很好地掌握开会的要旨和精髓，以致在会议进行中会出现许多意外的情况，对此，我们收集整理了以下几点及应对措施，以供大家参考。

1. 跑题

很多时候，团队成员在会议发言时会不自觉的跑题，从一个问题引出另一个问题。对此，领导者应怎么做呢？

（1）事先请将规则讲清楚。

（2）可将跑题的议题留置最后再讨论。

（3）给予肯定再切断话题。

（4）请他做归纳或替他做归纳。

（5）发言限定时间。

2．人身攻击

对于一些与员工切身利益相关的或者较为敏感的会议议题，员工在情绪激动时会出现一些人身攻击现象。

（1）重申议事规则。

（2）重提主题进行讨论。

（3）对员工进行安抚。

3．争持不下

这种情况在会议中比较常见。争论双方各执己见，相持不下。

（1）可暂停会议休息 30 分钟。

（2）将双方意见列表比较。

（3）参考第三者的意见。

（4）重整双方意见提出新的方案。

（5）重申共同利益。

（6）进行不记名投票。

4．抱怨

员工抱怨是一个好现象。这至少说明企业言论环境是开放的，团队成员敢于在会议中表达自己的意见，但针对于员工在会议中的抱怨，领导者要怎么回应才是最恰当的呢？

（1）同情其不满的情绪。

（2）归纳其不满的原因。

（3）寻求解决的方法。

5．短话长说

你一定也有过这样的经历。那就是明明是一件小事，却被发言者在会议上做长篇大论的讲述，说起来没个完。

（1）适时地加以制止。

（2）请其简单概括一下中心意思。

6.时间不足

领导者在会议进行中，要随时掌握时间进度。要尽量在规定的时间内结束会议。如果感到时间不足，就要挑重要的议题发言，或者限制与会者发言的时间。

（1）选择重要的议题进行讨论。

（2）限制发言人数（可事先登记）。

（3）限制发言时间。

7.争功委过

争功委过是企业中一种常见的现象，尤其是在会议中，谁也不愿意把责任揽在自己身上，成为众矢之的。一个会议如果大家都在争功委过，那么可以断定这将不是一次成功的有价值的会议，因此主持人也好，领导者也罢，应尽量避免会议中出现这种情况。

（1）主持人应制止不当的发言，并给予其适当的肯定。

（2）引导组织成员彼此说出对方的优点，让大家都能受到适当的肯定。

8.为了反对而反对

每个团队都会有这样一些成员。他们渴望出类拔萃，喜欢被关注。具体在会议中就会表现为当某人提出一个观点时，他都会本能地表示反对，以此来体现个人立场的重要性。这样的员工不应一味地批评指责，如果能够正面引导，也会成为为企业服务的优秀的好员工。

（1）请他提出更好的对策。

（2）引导他思考自己的意思是否考虑得周全。

9. 独占发言

有些员工出于各种原因，会出现发言时间过长的现象。

（1）主持人及时提醒并加以控制其行为。

（2）说明规则并强制执行。

10. 消极的发言

面对发言者表达的一些消极的负面的发言，领导者应如何应对呢？

（1）重申团队精神口号。

（2）提振士气，拟定共同目标。

（3）对发言者的情绪表示理解。

总之，在公司会议中，经常会出现各种各样的问题，很好地规避这些问题，才能确保会议高效率高质量地进行，也只有一个有能力规避这些问题的领导，才能让参会人员集中精力于会议的主题，让员工各自的能量相互碰撞，相互激发，融会贯通，最终使会议成为激发新能量的源泉，促发员工在会后以更大的能动性投身到工作中去。

第十章

心理减压，为员工卸去负能量

　　一个人每天的大部分时间都是在工作中度过的，不可能一直都精神饱满。工作的问题，人际交往的问题，上下级关系问题，家庭情感问题以及其他一些日常琐事都很容易影响到员工的工作情绪。领导者要做的首先是在处理工作问题时照顾到员工情绪，其次要有意识地协助员工走出情绪低谷，关怀帮助员工，解决员工间的冲突，学会肯定和接纳员工，照顾到员工的自尊心，这是人性化管理之必需。因为只有员工的气顺了，整个团队才能和谐，员工才能齐心协力与企业一道迈着坚定的步伐向前行进。

乐于减轻员工的心理压力

时至今日，作为社会人的我们，每天都面临着各种压力，来自身体的，来自心灵的，来自工作的，总之，方方面面的压力很容易将你压垮。在生存竞争日益激烈，人心稍嫌浮躁的今天，领导者要对社会的大环境，对团队成员的身心状况有一个基本的认识，然后才能付出积极的努力，使员工不被压力无情地压垮，从而有更多的精力投入到工作中去。

虽然领导者不可能真正了解员工的内心世界，或许领导者也不能从根本上排除员工的心理压力，但是经常与员工进行思想交流，可以起到有效的疏导作用。

疏导下级心理压力的最直接的方式就是接纳、理解和关怀，而这些往往来自于领导者的形象及与员工的沟通方式。一个发自肺腑、暖人身心的微笑，不仅可以使员工感到温暖，感到轻松愉快，从而降低心理压力，还可以让自己有一个不错的心情。美国许多企业或公司宁愿雇用一位学历不高但让人感觉很温暖的人作为领导者，也不愿聘请一个满脸写着"尊严"的哲学博士。可见，许多下属都向往有一个和颜悦色的领导者，而不是一个严肃冷漠的铁面判官。

当然，领导者也一定要搞清楚员工的压力是不是就来自于领导者自身，如果是这种情况，领导者就一定要与员工进行深入沟通，引导员工说出内心的想法，在意见合理的情况下，改进自己的管理方式，让员工能够更好地接受你。

纽约百老汇大街证券交易所有名的经纪人斯坦哈特曾经是一个严肃刻板的人，他从不言笑，并且脾气暴戾，时常对员工大吼大叫。这让他手下的员工十分的恐惧并且压力倍增，这种情况下他的员工自然不可能投入所有的精力来工作。于是他开始反思自己，并且一改往日的工作旧习，无论在电梯上或走廊中，还是在大门口或商场里，逢人三分笑，像普通一员那样虔诚地与人握手，结果不仅让员工的心理压力剧减，工作效率大增，而且他的顾客也很愿意与这样的企业打交道。所以说，微笑，并且是来自于领导者的微笑，是疏通下属心理压力最基本的手段。

与员工谈心也是一个疏导下级心理压力的有效方式。这一形式最早应用于20世纪30年代初在西方电气公司所进行的霍桑试验。当时谈心只是一种让员工通过向人诉说而减轻压力的方式。但这一做法后来遭到非议，其原因是干扰了企业组织的正常工作，因为参加谈心的顾问们想着手解决他们听到的问题，而忘记了自己的责任只是充当倾听者。可是有关心理咨询方面的谈心却没有受到这种消极影响，而且随着进一步完善而日益兴旺。可见如果企业领导者能够时常地与员工谈心，还是能在很大程度上排解员工的压力的。

另外，作为一名企业领导者，勇于承担压力、为员工分担压力也很重要，这会让员工因为你的承担和包容而减轻心理压力，从而把更多的精力投入到工作任务中去。

"一切责任在我。"1980年4月，在营救驻伊朗的美国大使馆人质的作战计划失败后，当时的美国总统吉米·卡特立即在电视机里做了如上声明。在此之前，美国人对卡特的评价并不高。有人甚至评价他是"误入白宫的历史上最差劲的总统"，但仅仅由于上面的那一句话，支持卡特的人居然骤增了10%以上。

而今的团队领导者，有责任关注员工的工作状态，卸去员工因各种压力而产生的负能量，这越来越成为企业管理中一项必备的技能，因为只有员工身心状态好了，团队的凝聚力、执行力才能上来。因此，关注员工的内心，关注他们的情绪状态，用最妥当的方式在适当的时候与员工进行有意义的沟通，这样的企业才能长足发展。

陪伴受挫员工走出情绪低谷

员工的挫折有来自生活方面的，也有来自工作上的。在工作中一般是指员工工作内容没有得到领导的认可，职业理想没有实现，或者是与团队成员间的矛盾重重，或者厌倦于工作内容，等等。所有这些都会有一些外显的情绪特征，身为团队领导者，最应该做的就是觉察到员工身上的这些变化，在恰当的时候向员工伸出双手，同时陪伴这些受挫员工走出情绪的低谷。

每个人都有心理的薄弱环节。也许是一直以来的压力达到了某个临界点，再稍稍有一点事情触动他，就会引起员工很激烈的情绪反应。如果员工的情绪出现了问题，工作效率和产品品质自然也会受到影响。员工的内心一旦产生不快的感觉，就难以一时消除，但高明的领导者能让他忘掉不快，比如给他一些有挑战性的或有乐趣的工作等。其实，领导者鼓励遇到挫折的员工继续工作，比强迫他们忘掉不愉快的事情要有效得多。

作为团队的领导者，要有这份细心，能够及时观察到员工不对劲的地方，更要有这份信心，能够在充分理解的基础上，给予员工及时的鼓励和支持，从而陪伴他们走出情绪低谷。

1. 要宽容、信任正处于挫折中的员工

当员工遭受挫折时，大多会丧失斗志，心灰意冷。因此，领导者应对员工持以宽容的态度，而不能漠不关心，更不能嘲笑、讽刺，应主动关心员工，帮助员工分析挫折的原因并吸取经验教训。领导者可以引导员工将挫折归因于内部的不稳定因素，如努力不够等，而不宜归于内在的稳定因素，如能力等，同时，应尽量淡化外部因素，以免引起员工的不满等情绪和行为表现。而且，领导者还应充分信任处于挫折中的员工，促使他们重塑信心，为企业发展作出贡献。事实也证明，一个人在遭受挫折后，对来自他人特别是上级领导的关心和信任，其感受是最深的，它能够让员工更受激励，更容易振作起来。

2. 要经常与受挫员工进行个别沟通

认真听取员工的想法，分析其挫折产生的原因，为其提供战胜挫折的方法和建议，帮助员工找到自己的优势，提高承受挫折的能力，使受挫者的不良情绪及时得以排除，以达到心理平衡。当然，还应考虑疏导者的人选，只有使员工信任、可靠的人员，才能真正、有效地对受挫员工提供指导和帮助。此外，像

国外有不少公司还设立了"情绪发泄室"，某些企业还成立了员工心理服务机构，如美国的"员工帮助系统"。在国内，惠普中国公司为帮助员工塑造一个良好的心境，也与北京同仁医院临床心理研究成功地进行了合作。这些做法都便于企业领导者协助员工排遣内心的怨恨情绪和挫折感，从而使他们振作起来。

3. 用鼓励的方式积极引导

促使员工重新审视自己的职业目标与职业规划，使其理性地认识挫折以及学会有效地应对挫折的方式。帮助员工正确地认识挫折，引导员工采取积极的、健康的心态和行动来应对挫折，以消除挫折感并获得成功。积极地诱导受挫员工保持自信心，改变妥协的、消极的态度，尽快摆脱挫折的不良影响。如果有必要，领导者还可以帮助员工改变受挫的环境，使员工感到企业组织的关心、同情和温暖，从而尽快从挫折感中走出来。

其实，员工之所以产生挫折是因为员工的动机受阻，需要不能得到满足。所以，通过心理疏导，对于员工不合时宜的、在当前的条件下无法满足的需求进行引导，使员工自觉地调整不适当的目标，从而避免挫折的产生。另外，还要引导员工正确认识自己的能力及不足，分析实现目标的客观条件，使之自觉地调整行为目标，确定适度的抱负水平，以防挫折的发生。

我们把人才假设为一种没有情感的资源来考虑利用，却常常缺乏最起码的人文关怀。

这确实是企业人力资源管理上的一个盲区。由此，现代管理人性化的新要求向我们提出了"情绪管理"的新课题——员工是企业的根本。我们的企业能有今天的兴旺，靠的是全体员工多年来共同的艰苦奋斗。企业要做强做优，实现新一轮的发展目标，更要坚持以人为本，真心实意地依靠全体员工埋头苦干、扎实工作。所以，我们在任何时候、任何情况下，都必须善待长期以来与企业同甘共苦、唇齿相依的每位员工。

基于这样的要求，我们应该对以往的工作进行深刻的反思，从中找出亏待员工的缺陷，认真加以弥补。从现在开始，我们一定要在把握企业总体方向的同时，多花一点精力对员工的"情绪"进行细致的分析研究，认真做好理顺员工情绪这篇大文章。作为企业的领导者，要更多地倾听强化员工"情绪管理"的具体建议和意见，通过干群的共同努力，与员工建立更加亲密融洽的关系，把尊重员工、理解员工、关心员工的各项举措一一落到实处，既注重解决员工的思想问题，又积极帮助员工解决实际问题，让员工共享企业改革和发展的成果。同时，要引导员工正确处理个人利益和集体利益、局部利益和整体利益、眼前利益和长远利益的关系，不断地为企业快速、持续、健康、和谐的发展增创后劲。企业的工会、共青团组织以及人事部门要深入研究"情绪管理"这个新课题，把"情绪管理"具体化、制度化、经常化，使企业的各项工作在严格执行规章制度的前提下更富人情味，更具时代性。

总之，作为企业的领导者一定要多关注职工的思想及情绪变化，采取各种方式与之进行思想沟通和情感交流。要耐心倾听员工的抱怨和意见，对合理的要求能够解决的尽量及时给予解决。要用充分的体贴给予员工以精神上的鼓励，使员工带着信心和勇气，以驾轻就熟的轻松心态来迎接每一天的工作。有了这样的心态，正能量自然回复到员工体内。员工有了正能量，工作的状态，工作的氛围都会像蝴蝶效应一样发生很大的变化。所以说领导者一定要重视每位员工的情绪变化，陪伴员工走出情绪低谷，以最大的努力营造积极向上的企业文化。

关怀员工，选择最佳时机 "攻心"

管理管的其实就是人心。领导者与员工的关系，既是领导与被领导的关系，也是引导与被引导的关系，之所以这么说是因为领导者对员工不但负有指挥、督促其完成工作任务的责任，还负有引导、调节其心态和情绪，防止出现情绪问题的责任。

员工出现工作失误后，如果能够采取积极的心理自我防卫形式，加倍努力，再作尝试，通常会有利于工作的开展，至少不会引起明显的副作用。但是，若员工遭遇挫折后，采取消极的心理防卫形式，则具有巨大的危害：对员工来说，挫折感会损害身心健康，妨碍其正常的工作、生活，导致生活质量下降，对工作的不满情绪增加，甚至发展到最后离开企业组织；对企业来说，受挫折的员工所表现出的种种妥协甚至是消极的心态及行为也将影响到企业的和谐、稳定、发展，导致企业的缺勤率、离职率和事故率增加，工作效率下降，从而影响企业的发展。

领导者的首要职责是如何对待这些出现了问题的员工。企业中的很多员工自尊心特别强，责任心也很强，对于这样的员工，就应该给予足够的宽容和谅解。因为出现失误后，员工自身的压力就已经很大了，这个时候再火上浇油，很可能会导致员工的极端行为。聪明的领导者会在这个时候给予员工适当的关怀和指点，当然，这也是领导者塑造威信的最好时机。

[案例]　在通用电气公司，有个年轻人经历了他一生中最为可怕的事件——爆炸。那是一次剧烈的爆炸：楼房的房顶被掀开，顶层所有的玻璃被震碎。

爆炸发生地的街对面就是通用电气公司的实验工厂。当时，年轻人正坐在不远处的一个办公室里。听到爆炸声，他立即飞奔出办公室，向出事的办公楼跑去。他害怕极了，因为他要为这次爆炸负责。他的心怦怦狂跳，汗流浃背。到达现场他发现，爆炸的破坏程度比他预想得更糟，但幸好没有人员受伤。这次爆炸是怎样发生的？

当时，几个人正在一个大水槽里进行化学实验，他们将氧气灌入一种高挥发性的溶剂中，但不知来自哪里的一个火花，引发了这次爆炸。幸运的是，实验中的安全措施起到了保护作用：爆炸产生的冲击波直接冲向了天花板，因而没有伤到人。

但显然，作为这个项目的负责人，年轻人有着严重的过失。

第二天，年轻人来到康涅狄格的桥港，向集团公司的一位执行官查理·里德解释这场爆炸事故的起因。年轻人做好了挨批评，甚至是最坏的打算——被辞退。当他走进查理·里德的办公室时，心情已经平静了下来。

查理·里德是位有着很深专业素养的科学家，是从麻省理工学院毕业的化学工程博士，在加入通用电气公司前，他还在麻省理工学院当过5年应用数学的教师。

查理·里德是通用电气公司中级别最高的在化学专业方面有丰富经验的执行官，他也知道在高温环境下做高挥发性气体实验意味着什么，因此，他的表现显得通情达理："我所关注的是，你能从这次爆炸中学到什么东西，你是否能够修改反应器的程序？"年轻人没有想到查理·里德会问他这些。

"你们是否应该继续进行这个项目？"查理·里德的表情和口吻充满了理解，根本看不到一丝愤怒。

"我们最好是现在就对这个问题有个彻底的了解，而不是等到我们进行大规模生产的时候。"查理·里德说道，"感谢上帝，没有人受伤。"查理·里德的行为给年轻人留下了深刻的印象。这个年轻人就是杰克·韦尔奇。

后来，杰克·韦尔奇在自己的自传中回忆起这段经历时这样写道："当人们犯错误的时候，他们最不愿意看到的就是惩罚。这时候最需要的是鼓励和信心的建立，而领导者首要的工作，就是帮助他们恢复自信心。"

杰克·韦尔奇在自传中写的这句话，其实揭示了"感情激励"的一个方法：关怀员工，选择最佳时机"攻心"。这样的时机也可以应用在遭遇情绪低谷的员工身上，领导者适时的慰藉和援助等，比平常更容易抓住他们的心。以朋友的身份询问员工发生了什么事情，细心倾听他们讲述事情的经过（最重要的是绝对保密，永不将员工的私事告诉任何人，才能得到对方的信任），并想办法使其安心地投入工作，这就完成了一次成功的感情激励。

人的心情随着工作或身体等状况经常会产生变化，只要领导者能敏锐地抓住员工心理微妙的变化，适时地说出吻合情境的话，或采取合理的行动，就能抓住下属的心。这就是"关怀员工，选择最佳时机'攻心'"这句话的内涵，而要做到这一点，不但领导者的心智一定是强大的、健康的，敏锐的，还要有意识地了解员工的信息，及时觉察下属的心理状态。

员工作为公司最有活力和创造力的一部分，应该得到更多的关注和爱护。作为领导者，不是简单、技巧性地去管员工，而是应该深入他们的内心，寻找取得心理共鸣的因素和机会与员工沟通和交流，这样可以取得更好的管理效果。

总之，善于关怀员工的领导者，会留意员工细微的情绪变化。当员工情绪欠佳的时候，他们总是放下手头的工作去和员工谈心，消除员工心里的负面能量，使员工得以在身心安顿的情况下开始工作。员工一旦从负面的情绪中走出来，他对领导者的感激之情便自然而然地转化成了工作的动力。

照顾对方自尊心， 批评员工讲策略

优秀的领导者必不是"老好人"。领导者同时也是员工的衣食父母。既要懂得关怀员工，又要能对员工的不足进行批评和指导，一个缺乏制度和纪律约束的公司就是一盘散沙。

一直以来"批评"对于领导者来说都是比较伤脑筋的事。具体做起来时要么绕来绕去，批评的方式过于隐晦，使员工摸不着头脑，要么声色俱厉严重损伤了员工的积极性。员工都有自尊心，所以对下属不是不能批评，问题的关键是批评的态度和批评的方式是否正确；批评的态度是与人为善，还是粗暴蛮横；批评的方式是合适得体，还是无所顾忌，这就是忠言顺耳的根本分界点。要让你的批评能使下属愉快的接受，欣然改之就要善于使用"不苦口"的良药，"不逆耳"的忠言。下面这个案例也许对你来说比较常见。

[**案例**] 某药店店长柏思齐是一个很严肃的人，在他上任后，给药店制定了完善的管理制度，并严格执行，促使员工的服从意识空前提高。可是，最近柏思齐发现，店员对他的严格要求微辞颇多。原因在于：他对那些违反药店规定的员工，总是毫不留情地进行批评。比如有一次，一位女店员在销售处方药时未按照药店规定的双人复核制度进行复核，就将药品销售给了顾客，顾客回家后才发现产品的生产者不是自己指名想要的生产厂家，于是到药店投诉了那名女店员。柏思齐按照药店规定，对该店员给予了罚款200元的处罚。

事情本该到此结束。但是，在接下来的日子里，柏思齐总把这件事挂在嘴边，督促员工在销售处方药时一定要"引以为戒"，甚至在每次会议上都将这个案例搬出来教育大家，并直接说出了女店员的名字。面对店长喋喋不休的"揭疤行为"，女店员敢怒而不敢言，最终递上"一纸休书"辞去了工作。柏思齐这才意识到是自己的批评过了火。

所以，领导者在教育和批评下属的时候，一定要掌握一个度，要注意避免对方产生"超限效应"。人非圣贤，孰能无过？每一个人都会犯错，但并不是所有的过错都可以通过批评来解决。

有研究表明，当一个人被人指责说工作表现差或者是犯了本可以避免的错误，这滋味是很不好受的。受批评的员工不仅仅会产生防御心理，被上司批评这件事还会让他觉得受了伤害，心里很泄气。员工们的个性不同，心理学家所谓的"自我力量"（内心深处对自己的感觉，也就是对自我价值的认同）也有强有弱，受批评时所产生的愤怒、焦虑、沮丧等种种反应也不同，甚至有些反应会同时出现，这些不良情绪就是批评所导致的"情感创伤"，是一种深层次的心理伤害。

因此，当下属出现错误的时候，领导者一定要采用巧妙的手段批评和训诫下属。出于引导和团结的目的，批评讲求方法，不能粗暴，不能由着自己的性子而定。

1. 旁敲侧击地进行批评

所谓旁敲侧击的批评是指领导者并不直接针对犯错误的员工提出批评或指正，而是通过某种手段引起其自我觉醒，方法可以是故意严厉的批评他人，抓住某个员工充当"替罪羊"，让他受训斥时，使其他人受到震动，并因为躲过上司对自己的批评而暗自庆幸，从而不易形成对抗心理。"旁敲侧击"着重体现在"敲"与"击"上，具有观点明确、态度明朗的特点，使对方在敬畏之中不得不进行反思。

2. 正调反唱地进行批评

这种批评方式是指领导者知道员工的过错但不提出批评，而是充分肯定或表扬员工的长处和成绩，对员工进行激励，使员工自我反省，进而认识过错、改正过错。在一般情况下，当员工工作中出现过错时，领导者一定会进行批评。所以员工普遍的心理活动是：一旦出现过错，就等着挨批评吧。而一旦领导者不批评员工，员工心里反而会不安宁；当受到领导者的批评之后，心里的包袱反而放下了。从心理学的角度看，仿佛员工出现过错，挨了领导者的批评，就一对一拉平了。然而从逆向思维来讲，对有些出现过错的员工，完全可以不用批评，而是通过表扬其本人或他人的优点，特别是与其过错相对立的优点，可以促使犯错员工扪心自问，主动自我反省，并能很快认识过错，改正过错，从而收到批评的效果。

3. 模糊地进行批评

某公司为整顿劳动纪律，召开了员工大会，领导在会上说：最近一段时间，我们公司的纪律总的来说是好的，但也有个别人表现较差，有的迟到早退，也有的上班时间聊天……这就是一个典型的模糊式批评，用了不少模糊语言："近一段时间"、"总的"、"个别"、"有的"、"也有的"等等。这样，既照顾了面子，又指出了问题，他的批评没有指名，且具有某种弹性，通常这种批评比直接点名批评的效果更好。

4. 暗示性地进行批评

暗示性的批评方式其最大的特点是具一定的隐蔽性，这种隐蔽性避免了你在批评某位下属时的直接对立或尴尬。一般而言，这种批评方式非常适合于那些过分献殷勤的异性下属。假设在工作中，你的某个异性下属总是有事没事地去找你这位中层领导者献殷勤，而你又正在集中精力、全身心地处理一份重要文件，可他（她）却三番五次来干扰。他（她）以为是好意，要么问问是否喝咖啡，要么去打听一番你的工作进程。对于这种下属，你可以告诉他（她）："我看××倒是很好！安安静静的。"通过两相对照来暗示这位异性下属，他（她）自然也会对你的批评心领神会。这种暗示性的批评方式既不会暴露自己的不满，又使下属能保住面子，维护了他（她）的那点自尊，同时也令下属认识到了自己的错误，能使他（她）积极主动地改正错误。这可谓是种"一箭双雕"的做法，你不妨试一下。

在工作中，团队成员难免会出现错误，这时候，作为领导者往往要就其行为提出委婉的批评。然而，批评的时候不讲究策略，就会产生不良效果。尤其是当领导者正在气头上的时候，情绪失控、容易借题发挥，从而产生更恶劣的影响。

需要谨记一点的是，你的批评想要达到一个什么样的结果，不能高估员工的心理承受力。一般来说，一个有意义的批评是令人动心的，既能让员工意识到自己的错误，有着改过自新的力量，又能让员工感受到你不容置疑的态度，从而更加敬佩于你的为人，心甘情愿地改变自己的工作方式或方法。

退一步来说，照顾了员工的自尊心，也是维护了员工应有的情愿和尊严，这样员工才能感觉到自己被尊重，才能以更加积极的态度去工作，正能量也正是在这种积极心态的基础上才产生的。可见，在批评时，一定要讲策略，讲方法，照顾到员工的情面，这是身为领导者使员工能够安心工作，提升企业正能量应该做到的一点。

在客户面前肯定新员工的价值

刚入职的员工由于对公司缺乏足够的了解，对自己的工作需要有一定的适应过程。在这种情况下，领导者对员工的扶助意义是很大的。

一般来说，领导者可以通过几个方面对员工进行扶助。首先，可以安排一位比较有亲和力，比较细心善良的老员工来带一下新员工；其次，可以通过联谊活动让员工感受到公司家庭般的温暖；最后，可以在适当的时候与新员工轻松地聊天，倾听员工的工作感受以及内心的一些想法。

即便如此，新员工也还是会有一定的适应期。领导者还有一个重要的职责就是尽快让新员工尽快地投入工作，在为公司和企业创造价值的同时，这也是为员工树立自信的最好时机。新员工的一举一动，无不在外人的眼中影响着企业的形象，特别是在客户的眼里，这种形象是极其重要的。员工给客户的印象，就是企业给客户的印象，而一个员工如果不懂得维护企业形象，保护企业利益，他肯定不会成为一名优秀的员工。

因此，在新员工与客户刚刚接触时，领导者就要向其灌输这样的理念，那就是要懂得维护公司形象，以公司的利益为重，时时处处都能为公司着想。

首先，不管走到哪里，始终都要记得自己是企业的员工，记得维护企业的形象。

这是作为企业员工的基本职业道德。只有企业发展了，员工的工资待遇才能更上一层楼；只有企业的社会声誉提高了，员工走在大街上才会有一种荣誉感。身为企业员工要时时关心企业的发展处处维护企业的形象。

其次，在处理与客户的关系中，员工需要时刻为公司着想。

一个处处为公司着想的员工，不管他身在何处、何时，也不管他在做什么，他都会时刻想着为公司做宣传。在市场经济时代，很多人都把个人利益放在第一位，因此，在工作时间之外，很少有人考虑公司的利益，更别说为公司做宣传了。这样的员工根本就没有意识到，其实为公司着想，为公司赢得利益，也是为自己着想，也会为自己带来利益。

如果这样想，当下次再与客户产生争执时，想想这笔生意失败后的影响，想想这个客户可能影响到其他客户对自己企业的认识，想想对企业形象和行业口碑的影响，那么，主动把责任承担到自己身上，建立客户第一的信念，应该是最好的选择。

新员工有了这样的价值理念，懂得凡事都从公司的立场去考量，就能更快更好地与公司融为一体。那么除此之外，领导者如何帮助新员工在客户面前建立职业自信心呢？一个重要的方法，就是在客户面前充分肯定新员工的价值。领导者具体可以从以下两个方面入手。

1. 肯定员工的工作能力

领导者在为客户引荐新员工时，要充分肯定员工的工作能力和已有的工作成绩，要特别强调这名员工身上所特有的品质。领导者的赞美要力求简单、直接、朴实。比如可以这样说："这是我们公司新调来的员工×××，他的毕业论文就与我们这个项目所研究的课题有关，接下来由他做我们这个项目的接洽人是再合适不过了。""××先生，这是我们房产公司新挖来的员工小李，人勤腿快，记忆力还好，只有你想不到的，没有他找不到的房子，你俩聊聊？"

2. 强调与客户间的共同点

领导者在介绍新员工时，可以事先委婉地进行预热，也可以强调一下其与客户间的共同点。比如："这是我们公司的小唐,他和您是老乡呐,他刚从家乡回来,听说你们那最近几天下了很大的雪啊,××先生,你们先聊着,有什么问题尽管问小唐,好吗?"

领导者采用以上两种方式向客户介绍新员工,既避免了初次见面时的尴尬,给双方找到了话题,又让客户了解了新员工的能力,更是给新员工与客户的进一步接触增加了自信。同时,也在无形中减少了员工因第一次与客户接触而带来的压力,因为领导的认可本身对员工就是极大的鼓励,在这样的心情下,员工才能以一个更积极的心态与客户沟通,也只有一个身心处于相对放松状态的员工才会将自身的潜能发挥到极致,从而以一个最佳的状态投入到接下来的工作之中去。

及时消除员工的职场倦怠症

作为企业领导者,你是否留意过员工办公桌的摆设和风格及他们工作时的表情吗?如果没有,可以说,你忽视了一个严重影响团队绩效的问题——员工职场倦怠症。

有专家发现,如果员工长时间从事同样的工作,会觉得厌烦、沉闷,并且工作表现低于平常。虽然员工们都在忙碌,还有人微笑着小声谈论工作,表面看来也没有什么异样。但如果他们对工作的厌烦表现在脸上了,一定是已经精疲力竭到无力掩饰了,这时的问题就很严重了……

员工出现这种倦怠症后会有什么样的结果呢?

(1)工作盲目,眼高手低,大事做不来小事不愿做,浑浑噩噩迷迷糊糊,缺失斗志,没有明确的目标和方向。

(2)牢骚满腹,喜欢挑刺,人际关系紧张,容易与同事或领导产生对立情绪,感觉谁都不如他好。

(3)心胸狭隘无气度,倍感委屈。只看自己的优点而忽视自己的不足,只看自己的业绩而看不到他人的贡献，只顾自己利益而没有大局观念，只着眼现在而不看未来，甚至与企业产生对立情绪。

很多企业也试图从管理的角度采用很多政策，希望员工回归到刚来时的激情状态，回归到创业时的斗志昂扬，但往往收不到好的效果。那针对当前企业员工存在的这些现象，作为企业的领导者，该如何创造一种积极上进的工作氛围，从而激发员工的职业斗志呢？

造成以上现象的原因很多，有个人价值观取向，有企业考核不合理，有公司制度经常性变革，有工作本身的压力和难度问题等。下面从领导者的角度，为提升员工工作积极性探寻解决之道。

1. 通过培训和帮助员工进行职业规划来调和与管理

（1）入职培训。其中的一个重要内容就是预见性地解决新员工即将出现的职场倦怠症。比如：通过企业发展史培训，让员工了解企业的过去、现在和未来，使员工从企业的健康发展过程肯定自己的选择，从而相信公司有美好的发展前景，明确自己的发展目标，找到自己的发展坐标，并坚定自己与企业一起成长的信心。

（2）回炉培训。一般员工入职三个月就会遇到职场倦怠期的问题。入职三个月后，领导者可以再次把员工们召集在培训学院进行回炉培训。除了激励课程以外，培训的主要内容就是纠正员工的感受偏差。比如感觉没有原来想象中的那么好，直接领导对自己的关注不够，等等。

（3）帮带培训。就是岗位上的师傅带徒弟的培训。这个环节，人力资源部和营销中心都有明确规定，保证员工在实操上有个自然顺利的过渡，延缓职场倦怠症的到来。

（4）针对员工易对较固定的工作程序或环境产生厌倦情绪，可以在培训中，向员工分享如何通过追求更新更高的工作标准，或探讨更好的工作方法，以及面对个体工作如何做到精益求精等，来转移注意力改善心境，并在此过程中体会乐趣和成功感。

2. 帮助员工进行职业生涯规划

（1）帮助员工职业发展定位。领导者通过员工性格特征、自身愿望和企业实际为每位员工进行职业定位，帮助员工进行职业发展定位。

（2）围绕员工职业发展定位进行成才培养。领导者为了让员工有大局意识、成大器，可进行系统的职业道德等教育，也可通过特殊的培训培养员工的领导气质。

（3）开辟员工职业发展通道。根据公司的发展潜力和职位，可根据人才的成长情况不断开辟新的市场，大量新的领导职位也相应产生，所以，在用人上，保证有志成功的员工人人有发展的空间和成长的途径。

总之，领导者要对员工的职业倦怠症给予足够的重视。及时采取有效措施，最大限度地调动起员工的积极性，确保员工身上的负能量及时找到出口，及时排解，以最佳的状态投入到工作之中去。

对发生冲突的员工进行心理疏导

有人的地方就会有矛盾和冲突，这是避免不了的，在企业团队中亦是如此。员工间的冲突是比较常见的现象。无论是显性冲突还是隐性冲突，都极大地考验着领导者处理问题的能力。一个善于处理及管理员工冲突的领导方能为公司创建稳定和谐的企业文化。

对于领导者来说，解决员工间的冲突可能比解决任何难题都需要更多的技巧和艺术。在冲突大规模升级之前，你该做些什么才能使之消弭于无形呢？举个例子来说吧！

当领导者走过自己管理的部门时，一位下属杰克朝其走来，要求与其私下谈谈。显然有什么事情在困扰着杰克。因此，领导者回到办公室才坐下，杰克就滔滔不绝地谈起他与同事麦克之间的冲突。照杰克的说法，麦克欺人太甚了。麦克不惜踩着别人的肩膀向上爬。特别是，麦克为了使他难堪，故意把持住一些重要的信息，而他正需要这些信息来充实报告。麦克甚至利用别人做的工作为自己沽名钓誉。杰克坚持认为：领导必须对麦克的行为采取行动，而且必须尽快行动——否则的话，他警告说，他的部门将会有好戏看。这样，领导者就不得不处理必然要遇到的微妙局面：两名员工间的冲突。

领导者必须意识到，冲突不会自行消失，如果置之不理，员工之间的冲突只会逐步升级。作为领导者，有责任在自己的部门里恢复和谐的气氛。有时领导者必须穿上裁判服，吹响哨子，及时地扮演现场裁判的角色。下面四个原则是领导者在处理冲突时必须牢记于心的。

（1）记住你的目标是寻找解决方法，而不是指责其中某一个人。指责即使是正确的，也会使对方顿起戒心，结果反而强化了矛盾，使冲突双方不肯妥协。

（2）不要用解雇来威胁人，除非领导者真的打算解雇某人，否则，说过头的威胁只会妨碍调解。如果你威胁了，然后又没有付诸实施，你就会失去信用，人们再也不会相信你说的话了。

（3）区别事实与假设。消除任何感情因素，集中精力进行研究，深入调查，发现真相，这有助于找到冲突的根源，而能否找到冲突的根源是解决冲突的关键。

（4）坚持客观的态度。领导者不要假设某一方是错的，要耐心倾听双方的意见。最好的办法也许是让冲突的双方自己解决问题，而领导者则担任调停者的角色，可以单独约见一方，也可以双方一起约见。但不管采用什么方式，应该让双方明白：矛盾总会得到解决。

领导者在化解员工之间的冲突时，可以根据冲突的紧急情况和冲突处理的重要程度进行区分，具体有以下五种策略可供选择。

（1）回避、冷处理。即从冲突中退出，听任其发展变化。当冲突微不足道时，当冲突双方情绪过于激动而需要时间使他们恢复平静时，或者当采取行动后所带来的负能量超过冲突解决后获得的利益时，回避不失为一种理智的策略。

（2）强制、支配。在必要的时候，也可以以牺牲一方为代价而满足另一方的需要。以这种"他输、你赢"方式解决组织中的冲突，通常被描述为是领导者运用职权解决争端。当领导者需要对重大事件作出迅速的处理时，或者当需要采取不同寻常的行动而无须顾及其他人是否赞成这种处理方式时，强制会取得较好的效果。

（3）迁就、忍让。这是将他人的需要和利益放在高于自己的位置上，以"他赢，你输"来维持和谐关系的策略。当争端的问题不很重要或者希望树立信誉时，使用这种策略是必要的。

（4）折中、妥协。即要求每一方都作出一定的让步，取得各方都有所赢、有所输的效果。当冲突双方势均力敌时，当希望对一项复杂问题取得暂时的解决办法时，或者当时间要求过紧而需要一个权宜之计时，折中是合适的策略。

（5）合作、协同。这种策略要求各方之间开诚布公地进行讨论，积极倾听并理解双方的差异，对有利于双方的所有可能的解决办法加以仔细考察。合作是一种理想的解决冲突的策略，但并不是在任何条件下都可以采用。通常，当没有时间压力时，当冲突各方都希望互利时，当问题十分重要而不宜妥协折中时，合作是最佳的策略。

总之，对于领导者来说，要正确适当地处理好员工间的冲突，并对冲突双方及时地进行心理疏导，以确保员工的负能量及时得到化解，使之不会影响到工作，乃至今后公司的整体工作氛围。

正确对待并妥善处理员工抱怨

任何一个企业都免不了会出现员工抱怨的情况。因为一个领导者不可能让每一位员工都满意，顾此失彼无法兼顾的情况时有发生，或者因一些管理上的问题，或者因为某一事的处理不当，所有这些都是员工抱怨产生的根源。

有些员工即使自身对企业有不满意的地方也会藏在心里，而有些员工却会和较亲近的同事抱怨，这在企业中是一个非常普遍的现象。抱怨本身就是一种负面的心理暗示，所能产生的都是很强的负能量，尤其是当这种负能量蔓延开来，对公司整个文化氛围的影响将是非常不利的。因此，作为团队的领导者，要对员工的抱怨给予足够的重视，敏锐地觉察到发生在员工身上的情绪变化，广开言路，从而使员工的抱怨情绪消弭于无形。

　　[案例] 小 A 来公司两年，一直受到直接上司的肯定和器重，这也是小 A 一直觉得很引以为豪的地方。可是最近这些日子小 A 的工作情绪明显低落，并时不时地表现出强烈的厌烦和无奈。这天午餐的时候，和小 A 要好的几个同事就关心地问起小 A 最近怎么了，为什么好像情绪不高。小 A 经不住大家问询，就边吃边和大伙抱怨开了。事情是这样的：在工作中受到重视的小 A 原本工作得很上心，可是她越来越发现不对劲了。原来，领导为了表示对小 A 的器重，把一些琐碎的事、费力不讨好的事都交给小 A 处理，而和小 A 做同样工作的小 G 却因此清闲了起来，每天在工作岗位上说说笑笑，无所事事。更可气的是最近公司有一个非常有挑战性的项目，也是追求上进的小 A 一直都向往拿到手的，希望能够通过这个项目来检验自己的能力，获得与众不同的经验和成就感，及同事们的认可。然而，让小 A 没有想到的是，领导却在她完全不知的情况下将项目给了小 G，这让小 A 如何能咽下这口气呢？小 A 边说边流下了委屈的泪水。

　　和小 A 在一个餐桌上吃饭的同事们闻听此言立刻七嘴八舌地议论开了。"哼，我就觉得领导没那么好心，别看他平时对你很不错的样子！""小 A 啊，你可真傻啊，我平时看着你被领导逼得加班加点地苦干，我都替你抱不平！""咱们领导也真是的啊，是不是看着小 G 长得好看，和她有一腿啊？""这样的公司干不干有什么意思？我是你我早就不在这待了，非得在他的眼皮底下当苦力啊？"……

　　听着大家七嘴八舌的议论，小 A 觉得自己更委屈了。于是，没过多久就随便找了个理由，跳槽到另一家公司去了。而其他员工对领导的意见也越来越大，抵触情绪也越来越明显。

　　这是一个典型的，负能量蔓延的抱怨的案例。从中我们可以看出，一个领导者一时的疏忽，或者说不合理的任务分配就丢失了一名员工，甚至使企业负能量聚集，抱怨情绪无休止地蔓延开来，最为可悲的是这名领导者却对此毫不知情。

　　那么，领导者要想及时妥善地发现并处理好员工的抱怨情绪，具体应该从以下几个方面入手。

1. 对员工的情绪变化要保持敏锐的觉察力

领导者最大的天赋就是他敏锐的觉察力。举例来说，优秀的领导者只要从员工办公室经过，拿眼睛扫一下，心里就会有一个大致的概念。比如哪位员工在认真工作，哪些员工刚刚正在聊天，哪位员工今天情绪不高，哪位员工心事重重，而哪位员工又在为紧张的工作而抓狂……总之，员工的状态一目了然，全都装进了领导者的心里。

因此，领导者在平时要有意识地培养自身在这方面的觉察能力。要善于发现别人所未发现的问题，及时寻找原因，及时进行处理。

2. 与有抱怨情绪的员工进行单向沟通

为防止员工的抱怨情绪蔓延开来，当领导者发现问题后就要及时地处理问题，不能因为工作繁忙而一拖再拖。待到员工情绪升级，想处理时则要下更大的气力了。在这一过程中，单向沟通是一个最好的办法。领导者在沟通中的态度要温和，要多站在员工的立场考虑问题，要学会倾听，尽可能让员工在毫无压力的状态下，将心里的苦水和不满情绪倾诉出来，并及时补救，正确处理，直到员工满意为止。

员工的抱怨是企业中的有害毒素。领导者要将此事重视起来，当作管理的要义来抓，只有这样，才能不断地消除企业团队中的隐患，解除员工对企业及领导者的信任危机，让积极的有助于团队发展的能量流在企业中畅通无阻，并最终为企业的迅速发展服务。

第十一章

鼓励创新，激发员工潜能

　　任何一个固步自封的企业都是走不远的。领导者要有意识地培养员工的创新能力，鼓励员工的创新，为有创新精神的员工提供发展空间，培养一支具有足够创新精神的生力军。创新需要冒险，需要有坚实的制度作为保证，具体来说，领导者要鼓励员工提建议，激活员工的创新热情，带领员工不断地学习，给予骨干员工特殊的创新激励，鼓励员工以创新的方式思考问题……总之，领导者要充分意识到不断地创新才能不断的进步，企业才能永远立于市场竞争中的不败之地。

鼓励员工冒险， 让员工热衷改变

企业是由人组成的，领导者提倡创新、鼓励创新，事实上就是鼓励员工有勇气去冒险，热衷改变。"人无惧，百事可为。"如果企业团队中的每一位员工都有这样无畏无惧的创新精神，企业的发展指日可待。

英特尔公司创立的时间很短，但是没人能否定它的地位，在瞬息万变的IT业界，英特尔绝对是一方巨擘。英特尔公司能在IT业保持如此飞速的行进速度，毫无疑问地与他们的创新精神和改革推进速度分不开。

英特尔创新精神是由三位传奇式创始人奠定的，他们对公司文化的影响历久犹存，并且时品时新。摩尔经常说"改变是我们的挚爱"，而他提出的摩尔定律，那种快速创新的节奏至今主导着整个信息产业的发展脚步。葛鲁夫的口号则是"只有偏执狂才能生存"，他引导英特尔顽强地完成了第一个战略转折点。而诺伊斯的口号则是"对未来充满幻想"，热爱新想法，每当听到新点子时，"总是双眼发亮，像小孩子看到新世界般的快乐"。

这种创新精神带着英特尔一路前行，并且成为了英特尔的企业精神，企业文化。

英特尔现在的技术副总裁帕特·基辛格在还是一个20岁出头的普通员工的时候，就已经向设计小组毛遂自荐，凭借着对微处理器的研究兴趣和创新想法成为设计小组的第四名工程师。

基辛格如是说："冒险不是乱闯，不是一意孤行地狂飙突进，那样只会曲高和寡，甚至会将公司引向危险的风暴。客户导向就是鼓励冒险的一个平衡。我在1986年初进英特尔时，第一眼看到的就是"客户是公司的第一财富"。如今，我更深刻地感受到，英特尔的所有创新都以为客户创造价值为依归，客户需求即为创新起点，满足需求即为创新目标。多年来，客户需求推动了英特尔战略几经改变，但我们总是让客户价值在创新方向中得到最大体现。"

现在，英特尔已经把创新文化历经积淀，浓缩为高度概括的六句话：纪律严明，品质保证，鼓励冒险，以客户为导向，以结果为导向，创造良好的工作环境。这六句话让英特尔的员工一次又一次地勇于创新，勇于开拓，使企业在瞬息万变的电子产业界成为一棵长青树。

鼓励冒险是英特尔与生俱来的一种精神。冒险就是要打破一切规律和条框，冒险就是要摒弃一切墨守成规，冒险就是要扫空所有的边线棱角，冒险就是要不顾一切的创新。这种尖锐的创新精神，让员工能够一次又一次地打破陈规，给企业注入新的生命力。

让员工习惯于"跳出三界外"，才能俯瞰产业大势，不当井底之蛙。英特尔的员工就秉承了这一精神。在英特尔公司支持创新精神的鼓舞下，英特尔员工一路斩杀了诸多旧事物，奔1、奔2、奔3、奔4等的"创新"产品让人目不暇接，眼花缭乱，而这诸多产品则是借着英特尔员工的手腾飞的。英特尔员工也十分享受这种创新的工作精神，他们如是说"在这里，只有你想不到的，没有做不到的。"

英特尔的案例给了我们很大的创新启示。此外，领导者要想鼓励员工富有冒险精神就要诱发员工的"逞能"欲望。通常的做法有以下两种。

（1）物质诱导，即按照物质利益的原则，通过奖励、待遇等经济杠杆，促使员工努力工作、积极进取。

（2）精神诱导，这又分为如下两种情况。

一是事前激励。就是指在员工完成某项工作之前就给予其恰当的刺激或鼓励，使其产生强烈的欲望要完成该项工作。如此一来，他求胜的心理必然会被成功的意念所支配，从而能够乐于接受任务并竭尽全力地完成。特别是对于那些好胜心或者进取心较强的员工来说，事前激励要比事后鼓励更有效果。

事前激励有两种做法：一种是正面激励；另一种是反面激励。前者是指从正面进行说服或勉励，向其明确事后的奖励政策；后者就是通常所说的"激将法"。由于这种做法对人的尊严和荣誉感有着强烈的刺激，所以一般都能取得成功。

二是事后鼓励。可以在员工完成了一项任务后给予表彰或表扬。

创新是人类的必经之路，没有创新就没有真正的开拓，所有的创新都是为了更加美好的明天，有了这种求"变"的创新精神，企业才能不断地走在时代的前沿，企业才会不断地产生出新的能量，这样的企业永远不会衰老和退步。此外，企业领导者要想让员工具有创新精神，首先自己也要做到大胆采用新的想法或建议，这样才能带领整个团队生龙活虎地大踏步前进。

创新激励不是口号，需要有制度作保证

很多人在说创新，可创新不是口号，不是一句空话，创新就像员工晋升一样，应该具有完善的制度作为保障。对此，松下的管理方式对于企业领导者来说有着重要的借鉴意义。

[案例] 首先，松下公司拿出 100 亿日元，设立松下创业基金，并且明确表示用于支持松下员工自己去创新，去创业。在这基础上，每年进行 3 次员工创业计划的征集活动，从资金上保证了公司内部员工创业的后援。

其次，松下公司还为立志创业的员工准备了一个较长时期的培训计划。员工立志创业，从报名申请松下创业支援委员会（PSUF）到实际创业，可以拥有半年的准备期。这让松下的员工有了很好的自己学习专业知识和学习经营理念的好时机，因为所谓创意，也是需要有本钱及自己的知识做后援的。

再次，松下公司规定，对于员工创建的独立企业，本人的出资比例可在30% 以下，公司出资在 51% 以上。以后如果事业发展得顺利，公司就可以通过购买上市股票或者购回股份的方式，让员工获利；而且，从新公司建立后的5 年内，根据事业的成果，创业者还可以获得松下发给的特别奖金。因此，如果从一开始事业发展就很顺利的话，创业员工可以有双重的获利。

最后，松下还决定，为了全面解除员工出去创新创业的后顾之忧。松下建立了审核机构，通过审核的员工即使在创办了自己的产业之后，还可以是松下公司的员工，公司的基本待遇是不变的；当然，员工可以自己要求辞职，来去自如。

松下的 PSUF 制度从作用上体现在以下两个方面。

一方面，向公司员工传递的是这样一个信息：我们喜欢勇于创新的人，我们喜欢自主创造性强的人，这种人比墨守成规的人更能受到我们的器重。从公司为走出松下自主创业的员工准备的"安全网"的背后，似乎也可以看到松下更深层次的用意，也就是激发那些勇于创新的人，并且能够让他们对松下公司产生一种联系感，从而做到能够让他们回馈公司。

另一方面，松下需要在死气沉沉的市场中保持活力。松下的制度使得他们的员工更加努力，更加积极，向上。这些员工不害怕自己会在创新事业中遇到困难，因为有世界 500 强的企业作为他们的后援团，这样的后援无疑是强大的。

看到这里，也许你还不能完全理解什么是创新制度。创新制度在某种意义上讲是指企业在创新管理活动中所形成的与企业创新精神、企业创新价值观等意识形态相适应的企业制度、规章、条例、组织结构等。良好的创新制度是企业创新的基本保证。如果某个企业只有创新的价值观和创新精神，而缺乏必要的与之相应的制度安排，那么企业的创新很可能只是停留在观念上。在现阶段，我国企业设置和构建的创新制度应包括以下几点：创新组织体系的设置、创新行为规范、创新管理制度、创新激励制度、创新考评制度和创新约束制度等。

可见，如果领导者拥有一个真正的、完善的支持员工创新的体例、措施、制度，员工就会更加乐于创新，从而给企业增添活力和新的动力。

归结起来，评估团队的创新氛围并找出改进之处的要旨如下。

（1）新方法有足够的信息和资源作为支持。

（2）成员间相互尊重，能客观地陈述自己的主张和评价他人的想法。

（3）成员在平时就认为已经做过或正在做的某些工作，还有更好更快的解决之道。

（4）团队领导善于听取下属建议。

（5）共同提出方案和修正想法是团队的准则。

（6）一旦有了较为一致的新方案，成员们要专注于完善和计划的实施。

（7）一定要有几个活跃分子。

（8）对于员工的思考交流不予评判，鼓励大家畅所欲言。

（9）重视数据和推理过程。

以上这些要旨，是重要的也是必要的，遵从这些要旨，我们才能更好地建立创新体制，从而能从真正意义上让我们公司的员工乐于创新，勇于创新，而不是仅仅把创新当作一句口号。

建立与完善现代企业制度，尤其是建立与企业开展技术创新活动有关的制度，可以有效地激发技术创新人员与企业家开展技术创新的积极性。一种有效的有利于创新的现代企业制度，既能发挥产权关系所产生的巨大激励力量，又能使企业具有强大的创新能力。在大力提高企业技术创新能力的基础上，还要大力加强企业管理和质量保障体系建设。知名品牌的质量稳定了，才能得到消费者的认可。

总之，创新激励不是口号，需要有制度作保证，只有这样，创新激励才能发挥其应有的作用，员工和企业才能同时进步，共同发展。如果我们把创新比作企业的新鲜血液的话，那么与之相匹配的制度就好比企业的血液循环系统，有了良好的循环系统作为支撑，企业的造血功能才能强大，才会不断地有新的能量涌出，推动企业大踏步向前。

鼓励员工提出自己的建议

在很多企业中，领导也非常重视员工的建议，也很鼓励员工提出建议，但由于种种原因使得员工的建议不能很好地为企业所用。这一方面降低了员工提出建议的积极性；另一方面也在一定程度上阻碍了企业创新氛围的形成。

任何事物都是发展变化的，一个企业也不例外，企业要想长久地生存下去，领导者若没有一种变化发展的眼光肯定是不行的。企业发展的变化既要受到外部环境的影响也要受到内部因素的影响。企业发展的最终的目的是壮大自己，那么一个关键因素就是要让企业内部的每个人能随时提出他们的意见或建议，这些建议不管来自谁都应该评估它的可行性。如果可行的话，就应该尽快实施，这样才有利于公司的快速发展。

提合理化建议是公司为企业发展提供建言献策的表达平台，同时也是公司发现人才、培养人才的重要途径。员工建议是员工价值的最大体现，员工的工作可以有别人来替代，员工的建议却是别人所无法复制的。谷歌公司每天都会给员工 20% 的自由时间，也就是这 20% 的时间，为谷歌创造了 Gmail、Orkut 等很多优秀的产品。结合谷歌的成功案例，我们总结出以下有效开发员工建言献策的几点建议。

1. 重视员工的每一个建议

（1）在公司制定一种像古代臣子进言皇帝的"纳谏"制度，让每位员工对于公司的发展都能给出自己的建议。

（2）员工建议大体分为两类：可实施的和不可实施的。在这两类建议中，重要的不是我们怎么对待可实施的建议，而是怎样对待不可实施的建议。我们会常常看到这样的现象，就是对于员工的某些建议，领导会用支持的态度反对，使员工的建议石沉大海。这样很有可能使员工感觉没有得到重视而降低提建议的积极性，甚至不再提建议。企业应该对任何人提出的建议和意见，特别是经过论证可行的建议和意见要给予一定的奖励，即使不可行，也要给出合理的解释。

（3）指导员工对自己的建议进行改进，共同探讨出适合企业的建议。这不仅使员工得到了重视和成长，还使企业得到了真正有益于发展的建议。

（4）在公司设立一个内部顾问部门，这个部门是由每个部门公选出来一名代表本部门的人组合而成，专门负责收集每个部门的建议和意见。

（5）对于员工不分级别和身份，都给予这样一种"权力"，随时能直接走进领导的办公室向领导者提出建议。

2. 避免让员工因建议承担更多的责任

每一条建议被采纳，必然要经过一个非常系统的分析过程，在这里具体的细节就不多讲了，有兴趣的朋友可以去读一读现代管理学之父德鲁克的《创新与企业家精神》中的相关内容。对于被采纳的员工建议，尽量让员工参与到建议的实施过程中来。如果有可能，还要让其担任比较重要的角色。因为每一个改变都意味着一定的风险，所以应避免让员工承担更大的责任，更多的是要给予支持和帮助。这样可以使员工解除后顾之忧，也能很好地提高员工提建议的积极性。

3. 制定相应的奖励制度

作为员工，他是会站在公司的角度考虑问题的，但同时他也会考虑自身的利益。如果企业因为员工的建议得到了进步而没有给予其相应的奖励，会让员工对企业的形象提出质疑，同时也会降低员工的积极性，严重的话还会造成优秀员工的流失，可谓得不偿失。正确的做法是，可以定期（一个月或者一个季度）召开总结大会，公开表彰有重大建议行为的个人和集体，给予现金奖励。当然，奖励也并不一定是物质方面，哪怕是一句鼓励的话语，只要恰到好处，也会取得很好的效果。企业在制定奖励制度时，需要遵循公平、公正和公开的基本原则，同时要体现企业人性化的一面。

总之，企业需要营造一种环境，支持大家在工作场所实施这些新的想法。通过鼓励员工积极提建议这个行为，在公司形成一种积极向上努力求新求变的文化氛围，借此激活那些因循守旧的员工内心深处沉睡的潜能，使公司因不断激发创新能力而始终能应对外部市场环境的变化。

激活员工的创新热情

国内的企业目前处在科技引领未来、创新推动发展的时代。如何在新形势下充分发挥创新的作用，对于企业来说显得格外重要。创新是转变行业发展方式的中心环节，是实现企业发展的重要支撑，要下工夫努力抓好。

创新需要多种资源，但缺了"人"这个关键资源，其他资源也就没有什么用处了，也就不能推动创新，更谈不上推动企业的发展。为此，抓好创新，就要把人作为核心因素，把"人才"作为第一资源，让"人才"永远处于"第一"位置：一切为了人才成长，一切服务于人才需求。团队领导者要做的就是不仅让员工体面地生活，而且让他们快乐的工作，以此来全面激发员工的创新积极性。

近年来，企业为满足竞争的需要，不断进行着自我完善，员工的素质和业务技能得到不断提高，同时也涌现出一大批技术创新成果，特别是一些实用型技术成果诞生在基层单位，有力地推动了各个企业的长足发展。但不可否认的是，企业的创新还远远不能适应现代社会发展的步伐。由于激励机制、员工素质等因素，使团队活力不足，员工创新意识不强等现象比较常见，致使创新成果不多，技术含量较低等。而制约创新的关键是人的积极性还没有被充分地调动起来。

以下是针对企业领导者给出的激发员工创新热情的 7 条建设性建议。

1. 树立榜样

一家创新型企业需从创始人和高层们开始做起。即使最富创造力的创始人也无法完全凭借自己的力量来推动创新，它需要有人来引领。以自己的行动（而不仅仅是口头上说说而已）告诉你的员工，使创新成为你日常生活的一部分，让员工知道你非常看重创新的价值。

2．认真考虑员工提出的创意

如果员工提出的创意没有被重视和认真考虑就遭拒或者被嘲弄，那么员工的创新热情将不会继续。为此，可以开发一位获取员工创意的系统，保证创新的想法不会消失在黑洞里。认真听取每一位员工的创意并给予尊重，同时确保其他员工也奉行这样的态度。

3．认清目标

创新并不会凭空发生。每位团队成员都应该清楚初创公司的业务目标以及每个发展阶段应该达成的目标。这将让他们明白哪些是重点和哪些领域可能受益于新鲜的创意。

4．提供奖励

作为一家初创公司，手头没有很多现金，但是你仍然可以用其他方式来奖励你的创新团队。比如公共认可、奖金、带薪假期或者升职都是对创新员工进行认可的好方式。即使员工的创新最终没有奏效，作为企业老板，也应该让公众知道你对于员工在创新方面所作的努力十分感激。

5．定期开展黑客日活动

学习 Google 著名的 20% 项目，即公司允许员工每周花一天，约 20% 的时间用在工作之外的活动上。公司可以每周腾出一天或者一个早上定期开展黑客日活动，员工在此可以探索自己感兴趣的事情，在自由支配的时间里产生无限的创意。

6．把创新写入员工的职位描述中

把创新放入评估流程中，即员工创新时可获得奖励，同时鼓励其他员工积极寻求创新。尽管不是每一名员工都能够为公司的业务模式提出建设性的意见，但是，他们能够反思自己的工作，为企业提供有价值的意见。

7．执行创意

虽然这点显而易见，但是很多创新项目往往只停留在口头上，根本没有执行的迹象。如果对于员工的创意你没有行动力，那么你会发现企业的创意之井很快就会干涸。不要错过执行创意的好时机。挑选两三位有潜力的员工创意，然后集结团队成员一起对其进行修正，最终选出至少一个创意进行测试。

此外，调动企业员工的积极性应该以人为本，要有良好的领导团队，理想的企业发展前景，以公平竞争和相应的激励机制为手段，并使之贯穿于企业员工管理的各个方面，从而形成企业独特的员工管理机制，以此调动起员工长期在企业工作的热情和积极性。

可见，要想激活员工的创新热情不仅仅是一个口号，需要领导者们大刀阔斧地行动起来，只有这样，创新之泉才不会干涸，创新能量才不会消亡。

创新的能力来源于学习

壳牌石油公司董事长皮雷特认为："年轻人就业初期应该懂得，他们正在为自己的职业打基础。大学毕业后的最初 5 年内，他们在自己的工作领域还有许多东西要学。他们应该乐于学习。"巴西埃索石油公司董事长格尔克同样认为："专业人才应该像海绵一样，不断努力地从周围发生的事情中吸取营养。他们应该不断学习，不断完善自己，把工作做好。"无数的事实也表明，学习是培养员工创新能力的最好办法。

人的核心竞争力源于创新能力。通常来讲，一个人的创新能力主要体现在以下 6 个方面。

（1）开发一个看问题的新方法（产生一个新观点）。

（2）发现某个存在于某处，但别人没有意识到的东西。

（3）为做某事发明一个新过程。

（4）发明某个以前未曾存在过的东西。

（5）把一个现存过程或产品重新应用于一个新的、不同的市场。

（6）改变别人看问题的方式。

事实上，我们每个人每天都在创新。因为我们在不断改变我们所持有的对世界的看法。所开发出来的东西对于世界来说可能不一定是全新的或是具有独创性的，但对于我们自身来说却是独一无二的，具有革命性的，这就足够了。因为当我们改变自身的同时，世界就以两种方式随着我们改变：一是以我们的行为影响世界的方式；二是我们经历世界的一个变化了的方式。

创新能力来源于什么？创新能力来自不断地学习。一个现在有能力的人，不管他是博士、硕士，还是高级工程师，如果不注重学习也会落后，他的工作也会因此而缺乏创新。

创新能力的提升要求人们头脑清醒，不断学习吸取新东西。例如，在西门子，每一个员工都会积极主动地从工作过程中学习，向同事学习，从商业实践经验中学习，并通过与他人分享知识来学习，保证自己的进步和未来的成长。他们有个性，不平庸；他们或充满热情，或平静沉稳，或勤于思考，或感情丰富，或精明能干……他们都具有一点，那就是——他们随时愿意接受新的东西。

通用电气公司前总裁杰克·韦尔奇经常鼓励他的经理们去仔细搜索好点子并据为己有，这被称为"合理的剽窃"。韦尔奇说："借鉴的就是最好的。"有些人也许会觉得奇怪，为什么作为美国最强大的企业之一的通用电气仍然需要寻找好的点子？通用公司应该引导其他企业，让其他企业借鉴才对啊。"绝对不是这样的。"韦尔奇说，"每个组织都要学习，通用电气也不例外。"

英特尔公司非常注重挖掘员工的学习能力。英特尔的一线经理人经常以有形的鼓励来肯定员工的贡献，这种开放性的环境，让每一位员工都能快速地学习别人的经验以迅速地解决自己的问题。在英特尔，有一个专门的"创新日"。在这一天，员工都可以提出自己的新想法，并给予冠军方案10万美元的奖金，同时也给提案人一年的时间全力投入，着手他的提案的落实。

对于有创新能力又善于学习的员工，不论他是否已经为晋升做好了准备，英特尔往往会直接授予他更大的位置，让他接受更大的挑战。正如英特尔的一位高层领导人所说："重点在于一个人学习的速度，而非他以往的经验。"善于学习、学习速度快的人，更具有创新的能力，而一旦授予他更高的职位，给予他更大的挑战，他便会以更快的速度学习，具备更强的创新能力。

创新离不开学习。学习是创新思想的源泉。离开了学习，创新只是镂空的花架子，而仅有学习没有创新，学到的也只是刻板的知识。因此，领导者要有意识地给员工创造学习和成长的空间，让员工找到创新的土壤，让员工在企业提供的不断的培养和训练中不断地成就自己，也成就自身在企业团队中的创新能力。

在这样的学习氛围中，员工才能更加充分地展开想象的翅膀，也是因为有了这样的学习的土壤，员工的想象才不会只是天马行空脱离实际的，才是持久的，有生命力的，可操作的。我们提倡创新并不是鼓励五花八门的胡思乱想，而只有那些经得起考验的创新才能形成经久不息的能量，才能在市场竞争中站得住脚。

骨干员工需要特殊的创新激励

任何人都不可能单枪匹马地做工作，每个领导者手下都要有骨干员工来替自己扛大梁，调动呵护业务骨干的积极性就成为领导者必须具备的一种能力。领导者要巧妙地利用各种方法手段，来刺激骨干员工的创新能力。手段用得巧妙，事半功倍，骨干员工不但能够在自己领域内不断创新，而且还能带动其他员工的创新热情；否则，事倍功半，缺乏成效，还会使彼此间的关系恶化。

对于领导者来说，激发"尖兵"的积极性，手段可谓多种多样，在此做一简单介绍。

1. 工作内容丰富化

工作激励主要指工作内容的丰富化。一般来说，骨干员工之所以比其他员工有更高的业绩是因为其工作有创造性，他们不满足于现有的工作方式，总是通过各种渠道提高工作成绩。所以，使其工作丰富化通常就能起到激励作用。工作丰富化的主要形式有：在工作中扩展个人成就，加入更多必须负责任和具有挑战性的活动，提供个人晋升或成长的机会等。

让骨干员工执行更加丰富而困难的工作，可让他们在做好日常工作的同时，学着做更难做的近乎是管理层的一些工作，鼓励他们通过专门的学习提高自身的技能，从而胜任更重要的工作。做更困难的工作，在他们看来，是展示本领的机会，这会增强他们的才能，使他们成为更有价值的员工。

2. 工资、奖金激励

工资待遇是满足人们生存需要的重要手段，员工之所以努力工作，与生存需要是分不开的。高工资，不仅使生活有保障，而且又是社会地位和个人成就的象征，在心理上也具有重要意义。

而奖金是超额劳动的报酬，是企业对员工在工作之外的一种物质关怀，设立奖金是为了激励这些业务骨干们创新的积极性。但是领导者在发挥奖金激励作用的同时，应注意以下 3 点。

（1）必须信守诺言，不能失信于骨干员工。失信，会给以后的激励带来难以修复的困难。

（2）不能搞平均主义。若是员工的奖金过于平均，体现不出区别来，奖金就失去了它应有的价值，骨干员工也会因此而失去积极性。奖金应秉承多劳多得的原则，能者多得才能使能者更"能"。

（3）奖金的增长要与公司的收益紧紧相连。这样会让骨干们体会到，公司的收益高了，自己的收益才会水涨船高，而只有自己不断创新地工作，才会使公司的收益增加。这种同舟共济的意识，会使员工奖自己与企业的命运联系在一起，工作的主动性会大大增加。

3. 工作上要支持

与其说"我批准你怎样做"，不如说"我支持你怎样去做"。领导者在说话的艺术上一定要下工夫，两者的意思可能是相近的，但是给员工的感觉却完全不同，产生的效果也是不同的。优秀的领导者应善于启发骨干员工自己出主意、想办法，解决问题，善于支持骨干员工的创造性建议，善于集中优秀员工的智慧，激发他们潜在的创新能力。

领导者爱护骨干员工的进取精神和独特见解，保护他们的积极性和创造性，营造一种充满信任的环境。如果你让员工参与作出一项决定，那将有助于满足他们对社交和受人尊重的需要，他们会因此而更有干劲儿。

4. 生活上要关怀

除了工作上的信任与支持，骨干员工也希望在生活上得到领导者的关心和爱护，这是人的一种沟通需要。沟通，能增进人们的感情，当骨干员工与你不再是单纯的工作关系，而有了一种超越工作关系的私人情感会令他们更加忠诚于企业。一个和睦、友爱、温馨的环境，让骨干员工心情愉快，有好的心情才有高的效率，特别是对于骨干员工，适当的关怀是让他们感到自己受重视的好方法。

总之，对于骨干员工，激励的具体手段可以不拘一格，最重要的是以四两之力拨动千钧，让能力高于其他员工的业务骨干创造出更大的创新价值。骨干员工之所以能成为公司的骨干，必是在知识、经验或者工作能力上比其他员工高出一筹。每个公司都有这样一些人，他们对整个企业形成了一种强大的支撑力量，也是普通员工心里的风向标。骨干员工如果具备了创新热情，那么就不难拉动其他员工一起参与到创新工作中来。

骨干员工将大家的心气儿调动起来，员工的精气神有了，想法就会层出不穷，就像一石击起千层浪一般，创新能量一层一层涟漪般荡漾开来，企业也就有了焕然一新的面貌。

鼓励员工以创新的方式思考问题

创新能力就是产生某个以前不存在的东西。这东西可以是一个产品，或是一个过程，抑或是一种思想。如何让全新的想法在公司内不断涌现？如何激发员工勇于创新和冒险？这是大多数团队领导者最为关心的问题。

微软在面试中，往往会问应聘者："你现在用的电话有什么缺点？怎么改进它？"或者"龟兔赛跑时，如果兔子没有睡觉，乌龟怎么赢得比赛？"也许在别人看来，这些问题与工作本身毫无关系，但这恰恰是微软很重视的问题。根据应聘者对这类问题的回答，面试官可以准确地判断出前来面试者是否具有创新精神。

美国学者戴维·赫西（David Hussey）在他的著作《创新的挑战》中这样写道："创新是工作中的新思想，它可能是一个流程的简单的改变，也可能是复杂的全新市场的进入。"事实上，一些具有创新精神的企业比如3M、惠普、通用电气、索尼等通过不断创新，均获得了高于一般投资的额外利润。

著名企业英特尔公司将员工招进来后，非常注重鼓励员工不断地挑战自我。当然，盲目迎接挑战只会带来失败，不可能带来创新，这不是英特尔的本意。英特尔所推崇的创新是在接受挑战之前能够掌握情报，并进行充分评估，尽可能地了解到种种变通之道与替代方案，以增加对失败的控制力，这被称为"可预期的风险"。除了迎接挑战，对错误的包容也同样重要。在英特尔公司，面对"不可预期的风险"而导致的失败是能够被接受的。

在英特尔公司，每一位员工都有机会贯彻自己的想法。英特尔是一个很平等的公司，在这里不会有很多层的经理，每一位员工都可以在自己的级别上作出决定，无需什么事情都去请示。诸如"你很有头脑，却在上司那里受挫"这样的情况在英特尔是不会发生的。也许有时员工不确定，拿计划去跟经理商谈，但是，通常经理会鼓励员工去尝试，而不是泼冷水。正是在这样的文化氛围中，英特尔公司的员工才不会害怕失败，才会积极主动地进行创新。

同样，西门子公司的每一位成员也都具有普遍的创新意识，正是这种意识引领西门子不断开发出新的产品和解决方案。这种意识的形成是以重要的个人素质为基础的，正是这些素质使西门子与众不同。

美国明尼苏达矿业制造公司（3M）更是以其能为员工提供创新环境而著称。3M 公司认为，有强烈的创新意识和创新精神的知识员工是实现公司价值的最大资源，是 3M 达到目标的主要生力军。因此，3M 有一个奇怪的 15% 时间定律，即允许每个技术人员可以用 15% 的工作时间来"干私活"，搞一些个人感兴趣的工作，这可以是对公司没有直接利益的。事实证明，3M 的许多新产品都是在 15% 时间定律中产生的。

微软中国研究院的访问研究员、加拿大 UWO 教授凌晓峰博士认为，世界知名的大公司都很重视员工的创造力，因为要使自己的技术、产品、服务领先，就要做到与众不同。对于研发人员来说，创新能力尤为重要。思路奇特，善于创新，从不满足现有成绩，产生新的创意并将其成功实现的能力，是好员工必须具备的。

凌博士说，创新能力越来越被企业看重，你能想出一个别人想不到的主意，也许就能成就一番事业，像美国的硅谷，很多公司是从一个好点子、一个优秀的团队起家的，那里没人问你的学历，只要你有创新能力，有好的团队，风险投资就会落到你头上。

正如巴西吉西利华公司董事长阿普里莱所说："年轻人不能满足于众所周知的现成答案，应该善于向旧事物挑战并提出新建议。我已经注意到了某些求职者的这些特点。他们在求职前就已经向我们写信，对公司的事提出疑问，显露了他们的求知欲。"

领导者一个重要的职责就是鼓励员工进行创新性思考，激发员工创新思维，这将在某种程度上决定这个企业未来是否具备足够的发展潜质。所以说，作为团队的领头羊，领导者是否重视创新，鼓励创新，对于整个团队和企业的影响和意义是深远的。

换个角度来说，鼓励员工以创新的方式思考问题，事实上就是要求员工摒弃原有的思考模式，更新思维视角。这事实上就是一个潜能开发的过程。这个过程也许不是一两日就可以完成的，但只要公司里鼓励了这种风气，员工的观念也会一点一点改变。这样，一点一点地渗透就会将创新观念深植于企业文化中去。有了环境的影响，周围同事的影响，公司制度的提倡和支持，相信员工自身的潜能迟早会有激活的那一天，那时员工的整个精神面貌都会发生翻天覆地的变化。

让员工的工作富有刺激和新意

领导者要想激发员工的潜能，可适当给员工安排一些富有刺激和新意的工作，对于一些富有挑战性的员工来说，早已对平日里循规蹈矩的工作模式厌倦了，忽然领导给自己安排了一份新鲜的富有挑战性的工作，很能激发他们的创新热情。

这项工作可以是员工平时工作时心向往之的，或是员工一直都在努力的工作方向，抑或是员工的兴趣所在。总之，接受了这份工作或任务，可以让员工的内心发生很大变化，心气儿有了，激情有了，全力以赴的决心有了，做好工作就是水到渠成的事了。

员工接受了这份工作，也是成长的开始。因为，在这样的工作任务中，员工所能学到的经验，所能调动的智慧将会最大程度地促使员工进步。成功地完成了这个工作或任务，领导者也无形中为员工在企业中的工作开辟了一条新的道路。企业也在最大程度上优化了员工的工作质量，何乐而不为呢？

整个过程的难点和重点在于团队领导者。如何才能发现员工的兴趣点？怎样才能在最恰当的时候将最恰当的工作交给员工？这考验的是领导者的观察力及与员工之间平日里沟通的程度了。大体来说，要想知道哪些工作对员工来说富有刺激和新意，领导者需要具备两个素质：一是敏锐的觉察力。领导者平日里要善于体察员工的工作动向，从言行举止和工作态度上观察员工，发现员工的兴趣点。也可以在员工完成工作的质量上去发掘员工的能力偏重于哪一方面，或者通过平时的一些小任务的完成效率上去观察员工。总之，员工的面貌、气质，言谈举止无不在透露着他的学识、修养、能力等方面的信息。二是高质量的沟通能力。一个善于沟通的领导者很容易全面了解员工的工作信息。沟通能力一方面来自天赋，另一方面来自不断的学习培养。一个善于沟通的领导者能够轻松打开员工的内心世界，一场轻松的，高质量的沟通所能相互传递的信息是全方位的，这非常有助于拉近领导者与员工之间的距离。领导者有了这样的素质，就不愁无法激发出员工的创意和潜能，这样才能体现一个企业的活力和竞争力。

领导者要想让员工的工作富有刺激和新意，应鼓励员工在平时的工作中注意以下几点。

（1）当你的创意被卡住的时候，休息一下。《完成任务：创造并领导卓越团队的十大秘诀》的作者布拉德．弗雷格尔说，当他的职员为一个创意问题苦苦挣扎时，他就让他们干会儿别的。他说，这种脑力上的休息使他们得以从新的视角观察问题并取得突破。

（2）像老板一样思考。把公司当作自己的家，那么我们就是家的主人，站在一家之主——老板的角度去思考问题。你会发现，这会打破很多界限。

（3）拥抱多样化。一个人如果多才多艺，生活才能过得丰富多彩，对工作也能起到很好的促进作用。每个公司都极重视全面发展的员工，这种多样化对于避免思路太狭窄或陷入死胡同很有帮助。

可见，领导者要想激发企业的创新活力，在平时就要有意识地打破员工相对沉闷的工作氛围，鼓励员工使工作富有刺激和新意，给予剑走偏锋或别出心裁的员工更多的认可和鼓励，使这些具有创新天赋的员工像"鲶鱼"一样，能有效激活企业的创造力潜能。

为员工营造最好的创新环境

认知心理学家哈博特·赛蒙，在一次沙滩边观察蚂蚁时发现：为了适应地形，沙滩蚂蚁的巢穴相当复杂。但是同一种蚂蚁的巢穴在干燥地方的结构就比较简单，为什么相同的蚂蚁品种，却有着不同的蚁穴建筑能力呢？

哈博特·赛蒙认为，这是大自然的生命体对环境变化所作出的自然调整动作。相同的蚂蚁为了在不同的环境生存，必须发展不同的能力。其实，我们每个人都应该具备蚂蚁的精神，尤其是作为企业中的领导者，更要有意识地鼓励员工发挥这种能力。

[案例] 研究员吉姆开发研制了一种供儿童使用的胸部按摩器。然而，这种产品的试制却失败了，吉姆虽然有些沮丧，但心里却大不以为然。不久，他抱着最坏的打算被召去见公司的总裁，在那里，他却受到了意想不到的接待。"你就是那位让我赔了大钱的人吗？"总裁问道，"好，我倒要向你表示祝贺，你能犯错误，说明你勇于冒险。如果我们公司缺乏这种精神，那就不会有发展了。"数年之后，吉姆本人成了该公司的总裁，他仍牢记着前总裁的这句话。

勇于追求创新，就能比你想象中做得更多、更好，工作效率更高。因为这样的员工都能在勇冒风险的过程中，将自己平淡的生活变成激动人心的探险经历，这种经历会不断地向你提出挑战，不断地奖赏你，也会不断地恢复你的活力。

弘扬个性，发挥员工的创造力固然可取，但也不能因此而无视组织纪律性。很多员工愿意在工作中发挥独创性。一般来说，公司的领导往往欣赏那种既有创造性又有纪律性，既有主见又谦虚，既敢作敢为又尊重他人意见的员工。因为领导不可能事必躬亲，所以，员工的独创性才是做好工作的重要条件。

　　某员工在远方执行某项任务，经过一系列的调查后，他认为情况复杂，需要主管赋予他自主行事的权力。于是他向主管发了一封电报，在汇报了情况之后，那位员工说："当你收到电报后来指示。请不要发电来指示，这里有你的一切指示，我将向你汇报我们的行动。"

　　这封电报巧妙地向主管表明了情况复杂，请让我自主行事（当然在权限之内）。但请不必担心，我会完全领会并按照你的意图行事，不会把事情弄糟。同时，我会及时向你报告。

　　在主管眼里，那位员工就符合了优秀员工的特质。果然，他得到主管的回电："所述甚慰，盼候佳音。"相反，若这位员工抱着"将在外，君命有所不受"的心态，自主做事，而不向主管汇报，或者机械执行主管在千里之外发来的各种指示，不敢越雷池一步，那么还会有谁信任他的工作能力和执行能力呢？

　　通常把那些能够用创造性的思维考虑自己的事业，并且想出绝妙主意的员工称之为职场上的"舞蹈家"。他们不需要别人来帮助他们进行跳跃性思维，他们自己就已经表演得很好了。他们完全能了解创造性思维应用于职业生涯中所产生的强大能量，而且也愿意接受这种能量的牵引。一般来说，领导者要想鼓励员工发挥自己的创造力潜能，需要从以下几个方面做起。

1. 鼓励员工记下自己的好想法

　　每位员工在工作中都会遇到灵光一闪的刹那，要是不能及时抓住这稍瞬即逝的灵感，它马上就会消逝得无影无踪。为了捕捉它，你必须全神贯注。具有创造活力的人总是如此，这也许就是他们与一般人的差别所在。

　　著名作曲家贝多芬在1821年给朋友的一封信中，详细叙述了他如何在马车里打盹的时候，闪现出一首动听的轮唱曲旋律。

　　"但是，我还没有清醒过来，这首轮唱曲已离我而去，"他在信里写道，"而且我一点也记不起来了。"幸运的是，第二天在同一辆马车里，那首轮唱曲的旋律又回来了。这一次，贝多芬及时地用笔将它记了下来。可见，当灵感不请自来时，你就应该马上记下，否则我们就会与那些天赐的智慧失之交臂。

有时员工在工作中会产生很好的主意，但却容易忽略和忘记。应该在身边备个笔记本，随时把工作中的好想法和好方法记下来。作为团队领导者，要有意识地鼓励员工珍惜灵感乍现的时刻，多动手，多动笔，将工作中的好主意，好想法记下来与大家分享。

2. 留给员工一定的想象空间

超现实主义派画家达利经常是靠躺在沙发上，手执一汤匙，去发掘创造潜力。当他沉浸在奇妙的睡梦中时，很多时候手中的汤匙会掉在地板上的一个盆子里。被惊醒后的达利，立即用草图记下在他半梦半醒时丰富多彩的梦境。

对许多人来说，无论是在床铺上、洗澡间还是在公共汽车上，都是发挥想象力的地方。在这许多的场合，只要你偶尔的神思不受干扰，你就会发现你的思绪像泉水般涌出来，那么记下它，终会给你带来意想不到的惊喜。

领导者要在平时繁复的工作中，注意为员工创造发挥想象力和激发灵感的空间。为那些较有灵性的员工创造条件，尽可能少给他们压力，让他们在相对自由的工作环境中迸发灵感，推陈出新。

3. 在公司内部建立小型图书室

知识是提高创造力的基础。假如你总是在自己熟悉的小圈子里独自徜徉，可能思维就会被限制在一个领域内。不妨读一读你知之甚少的一本书，更换你阅读的报纸。这时候，新鲜的东西会以新颖的、具有潜在魅力的方式与陈旧的东西相互碰撞，此时出现灵感火花的概率就会很高。

在信息高速更新的时代，你旧有的知识也需要不断更新，树立终身学习的观念，才能实现在实践中创新。只有这样，员工才会在不断摸索和创新中寻找更好的途径将工作做好；只有这样，员工才能将旺盛的斗志和创新力发挥出来。

4. 给予员工足够的物质和精神支持

创新就意味着改变，意味着在做前人没有做过的工作，这必然会充满风险和困难。尤其是重大科技项目的创新，它的选题、技术路线、切入点是否正确？技术目标是否现实？研究者在事先有没有把握？在经过反复思考后，创新者必须对自己的选择和决定具有坚定的信心，才能着手进行研究。在工作的过程中出现问题和失败是必然的，只有具备坚定的信念，才能克服重重困难取得胜利。

只要有创新的地方，总会有风险和挫折存在，所以要不断分析，不断实践，才能逐个解决问题，使主观认识与客观实际相一致，并最终获得成功。失败事实上正是一次自我提高的机会。每战胜一次困难，取得一次成功，就会多获得一分自信，创新的能力也会获得不断地提高。

员工有时可能因为担心上级是否支持我们的创意努力而浪费宝贵的时间和精力，即使有建议和意见也不愿找上级去反映和寻求帮助。其实大家都知道，得到上级的支持对于提高员工的创新能力至关重要。

所以，对于团队领导者来说，需要做的就是对有创新意识的员工给予及时鼓励，给予他们足够的物质和精神支持，这是员工创新成功的基础。只有这样才能最大程度地发挥员工的潜能，使企业在市场竞争中不断地推陈出新，拥有稳定的竞争优势。

参考文献

［1］韩大勇. 知识型员工激励策略［M］. 北京：中国经济出版社，2007.

［2］陈晓东. 销售人员薪酬激励研究［M］. 北京：经济管理出版社，2008.

［3］胡八一. 股权激励9D模型之上市公司股权激励［M］. 北京：企业管理出版社，2010.

［4］张维迎. 产权、激励与公司治理［M］. 北京：经济科学出版社，2005.

［5］天亮. 股权激励机制［M］. 北京：中国金融出版社，2011.

［6］胡经生. 凸性激励——股票期权相关问题研究［M］. 北京：中国金融出版社，2008.

［7］忠实. 用业绩考核，按薪酬激励［M］. 北京：石油工业出版社，2010.

［8］杨东. 员工激励－管理心理学［M］. 北京：石油工业出版社，2010.